Western Educational Theory and Practice during the Period of Transformation

转型期西方教育理论与实践丛书

主编 陆有铨

复归与重构

——当代美国道德教育理论与实践的变革

朱晓宏 ◎著

山东教育出版社

图书在版编目(CIP)数据

复归与重构——当代美国道德教育理论与实践的
变革/朱晓宏著.—济南:山东教育出版社,2010
ISBN 978-7-5328-6763-9

Ⅰ.①复… Ⅱ.①朱… Ⅲ.①德育—研究—美国
Ⅳ.①G410

中国版本图书馆 CIP 数据核字(2010)第 234134 号

Preface
前　言 ▨

陆有铨

　　这套丛书实际上是此前由山东教育出版社出版的"20 世纪教育回顾与前瞻"丛书的续篇。"20 世纪教育回顾与前瞻"丛书出版于 1995 年,主要叙述 19 世纪末 20 世纪初至 20 世纪 80 年代西方主要国家的教育在若干方面发展的进程。目前读者看到的"转型期西方教育理论与实践"这套丛书,主要叙述 20 世纪七八十年代以来西方主要国家教育理论和实践若干主要方面的进程。

　　关于"转型期"这个概念,可谓意见纷纭,但在这里,主要是从时间的意义上使用的。20 世纪 80 年代前后的确是一个"转折"的时代,包括中国在内的世界各国在各个方面都或隐或显地出现了与以往不同的特征,故此,我们把这个具有分水岭性质的时代,称之为转型期。具体来说,本丛书的"转型期"是指 20 世纪 70 年代末 80 年代初以来大约 30 年左右的时间。

　　学校教育,无论就其产生还是发展来说,任何人都无法割断她与社会的联系。联合国教科文组织国际教育发展委员会 1972 年编著的《学会生存——教育世界的今天和明天》明确地指出:教育体系受着内部和外部两方面的压力。内部压力来自体系内部的失灵与矛盾……然而过去的经验表明,内部压力和紧张状态本身还不足以引起教育结构上的变化。外部压力在我们这个时代特别坚强有力。——未来行动的方向主要将从外在因素中推演出来。联合国教科文组织发表于几十年以前的这一结论和预言,在社会转型的时期,得到了充分的验证。

　　转型期西方国家的教育发生了深刻的变化。这种变化的原因,归根结底是由于社会各个方面施加于教育的"外部压力"。大体说来,这种"外部压力"有下列几个方面。

首先,从生产方式的角度而言,人类社会开始由工业经济向知识经济迈进。早在20世纪60年代,美国学者马克卢普(F. Machlup)就根据战后产业结构变化的背景提出了"知识产业"的概念。此后,1973年,丹尼尔·贝尔出版《后工业社会的来临》;1980年,阿尔温·托夫勒出版《第三次浪潮》;1982年,约翰·奈斯比特出版《大趋势》等一系列标识人类生存方式变化的著作。1996年,"经济合作与发展组织"(OECD)发布了《科学、技术和产业展望报告》,该报告首次使用了"知识经济"这一概念。后来该组织又将报告中有关部分以《知识经济》为题单独发表。根据OECD的界说,知识经济是建立在知识和信息的生产、分配和使用基础之上的经济。该组织认为,知识是支撑OECD国家经济增长的最重要的因素(OECD的成员国多为发达国家)。不言而喻,在知识经济时代,知识的生产、知识的创新乃是至关重要的因素。

20世纪80年代以来,西方发达国家的产业结构发生了巨大变化,以劳动密集和传统工业技术为核心的第一、第二产业在国民生产中的比例逐渐下降,而以知识密集和信息技术为核心的第三产业迅速成长为强大的经济增长点和新兴的支柱产业。

作为重要的"外部压力",人类生产方式的转变,对于以培养人为宗旨的教育的意义可谓不言自明,因为知识经济得以实现的一个不可或缺的条件,乃是人的素质。在20世纪80年代,西方国家发布了许多关于教育危机的报告,看到了教育与新的生产方式之间存在的不协调。教育哲学的研究也出现了以"教育问题"探讨为主的转向。当然,"危机"的表现或内容复杂多样,但教育质量问题却是不变的主题。对于基础教育而言,与知识经济时代伴随而来的科技革命和信息化,使得学校似乎正在培养科学和技术"文盲"的一代。知识经济时代要求人要具有不断学习乃至终身学习的意愿和能力,而且还要具有创新意识和竞争能力。

其次,从国际关系的角度而言,各国之间的竞争空前激烈。强化教育为国家利益服务,强化教育的国家目的,这是20世纪以来世界各国教育发展的一条基本线索,西方国家当然不会例外。需要指出的是,国家目的不是一成不变的。不同的历史阶段,国家目的的表现形式和内容各异,重点亦不相同。19世纪末20世纪初开始至1945年第二次世界大战结束,国际间国家目的突出的是意识形态领域的斗争,民主主义、共产主义、法西斯主义的意识形态对相关国家的教育,分别产生了极为重要的影响。第二次世界大战结束至七八十年代,在美苏双峰对峙的态势下,国家目的突出的是科学技术的竞争,教育的重点是为培养科技专家服务。此后,随着苏联的解体、第三世界国家的崛起,形成了多极世界的政治格局。在这种格局下,国家之间的竞争与冲突表现为政治、经济、文化、历史文明冲突等多维度。

1985年3月4日,邓小平在会见日本商工会议所访华团时指出,和平与发展是当代世界的两大问题;虽然战争的危险还存在,但是制约战争的力量有了可喜的发展;发展的问题也就是经济问题,世界各国经济发展的互相依赖性增强了,因为任何国家都不可能孤立于国际社会而获得经济的发展。

人们往往用"经济全球化"来表示各国经济互相依赖的情况。但经济全球化并不等于大同世界的到来。它除了强化了国际合作的需求和可能之外,还大大地加剧了全球范围内国家之间的竞争。由于经济的实力往往是决定其他各种力量的关键,它施加于教育的"外部压力",就是教育要为提升综合国力服务。所谓综合国力,乃是指一个国家的经济实力、国防实力和民族凝聚力的总和。

第三,全球性问题乃是人类共同面临的困境。欧洲自中世纪以后,历经意大利的文艺复兴,德国的宗教改革,法国的启蒙运动以及英国的工业革命等解放运动,世界各国在现代化的道路上你追我赶,在取得巨大物质文明进步的同时,在人与自然、人与社会以及人与自我的关系方面,出现了一系列的问题。如何面对并克服人类共同面临的困境,实际上关系到人类自身的生存和发展。

这一系列的"外部压力",乃是包括西方国家在内的世界各国的教育发生深刻变化的根本动因。这套丛书力图从若干方面描述西方一些国家最近30年左右的时期内教育理论与实践的一些进展及其主要的特征。

一

著名教育家胡森曾经说过,教育作为一个实践的领域,其真正的本质在于地方性和民族性。教育毕竟是由它所服务的国家的文化和历史传统形成的。近代以来,教育实践的一个极其重要的特征是,教育越来越成为不同国家实现各自目的的工具。

20世纪80年代以来,基于国际竞争的压力以及对教育重要性的普遍认同,教育的危机被看做是整个民族、国家的危机;所有教育上的改革和创新,不再仅仅是地方性或局部性的了,而成为一种全国性的努力;各国政府普遍加强了对教育的控制,强调教育为国家利益服务,并自觉地将教育作为实现国家目的的重要工具。在这里,我们姑且将这种现象称之为"教育的国家干预"的倾向。

转型期西方各国教育国家干预的程度更加强化,其表现有下列几点。

首先,国家拟定国家教育目标、国家统一课程,教育目标和内容越来越集权化;教育改革计划大都以立法形式颁布,并作为国家意志强制实施。

政府控制教育的情况,在拥有集权管理传统的法国表现得较为直观。根据法国1989年的《教育指导法》,各级政府对教育的控制以不同形式得以强化。地方教育管理机构(Regional Education Councils)的权限甚至扩展到高等教育系统之中,地方教育总长(Chief Education Officer)作为大学的副校长被要求就所管地区的高等教育状况提供年度报告。

许多分权制国家的中央政府也开始加强对教育的干预和控制,这在20世纪80年代以后尤为突出。许多国家的中央政府往往通过立法、建立统一标准、国家统一课程、统一考试、财政拨款等方式,主导教育的走向。为了避免国家控制和标准化可能带来的僵化,一些国家采用的策略是,由政府规定全国性计划,而计划的执行则留给地方层面的行政机关。

二战以来,美国进行过几次主要的教育改革,一次更比一次强调政府对教育的干预和监控。20世纪80年代因美国在国际中小学生学科竞赛中成绩过差,导致《国家在危险中》报告的发表。1988年,美国当时的教育部长威廉·J.贝内特递交了《关于美国教育改革的报告》,建议学校应从三方面改进:讲授基本道德准则;建立纪律和规章制度;鼓励学生养成努力学习的习惯。1993年,克林顿行政当局以法案的形式提交《2000年目标:美国教育法》,并作为国家法案提交参众两院审议通过,完成了立法程序。为了加强学校的道德教育,白宫于1994~1996年3年中分别3次召开关于公民与民主社会品格建构研讨会。开始于20世纪90年代末、当前仍在进行的美国这次教改更加广泛、深入,它包括中小学直至大学、研究生教育,涵盖学校教育和全美国人力资源的开发。它所涉及的,既有教育质量的老问题,更有教育数量的新问题。新一轮全局性、整体性的教育改革的显著特点,是对美国联邦政府在全国教育事务上的角色的重新定位,它强烈要求联邦政府实质性地参与学校事务,要求强制干预全国教育事务。2001 年 1 月出台的《不让一个孩子掉队法》(No Child Left Behind,即"NCLB"),则发动了一场涉及全美每一所中小学的教育改革。这清楚地说明了美国联邦政府对美国教育干预的进一步强化。

其次,国家利用市场逻辑、校本发展等多种手段,加强对学校教育的监控。

20 世纪 80 年代以后,社会转型的冲击促使教育在保持自身独立发展的同时,也不断地进行反思与改革。以市场为导向,变政治行政模式为经济市场模式的制度性变革已成为转型期西方公共教育改革中的重要实践取向。联合国教科文组织《1993 年世界教育报告》指出,20 世纪 80 年代世界朝着某种形式的市场经济转变,没有几种教育制度完全不受这种全球变化的影响。与过去直接干预和介入教育的方式不同的是,这个时期国家逐渐认识到市场这只"看不见的手"也可以在教育领域内发挥举足轻重的作用,市场竞争正日益成为教育国家化的重要手段。

在国家职能不断扩展的这一总趋势下,西方国家以市场为取向的公共教育改革似乎是对国家垄断教育的做法进行质疑和批判,其实不然。以市场力量参与管理取代政府的集中管理,正是转型期西方国家干预教育的一种新手段,其目的是为了更好地服务于国家利益。在国家观念与市场逻辑二者看似冲突的背后,反映出的本质却是国家干预教育的力量更强大,获取的教育权力更多,而且手段更巧妙。杰夫·惠迪(Geoff Whitty)等人在研究了英国、澳大利亚、新西兰、美国和瑞典五国公共教育放权与择校的改革实践后指出,尽管许多教育职责正在从国家或地方政府转移,但没有一国政府的总体作用在明显下降。无论是国家还是州政府,都掌握了决定学校知识的标准、成就评估的方式以及评估报告的对象等新的权力。政府虽然放弃了地方层面的教育权责,但是在中央层面的教育控制权却更加强化了。

除了市场逻辑对教育的影响之外,教育校本化思潮的影响也是一个不容忽视的因素。教育校本化带来的多样化和个性化可能会导致学校教育发展的不均衡甚至平庸化等风险,为此,西方国家又通过出台各种国家教育标准、加强绩效问责乃至国家教育考试等集权化的措施予以应对,并且通过制度和政策从赋权给学校转向促进学校增能。所以,在转型期西方教育校本化思潮的复兴过程中,我们常常可以看到分权与集权的博弈始终是如影随形。这种看似矛盾的教育改革思路,实则反映了西方国家对于中小学教育发展的基本诉求,即多样化、选择性和高质量。当然,现实与追求之间的鸿沟似乎总是难以逾越,但却为学校教育的发展提供了源源不断的改革课题和发展动力。

各国政府积极介入教育的原因何在？教育为何走上国家化的道路？按政治学的解释,任何政府行为都有一个最根本的动因——国家利益,国家利益是一个政府活动的出发点和最终归属。国家利益的影响力是如此之大,以至于那些有重要影响力的政治人物都不得不借助国家利益的名义来推行自己的政治主张。拿破仑以法兰西利益为借口,发动了对俄战争；林肯总统以联邦利益的名义反对分裂；希特勒用德国国家利益的名义为其扩张主义政策而辩护。国家积极介入教育的动因也不例外。西方各国频频出台的教育变革举措让人眼花缭乱,其最终目标却只有一个,就是为了国家竞争力的提升,国家竞争力成为转型期前后西方教育变革的首要目标。其深层次的原因就在于,"创新"和"竞争"的能力是当今世界各国普遍关注的话题,而一个国家创新和竞争力的关键在于全民素质和人才的竞争力,在于教育变革的成效如何。

西方的政治哲学有一种自由主义传统,认为"最小的政府就是最好的政府",只要政府可以不管的就尽可能不加干预。这种政治哲学也渗透到政府对教育的态度上,西方各国政府对教育一般不直接干预。然而,20 世纪中期以后,这种情况发生了深刻的变化,教育的公益性在弱化过程中备受各国政府的关注。于是,各国政府便主动承担起更多的发展教育的责任,一方面把促进教育公平视为政府的重要职能,更把发展教育作为增强国家综合实力的重要工具。这可能是转型期强化教育国家干预的根本原因。

二

上文提到,转型期西方国家教育在强调政府集权对教育直接干预的同时,分权与政府集权的博弈始终是如影随形。为了避免国家控制和标准化所带来的僵化,充分发挥学校、社会团体、教师、专家、家长等各个方面的能动性,一些国家采用的策略是,由政府规定全国性计划,而计划的执行则留给地方层面的行政机关、学校等,在教育变革的运作上,呈现出一种治理结构"扁平化"的特征。

首先,公立学校的办学引入市场竞争机制。

形成和发展于工业经济时代的公共教育体制,为适应政治生活民主化和经济生活工业化的要求,被赋予了公益性、平等性和国家垄断性的内涵。从西方国家公立学校市场化改革所涉及的领域来看,在宏观上涉及国家的办学体制,在微观上涉及学校的运行机制。在办学体制方面,是打破政府对于公立学校的垄断,倡导教育资源提供者的多元化,允许政府以外的个人、社会团体和企业为社会提供公立学校教育的服务。目前在西方国家办学体制改革的探索中,已经出现了特许学校、城市技术学院、教育行动区等新型办学模式。在学校的运行机制方面,倡导学校之间的竞争,取消政府对于公立学校的保护。其中,较具代表性的是教育券计划(Education Voucher Plan)、开放入学计划(Open Enrollment Plan)。这类计划将公立学校本身看做一个开放的系统,允许学生及其家长在公立学校内部以及公私立学校之间进行自由选择,以改变长期以来他们在教育方面始终处于被动接受地位的不利状况。

西方国家以市场为取向的公共教育改革,其具体内容包括三个方面。一是扩大学校自主权。学校自主权(school autonomy)的扩大,在政策层面,指的是地方教育行政部门将各种各样的教育决策权直接下放到学校这一层次,给予学校更大更多的办学自主权;在实践层面,则表现为公立学校办学体制和管理体制的转变,出现了公立学校管理校本化、私营化等理念,以及在此理念指导下的多元公立学校模式的试验。二是鼓励家长择校。20世纪80年代以后,随着人们对公共教育系统的日益不满以及对于优异教育的重视,家长择校成为一项重要的公立学校改革方案得到广泛重视和采纳。在鼓励家长择校的改革方案中,影响最大的是教育券计划,其次是开放入学计划和公助学额计划(Assisted Places Scheme)。三是政府直接干预减少,宏观控制加强。

西方公共教育改革的主要特征有两个方面。第一,改革的核心是公共教育权的重新分配与平衡。允许学校自主管理和家长择校的前提是,学校和家长拥有与此相匹配的权利和责任。因此,以市场为导向的西方公立学校改革,其核心关涉的是公共教育权利和权力的重新分配与平衡,即公共教育权在各有关行为主体,包括中央政府、地方政府、学校、市场与家长之间发生的变更。重新分配的目的在于调动多方参与教育的积极性,更有效地配置教育资源。第二,改革的主要推动者是各国政府。与以往教育改革有较大不同的是,转型期公立学校市场化改革基本上是由各国政府自上而下推动的。政府一手主导了大部分的改革方案,并积极促成了以市场为导向的公立学校改革,也就是说,市场机制根本上就是由国家这一双大推手导入的。这正是新保守主义思潮中"强有力的政府,自由的市场"(the strong state, the free market)主张的体现,即自由的市场必须要有强有力的政府来保障。

在公共教育由国家垄断时期,公共教育是置身于国家干预和市场调节这一对矛盾体的博弈之外的。但是,转型期发生在公共教育领域内的种种改革显然已经打破了这种平静的局面,不管赞同还是反对,市场的理念和机制正一步步地改造着人们已经习惯了的公共教育。当然,公共教育改革过程中,也面临着许多矛盾,主要有四个方面。第一,公共教育的社会定位:公益性还是准市场性。第二,公共教育的目标定位:公平还是效率。第三,公共教育的管理价值取向:标准化还是多样化。第四,国家的教育职能:增强还是减弱。

值得注意的是,教育领域市场机制的引入,在高等教育办学方面出现了一种"消费主义"的教育观,办学指导思想出现消费主义倾向。

在教育质量运动、共同治理等转型的背后,西方各国的办学指导思想也逐渐发生了变化,消费主义倾向悄然成为不少学校的办学指导思想。消费主义既指一种价值取向,又指一种行为实践,它意味着"万物皆商品、一切可买卖","为消费牺牲一切"。

消费主义教育观主张由顾客定义教育质量,质量规划的目的就是取悦顾客,就是努力在教育消费者最需要的时候以消费者最满意的方式提供教育服务。在消费主义观念主导之下,有多少消费者,就有多少质量的定义,教育离传统的定义渐行渐远。这从根本上改变着学校教育的性质。

消费主义倾向使教育价值的功利化取向抬头。功利化集中体现在高等教育商业化潮流之中。这从博克(Derek Curtis Bok)教授先后出版的两本理论著作的书名就能得到部分的印证。博克1982年出版的《走出象牙塔》认为,走出象牙塔是现代大学的社会责任。不过,那只是现代大学的社会责任之一,当时还难于想象大学完全被市场话语所包围的情景。而他2003年面世的著作《市场中的大学：高等教育商业化》考察和描述了大学校园里通过教学、研究等活动赚钱的行为——高等教育的商业化行为，从而指出，大学已经商业化，大学正经历着十分新奇的商业化活动过程。随之而来的，是教育的公益性遭遇消解，是竞争意识与私欲的过度强化。这使西方大学无私心、无功利的追求出现了以私利为主导的倾向。高等教育为利益攸关者服务的职能在强化，功利化的教育价值取向在强化，而知识本身即目的的信念日益受怀疑，甚至出现"有校无学"（school without learning），使高等教育的非功利性目标遭遇不恰当的抑制。

其次，教育的校本化发展。

为缓解转型期学校教育的多重矛盾和压力，西方国家普遍地采取了重建学校教育的一系列改革策略。在这一过程中，校本化思潮的复兴和校本管理的概念重建始终是一个引人注目的教育改革现象。教育校本化思潮经历了 20 多年的起伏消长，如今只要在网上输入"校本"二字或"school-based"，就可以立刻涌现海量的信息，无论是中文的还是英文的，实在让人目不暇接。尽管其中存在许多水分，但仍然可以反映出校本化思潮的广泛影响。教育的校本化不只表现为校本课程的开发和实施，而且出现了校本管理、校本培训、校本评价、校本教师教育等全方位校本化的倾向，这是教育的重心下移，微观领域教育权力下移和治理格局出现转型的重要体现。

教育校本化思潮的复兴与西方经济社会的转型密切相关，或者说它本身就是信息化时代来临和经济全球化背景下西方经济社会转型的重要组成部分。教育校本化思潮试图为中小学松绑，更好地调动校长、教师乃至社区和家长的教育改革积极性，提高教育发展的绩效和公民社会的参与度，增强教育的适应性，为学校教育的改革和发展注入活力。因此，西方各国纷纷出台校本化的教育改革政策和措施，重点推动了校本管理、校本课程开发、校本评价和校本教师教育等方面的校本化改革进程。

在我们观察和研究转型期的西方中小学教育时，校本化思潮无疑是一个不可缺少的视角。教育校本化发展在很大程度上反映了最近 20 多年来西方国家中小学教育改革和发展的一个明显趋势，它所体现的教育分权化和多样化发展的思路与教育集权化发展思路一道所形成的力量对比和消长的轨迹，正是转型期西方中小学教育改革和发展的现实图景。通过解析教育校本化思潮，我们不仅可以更好地理解西方教育发展的基本矛盾和改革方向,而且还可以获得对于我国基础教育发展具有重要借鉴意义的经验和启示。

第三,控制教育的方式从自律为主转向共同治理的"问责制"。

20世纪80年代以来,知识经济时代社会对教育质量的高度关注、高度期望,以及公众对教育的不信任,造就了有史以来外界控制教育的最为强大的力量,最终导致以自律为主的教育转向共同治理的格局。

问责制的产生一方面是由于学费上涨、高校的财政困境以及公众对教育的不信任等因素,然而,各方面的利益驱动、教师自律机制的失信、管理哲学的变化、学术价值观由内部认可到外界承认的变化等因素才是共治高等教育的更为深层次的原因。

20世纪80年代以后,问责成为西方各国教育改革中的一个重要关键词。它的主要特征与责任密切相联,同时非常强调结果和绩效。问责制的定义尚不统一,但简单地说,问责制作为转型期西方各国治理教育的一项重要制度,其基本含义,就是资源使用者向资源供给人提交报告的义务或职责。在西方高等教育系统中,问责制的影响不仅广泛,而且深刻。这主要表现在四个方面。第一,问责制使高等教育正在"失去朋友",尽管高等教育因此有了更多的利益攸关者(stakeholders)。越来越多的利益攸关者总是习惯于追问高校为他们做了什么,而不是像朋友那样,常问自己为高校做了什么。第二,问责制使松绑的高校依然处于政府的控制之下。第三,问责制使高等教育受到更多的"外部控制"。第四,问责制使高等教育资源配置以绩效评估为依据。这样的制度,在以自律机制为主的西方传统高等教育治理格局中是难以想象的,但在有关各方共同治理教育系统的条件下,却是难以回避的方向。

西方教育之所以走向共同治理,原因非常复杂,从认识论来看,则在于人们对教育复杂性的深刻反思和强烈意识。复杂科学不只在改变人们的自然观、知识观,也在改变人们的社会观、教育观,使一个有序、简单、透明的世界观和价值观向着多重性、暂时性和复杂性变化。复杂科学孕育了一种新的思维方式,"情境化"的"复杂知识"将取代"去情境"的"简单规则",这样的社会价值追求形成了对复杂教育的一种潜在的引导。

三

在知识经济、信息技术和全球化背景下,教育自身的质量问题变得比以往任何时候更加突出,成为困扰西方各国的重要社会问题,引起了社会各界的广泛关注,甚至在全球范围掀起了一波又一波的教育质量运动。

首先,德育质量作为教育质量的重要内容受到了前所未有的重视。

在美国,20世纪80年代中后期,公德衰败,公立学校教育在培养道德公民方面的有效性受到越来越多的质疑,家长和选民对公立学校教育的支持减少。在重重压力与众多指责之下,美国公立教育努力重建美国传统价值,学术研究也开始了回归传统、重构理论的转型。教育理论界开始对美国道德教育重新检讨,一批有着强烈责任感与使命感的学者开始了道德教育理论的探索。其中有影响的理论有三种:"新古典"取向的品格教育(character education)理论、"情感"取向的关爱教育(caring education)理论和"关系"取向的领域理论(domain theory)。这使得道德教育理论表现出重检与重建的特点,并取得了新进展。在实践领域,出现了举国参与学校道德教育改革的局面。联邦政府直接干预学校道德教育的实践方向,专家直接参与学校道德教育项目的实施,学校则实施明确的道德教育。

其次,教学效果成为评价教育质量的重要领域,教学的有效性探索因此成为热点。

在一定程度上可以说,世界各国一直在探索有效教学的种种策略,并形成相应的有效教学的理论。整个世界教育史,就是一部追求有效教学的历史。而20世纪80年代以来,西方各国普遍关注学校教学质量,追求教学的"有效"和"高质量"。美国、英国、日本、法国等纷纷对学校教育现状展开调查,出台了很多调查研究报告,调查报告的结果普遍显示学校教育质量不能满足国家和时代的要求。现实的危机使世界各国开始探索学校有效教学的新思路,并在探索过程中呈现出一些共同的特点和追求。

以新技术为特征的教学情境设计,业已成为20世纪80年代以来学校教学变革力度最大的一个领域。为学生创设丰富的、复杂而真实的学习情境,让学生运用多种方式理解知识和表现知识,而不是单纯的知识讲授与接受,成为学校教学变革的基本宗旨。除了与新技术有关的变革学校教学情境的思路,还存在着不少以学生活动和表演为主的课堂教学情境创设。有效教学的情境创设主要有三种思路:网络学习情境、多媒体教学情境和角色扮演教学情境的创设。有效学习的基本策略是回归"学徒制"、回归"综合实践活动"和回归"探究式教学"。有效教学追求每一个学生的终身学习,"一个都不能少",如何在班级教学中照顾学生个别差异,促进学生自学,成为有效教学组织形式变革中的核心问题。

第三,对教育质量的强烈关注,导致各国对教师教育质量日益重视,几乎各国都经历过从关注教师数量到关注质量的历程。

国际竞争对高素质人才需求的压力、社会民主化进程对所有儿童受教育权的保护等使得人们对教师的期望大大提升,"让所有孩子拥有高质量的教师"更成为各国共同的目标。许多国家把教师看做提高综合国力、保持国际竞争力的关键。在日益看重教育的背景下,教师的重要性和对高质量教师的迫切需求成为西方国家的共识。

但是,关于何谓"高质量"教师、如何才能得到"高质量"教师等问题,却充满争议。教师教育的重要性和实际效果的不如人意、利益相关者的多元性、理想教师内涵的复杂性以及作为学术前沿常态的冲突等使得教师教育领域对立的观点纷纷涌现出来。对立观点的交锋形成西方教师教育研究与实践的一个突出特点。这种交锋为教师教育研究者提供了反思自身的富有张力的场域,从而促进了教师教育研究与实践的建构与生成。不同国家对教师要求的侧重点有很大不同,甚至同一城市的不同地区、不同学校之间都会有不同的评判标准。20世纪80年代以后,这些争论更激烈,影响范围更大,甚至提升到关涉国家前途的高度,因此,政府也成为争论的一方。特别是像美国这样的分权制国家,以往教育权在州和地方,联邦政府很少关注教育问题,而现在,教育、教师教育都成为联邦政策的重要关注点。由于政府所拥有的权力,使得其观点成为当前教师教育中的主导倾向。但是,对政府政策、观点的质疑声也不绝于耳。于是,在这些纷繁复杂的论争中,凸显出来两股主要力量或两大阵营——政府(特别是保守主义倾向的政府)和专业团体,二者对待教师教育的观点存在巨大差异。保守主义立场承认教师的重要性,但是否认教师教育的必要性和有效性。政府立场更多从国家政治经济的宏观角度来看教育问题,把教育看做解决政治经济等问题的工具,看重的是教育的结果、产出。因此,政府承认高质量教师的作用,但是在高质量教师的内涵、衡量标准、如何产生等关键问题上却与专业立场存在根本分歧。

值得注意的是,教师教育领域还有一种非常明显的声音,倡导多元文化、批判理论及知识社会学的视角和理论框架,关注贫困地区及有色人种学生,热衷于从阶层、种族、政治、文化等角度发起批判,揭示上述两种立场如何复制、巩固甚至加剧社会的不平等,致力于为民主社会培养具有批判精神的教师,最终通过教学和教师教育"来改变这个世界"。这被一些学者称为"社会正义"取向。

在西方各国教师教育的争论和探索实践中,涌现出解制、专业化和社会正义、市场化、问责、标准和认证、适应性专家、基于科学的研究、有力的教师教育等关键词,它们涉及教师教育的根本目标和性质及基本取向、资源配置方式、结果监控、准入制度、培养方式、研究取向等几大主题,在很大程度上代表了当前西方教师教育领域改革和论争的焦点。各派观点的目的和口号是一致的,那就是"让所有孩子拥有高质量教师",但是由于立场不同,对问题的诊断不同,开出的处方也不相同。当然,各方的观点都能够提供有参考价值的视角,而更为关键的则是要根据具体国情,把握方向,展开具体研究,为教师教育变革提供比较坚实的基础。

转型期西方各国对教育质量的普遍关注,已经掀起了全球性的高等教育质量运动,实现了高等教育控制内容从规模扩展向质量保证的转变。这场运动至少呈现出四个方面的特征,那就是:第一,质量文化成为不同文化的共同语言;第二,机构建设是质量运动的组织保证;第三,理性批判促使质量运动走向成熟;第四,市场机制引导质量信息广泛传播。这些特征,深刻地影响着西方高等教育的办学实践。追求高深学问的传统,使得西方高等教育内部从来都比较重视教育质量问题,在一定程度上可以说,高等教育质量运动是高等教育内部的要求,但更为主要的,还是外力作用的结果。民众强烈的受教育愿望带来规模扩展,也带来质量问题。对质量问题的深切关注,以及办学自主权的进一步诉求,引发高等教育质量运动的实践动力,带来高等教育管理的理论创新,也带来了高等教育质量概念的泛化、办学活动的效率主义倾向等诸多需要反思的问题,最终导致了西方高等教育控制内容从规模扩展向质量控制的深刻转型。

转型期西方教育改革的许多举措,都是针对教育质量问题而出台的。无论是对有效教学的不懈追求,对道德教育的忧虑,或是对高质量教师的期待;无论是国家干预、市场化的趋势,还是校本化的举措——尽管视角不同,其指向的目标都是教育质量的提高。

四

西方国家最近几十年的发展对我国的教育具有很大的启示意义。

第一，重视教育的社会功能。

作为人类的一项重要的社会实践活动，无论就其产生和发展来说，教育与社会需要从来就是互为表里的关系。也就是说，社会需要潜在地制约并决定着教育。世界各国教育发展的历史充分地证明了这一点。

近代以来，国家的职能在不断地扩大，以至几乎覆盖到人类生活的各个方面，而且，往往用"国家利益"或"国家目的"的名义为其合法性、合理性找寻法律和道德的基础。这在教育的领域也得到了充分的证明。在许多时候，"国家利益"或"国家目的"甚至成为教育社会功能的全部内容。只要国家还存在，国家的安全和利益必将置于个人的利益之上。这也是衡量教育成效的最终裁判。

几乎没有人（包括各国的领导者）会公开否认国家利益的实现是为了"人"（人民）的利益或目的，但一个不可更易的事实是，只有通过"人"才能够实现国家的目的。就这个意义来说，只要有国家存在，教育就不可能纯粹或主要是为了"人"的发展、"人"的自我实现等等。不同时代的差别仅仅在于，为了实现不同时代的国家目的，要有什么不同的人的规格。因为人的发展的具体内容和方向，都不只是自我或某人规划的结果，它们都无可逃避地要受到国家和社会的制约。

第二，尊重教育的特殊性。

无论从教育的国家目的或为人的目的来说，教育都是用以实现目的的工具。然而，同其他的工具一样，教育有其自己的特性。

教育具有公共性，经济的合理性不能取代教育的公益性原则。国家、公共团体举办的公共教育固然如此，即使是私立学校也应该看做公共教育的一个组成部分。西方国家将市场的机制引入教育的领域，绝不意味着可以将教育或学校当做赚钱的工具。

学校只能做自己"能做"的事，不能漫无边际地追求"应该"做的事。同人的五脏六腑各司其职一样，社会的各种部门也应该各尽职守。学校教育的作用是有限的，学校究竟能为学生的发展发挥什么样的作用，应该深入思考。

第三，树立正确的教育质量观。

就教育内部的动因来说，所有的改革几乎都可以归结为教育质量观的变化。没有抽象的质量，而且，质量也是相对的。在历史上，不同的历史时期、不同的国家，有过不同形态的教育，归根结底，有过的种种教育形态都是由不同时代的质量观决定的，而且，万变不离其宗，在质量观的背后，我们都可以发现社会需求的影子。可以毫不夸张地说，从来就没有所谓的"好教育"，也没有所谓的"坏教育"，只有"适合"的和"不适合"的教育，所谓"适合"与"不适合"，主要衡量标准是它能否满足社会的需求。

我们确定的质量观，潜在地决定着我国教育的形态。在思考我们国家教育的时候，应该充分考虑到两个"适合"。一方面，要适合社会的需求、国家的利益，中华民族的复兴和崛起当然是必须考虑的首要因素。另一方面，还要考虑适合学生作为人的内在的自然需求。当这两个方面出现冲突的时候，教育质量观的恰当取舍就显得尤其重要了。

Contents
目 录 ∎

前 言 /1

引 言 /1

上篇 理论篇

第一章 培养正直的心灵:品格教育运动思潮 /3

第一节 美国品格教育的发展轨迹 /3

一、时代变迁决定品格教育的兴衰 /3

二、凸显个人精神的道德教育理论与实践/6

第二节 当代品格教育复兴的时代契机 /8

一、青少年道德危机:行为失范问题严重 /8

二、联邦政府的新保守主义倾向 /11

三、批判 20 世纪 60~70 年代以来的道德教育理论:重构基本
价值观 /13

第三节 当代品格教育理论的思想基础与理论根基 /15

一、当代品格教育理论的思想基础:托马斯·杰弗逊等建国者
的观点 /16

二、当代品格教育理论的道德哲学基础:复兴古典的德性理论
/18

三、当代品格教育理论的教育学根基:超越社会取向与道德发
展取向的分歧 /20

第四节　当代品格教育的理论与实践 /26

一、品格教育的概念 /26

二、重构道德规范,指导儿童形成正确的价值观 /29

三、教师与品格教育的实施 /32

第五节　评析 /36

一、品格教育运动的特点:重视传统和实用的价值 /36

二、品格教育存在的问题 /40

第二章　培养关爱的德性:道德教育的另一种声音 /45

第一节　关爱理论面临的实践与理论问题 /46

一、审视社会现状:儿童成为情感缺失的受害者 /46

二、批判现行学校教育制度:偏重认知,忽视情感,掩盖差异 /48

三、反思道德发展理论和品格教育理论 /49

第二节　关爱理论的思想来源与理论基础 /52

一、关爱理论的哲学思想 /52

二、当代思潮的影响 /61

三、关爱理论的伦理学基础:吉利根的关怀伦理学 /64

四、经典教育学思想的影响 /69

第三节　关怀教育的目的:培养儿童的关怀素养与关怀能力 /72

一、重新理解关怀 /72

二、关怀视角中的学校教育 /74

三、关怀教育的内容与实施方法 /75

第四节　评析 /77

一、诺丁斯的理论贡献与影响 /78

二、诺丁斯的生活经历与其理论的关系 /80

三、诺丁斯的关怀教育理论与麦克菲尔等人的"体谅模式"的差异 /81

四、关怀教育理论的局限性 /83

第三章　道德发展的领域理论

　　——柯尔伯格之后道德发展理论研究的新变化 /85

　第一节　道德领域理论产生的前提 /85

　　　一、反思涂尔干、皮亚杰的理论之争 /86

　　　二、反思当代美国道德教育中的争论:道德发展与品格教育
　　　　/90

　第二节　领域理论的直接理论基础 /98

　　　一、社会认知发展的领域理论(the domain theory of social
　　　　cognitive development) /98

　　　二、对柯尔伯格道德认知发展理论的继承与发展 /101

　第三节　从领域理论的视角考察儿童认知的发展 /106

　　　一、领域理论观照下的儿童社会认知特点 /106

　　　二、道德领域与个人领域对儿童成长的不同影响 /110

　第四节　关于学校道德教育实践的建议 /112

　　　一、关注学生的日常生活实践能力 /113

　　　二、针对学生的不同行为问题采取不同的教育方法 /115

　　　三、整合学校的教育力量,共同促进学生发展 /118

　第五节　评析 /121

　　　一、丰富和发展了皮亚杰和柯尔伯格关于道德判断的认知阶
　　　　段发展理论 /121

　　　二、对美国当代道德教育理论的影响 /123

下篇　实践篇

第四章　朝野共识:学校道德教育改革势在必行 /129

　第一节　自上而下的学校道德教育实践改革:政府直接影响学校德育实践
　　　/129

　　　一、联邦政府对学校德育的分阶段影响 /130

　　　二、两级政府出台政策,直接推进学校品格教育运动 /134

　第二节　广泛的学术参与:专家直接指导学校道德教育 /138

一、教育专家直接关注道德教育 /138

二、教育专家直接参与学校道德教育项目实施 /142

第三节　评析 /146

一、政治气候影响下的学校道德教育 /147

二、社会精英阶层的作用 /150

三、全国德育总动员背后的危机 /154

第五章　学校德育改革:努力培养儿童的德性 /163

第一节　面临社会转型,学校教育的自我调整 /163

一、学校教育遭遇时代困境 /164

二、教育者自发的道德教育努力 /172

第二节　公立学校积极响应政府倡导的品格教育运动 /175

一、重视古典文献的学习,传承文化传统及其价值观 /175

二、重塑教师的道德权威角色 /180

三、重视学校氛围,加强家校合作 /182

第三节　评析 /187

一、学校道德教育实践:从自发走向自觉 /187

二、学生对于学校道德教育实践的不同反应 /191

三、存在的问题 /195

结　语　社会转型期学校德育变革前景 /203

第一节　美国社会转型期的学校德育:实践与理论的回应 /204

一、整合学校德育,促进学生社会化 /205

二、吸取传统思想与现代理论的精华,奠定学校德育发展的理
论基础 /210

三、重新审视处于社会转折点的美国学校德育 /213

第二节　关于中国社会转型期学校德育改革的思考 /218

一、社会转型期学校德育面临的新问题 /219

二、实现德育理论研究的转型 /222

三、德育实践:形成教育合力 /227

后　记 /231

Introduction
引 言

　　冷战结束后,美国在世界的霸主地位日益凸显。20 世纪 80 年代中后期,美国的经济状况也运行良好。以信息技术为主的科技革命不仅使美国的产业结构发生巨大变化,也影响着美国人社会生活的方方面面。总之,社会变化正在席卷整个美国社会。20 世纪后半叶的美国历史深刻记录了伴随着道德争论的各种社会变化。在道德和政治方面,当今美国社会面临着一系列的问题:避免战争和保卫和平;控制具有空前威力的武器;保护人权不仅成为公正的需要,而且也作为追求世界和平的政治策略;从战争的蹂躏中救助难民;从农业的富裕与过剩中纠正世界因贫穷和饥饿而导致的羞辱;处理世界人口爆炸以及伴随而来的所有问题;终止国际恐怖主义、种族主义和种族屠杀;控制生态恶化等等。①

　　在这种社会巨变中,公德衰败,互联网上传播着很多邪恶的内容,青少年面临各种诱惑,美国陷入价值危机当中。大量的社会问题和政治问题表明,当今时代,无论从文明发展进程的角度看,还是从人类的可持续发展来看,加强道德建设都是一个十分严峻的课题。美国亟待加强社会的道德结构。人生活在当今社会里,面临的生存环境充满了空前的复杂性与风险性,作为个体的人很难在短时间内快速作出正确的道德判断。因此,整个社会对于学校德育给予了高度的关注与期待。时代面临的道德环境变化对道德教育提出了新的迫切需要解决的任务。事实上,针对青少年遭遇的道德环境变化,美国的大中小学校的教育力量是相当薄弱的。就公立学校教育而言,如何向学生传授道德判断的方法和作出正确的道德判断,他们并未作好

---

① Robert T. Sandin. *The Rehabilitation of Virtue*: *Foundations of Moral Education*. New York: Praeger Publishers. 1992. p. 1.

充分的准备。因此,公立学校教育在培养道德公民方面的有效性也遭到越来越多的质疑,家长和选民对公立学校教育的支持正在减弱。在重重压力与众多指责之下,美国政府开始了新一轮教育改革行动,任务之一就是铸造公民德性,并将其视为民主社会生活的必要条件。

本研究的主题就是美国社会转型期的学校道德教育变革。为此,本研究将围绕美国社会转型的道德问题,比较全面地考察社会各方面的改革尝试,重点是关注美国在道德教育理论与学校道德教育实践方面的探索,并以此为我国社会转型期的学校道德教育改革提供有价值的参考。

第一节 社会转型期美国的社会道德:危机与应对

在 20 世纪 60 年代末和 70 年代初,伴随着自由主义思想和自由主义政策直接或间接影响,美国个人自由主义和价值相对主义泛滥,并由此衍生一系列日趋严重的社会问题,如色情文化泛滥,吸毒现象蔓延,性自由失控,青少年犯罪上升等。到 20 世纪 80 年代初,上述问题已经阻碍了美国社会的健康发展,更为严重的后果是学校、家庭和价值观念上相互分离、相互抵触、相互对立,孩子们变得无所适从。在许多人看来,政府应对当今道德挑战的能力似乎变得令人质疑。国内的新闻充斥着政府丑闻,其中包括金融市场和商业的欺诈交易等。民意测验表明,人们不仅对政府和商业,包括对宗教、教育和卫生保健机构的整体信心呈下降趋势。社会的道德环境和学校道德教育都面临着严峻的挑战。

一、美德:变得廉价了

在美国社会日益变得开放与多元的同时,不同的甚至相互冲突的道德观念是并存的。现代社会的运用已经使得政治与道德发生了分离。道德无涉、价值无涉已经成为美国公众的偏好。美国自进入现代社会以来,特别是进入所谓的后现代生活以后,人类实践活动中客观的、非个人的道德标准丧失了,道德判断的标准只能出于"自我",每个人都可以自由地选择他自己所喜欢的生活方式。其后果是美国社会的道德水准普遍下降,以"个人"为主的思想成为主流。政府和教育机构的权威性和公信力丧失,社会秩序严重混乱,种族矛盾、贫富差距、暴力犯罪、政客丑闻、毒品泛滥等社会痼疾像毒瘤一样困扰着美国当代社会。美国人传统的价值观和自信心正在跌入一个没有道德的深渊,这既增加了政治的危险性,也增加了个人道德的危险性。道德的多元与分化,使得道德问题如同环境问题一样,成为美国现代化进程中付出的沉重代价。这已经引起了美国社会各界的反省,越来越多的人们开始深切感受到了社会发展带来的严重道德后果。国内的新闻媒体评论提出警告:一个日益上升的趋势,即"整个公共机构的道德基础正下陷",而且美国人的公共生活和私人生活经验都"普遍意识到道德混乱"①。1987 年一份"美国大会"(The American Assembly)②的报告明确提醒:个人和公共机构缺乏对传统价值的信奉,不仅导致人们对社会和国家尊重程度的下降,而且还从根本上腐蚀了经济生存能力的标准。③

(一) 政府道德公信力日益下降

美国政府官员贪污腐败现象、政府高级官员的道德和犯罪丑闻的增加,本身就是一种风险,使公众对政府领导人的不信任程度增加。虽然美国是一个法制健全的国家,但美国联邦政府自成立后也一直未能摆脱政府官员道德与腐败问题的困扰,只不过在每个历史阶段,这些问题的主要内容和表现形式有所变化,程度和造成的影响不同。

20 世纪 80 年代最引人注目的被指控为不道德行为的案例之一是埃德温·米斯违规行为。1981～1984 年,米斯担任里根总统的律师,1984 年担任司法部长。1984 年初,有人揭发他的朋友为他从加州调到华盛顿工作提供了财政帮助。司法部为此任命了一名独立检察官判定这一资助是否违反了刑事法。1984 年 9 月,独立检察官作出没有足够的证据定罪的结论。但是,1988 年埃德温·米斯还是在一片谴责声中辞职。20 世纪 90 年代最大的

---

① Robert T. Sandin. *The Rehabilitation of Virtue*:*Foundations of Moral Education*. New York:Praeger Publishers. 1992. p. 2.

② 美国大会(The American Assembly)是一个全国性的无党派公共事务论坛。它关注公共政策问题,委托研究和出版,赞助会议,并发表报告,出版书籍和其他文献。它由艾森豪威尔创立于 1950 年,附属于哥伦比亚大学。

③ The American Assembly. *Running Out of Time*:*Reversing America's Declining Competitiveness*. New York:Assembly. 1987. p. 11.

道德事件可能就是总统克林顿的性丑闻了。1998 年 8 月 17 日晚,美国总统克林顿面色沉重地向全国发表电视讲话,就自己在前白宫实习生莱温斯基性丑闻案中误导美国人民而向全国人民道歉,并对所发生的事情负全部责任。

政府官员作为公众人物,其传统形象是社会高尚道德的代表。但是,他们身上所表现出的操守问题,反映出传统社会的自我优化人格的取向正在逐步被物化取向所代替。在某些政府官员的生活态度中,可以发现他们已经放弃了对高尚道德的追求,而是转向了非伦理的占有、利用或获取。政府官员们出现的道德问题从根本上加剧了民众对政府的道德不信任态度,也在一定程度上毁坏了整个社会的道德根基,传统意义上的道德观与价值观都发生了颠倒。

（二）商业道德丑闻层出不穷

人类社会自有贸易产生以来,便以"诚信"作为最基本的商业道德标准。随着商业社会发展的复杂化和影响力的增加,商业道德、伦理的范畴也变得更加广阔。契约伦理成为商业的一个重要方面,被广大民众所接受。2002 年,当安然公司的假账内幕大白于天下的时候,舆论矛头直指当事人的道德缺陷。这里的"道德"绝不仅仅指他们的渎职、违法行为和上亿美元的损失,而更多地揭示出美国商业精英在社会道德形象上的缺失。

安然公司在事发之前一向有着号称完美的管理体系,它的"良好"业绩还屡次受到华尔街的赞扬。然而,正是安然的欺骗行为使上万无辜的人在一夜之间改变了生活。令人惊讶的是,丑闻爆发之前,整个公司在长时间内表现得十分"正常"。

是什么造成了商业道德的缺失?在美国广播公司的一项民意调查中,88%的美国人认为公司管理者的贪婪是造成公司丑闻的主要因素。安然事件爆发之后,美国的《商业周刊》也曾指出:美国资本主义正在面临一场 100 年来最大的危机。因为它不仅是经济危机,更意味着道德危机、信任危机并引发对人性本身的怀疑。在现代商品社会里,很多案例中的个人及公司,考虑的是如何通过算计、功利和技巧获得更多的物质利益,而不考虑德性的完善。

以安然公司为例,它考虑的是,如何通过精确的算计与技巧等手段尽最大可能地击败竞争对手,以谋取最大的商业利益。日益发达的商品经济社会培育了一种谋取利益的品质——精明与算计,这意味着德性的变异,人们把追求幸福等同于追求欲望的满足。美国社会商品经济的发达使得整个社会生活无不浸染着商品经济的味道，即欲望的满足。这就从根本上动摇了社会道德的根基——德性品质。为此，美国当代著名哲学家和伦理学家麦金太尔（Alasdair MacIntyre）指出："在高度现代化的市场经济社会中，问题就在于成功已经与金钱紧密地联系在一起，人们对金钱的忠贞不渝和一孔之见使他们更难以享受所渴望的成功。用亡命寻宝来比喻这种社会现象，是愈发恰当了。"①

（三）家庭道德影响能力正在减弱

家庭是社交学习的第一所学校，儿童的人格在此大致成型。有一项针对10～18岁学生而进行的学术研究显示，母亲、父亲以及祖父是他们行为举止最常援引的榜样，远超过歌星、政治人物、体育明星以及宗教楷模等所产生的影响。② 家庭本应是孩子成长的"第一课堂"，父母本应是孩子的"第一任老师"，然而，美国的家庭危机四伏，其中的一个显著标志就是单亲家庭的泛滥。调查显示，美国每四个家庭中就有一个是单亲家庭。而儿童就是家庭破裂的最大受害者。③ 家庭的瓦解，教育的乏力，对道德教育的忽视，对宗教信仰的抗拒，社会媒体的推波助澜，使得20世纪80年代美国青少年的道德状况陷入非常糟糕的境地。

美国佐治亚大学的赫斯利普（Robert D. Heslep）教授描述了美国家庭结构随着社会变迁而呈现的一些特征：20世纪前期是几代同堂的家庭让位于单职工的核心家庭；20世纪中期，随着妇女解放运动的发展和城市化进程的加快，双职工核心家庭开始成为家庭结构的主流；而在最近的30年时间内，单亲家庭作为一种家庭构成，在数量上和影响上都迅速增加。在双职工家庭和单亲家庭里，实施传统的道德教育都在一定程度上陷入困境。在双职工家庭中，由于双亲忙于工作，不能很好地照管孩子的日常生活，孩子容易从电视和网络上模仿一些恶习。在单亲家庭中，道德教育的困难可能更为严重。在单亲妈妈中，很多人是中途辍学，酗酒、抽烟甚至吸毒，还有一些妈妈是未婚生育。这些母亲基本上是依靠社会福利提供的经济保障度日，她们养育的孩子在贫穷的环境中长大。由于这些母亲不能恰当地指导孩子

---

① 金生鈜.教育：思想与对话.北京：教育科学出版社.2005.5.
② 威尔森.美国道德教育危机的教训.国外社会科学.2000(2).50.
③ 郑文.当代美国教育问题透视.广州：中山大学出版社.2002.54.

的道德成长,孩子容易对学校和社会产生敌对情绪,严重的还可能走上违法犯罪的邪路。他们当中的一些人由此可能产生反社会的行为倾向,进而成为社会发展的阻力。

在美国人的传统观念中,家庭和教堂对于孩子所承担的道德教育责任远远大于公立学校。"家庭是塑造孩子品格的关键场所。它是影响孩子品格发展的最初动力。家庭可以减轻其他社会机构包括学校在内的道德教育负担。"①孩子正是在家庭中学习和体验传统的道德标准,学会辨别生活中的善与恶。学生能否具备辨别善恶的能力,对于家庭教育来说是至关重要的。学生正是在家庭生活中逐步了解生活的价值观。

对于一个孩子来说,完整意义上的家庭生活蕴含着对善的追求。家庭生活的断裂,使得孩子们的生活呈现碎片化的趋势,其个体生活领域因此出现灾难的征兆。不完整的家庭生活分割了孩子的内心世界,也阻碍孩子与他人建立正常的社会交往。现在,已经有越来越多的美国人意识到家庭结构的变化给青少年的道德成长和社会健康发展所带来的危害。如今,美国的公立学校也开始面对越来越多的无家可归的儿童。尽管美国的社会福利政策保证无家可归者能得到基本的生活保障,公立学校也声称"穷孩子和富孩子学得一样好",但是,这些努力都无法补偿家庭生活的不完善给孩子造成的重大创伤。

二、联邦政府的新保守主义倾向:重视传统道德

从国际视野看,二战后的长期冷战为美国保守主义的盛行提供了有利的条件。二战至今,美国政坛上存在影响力极大的新保守主义势力,具体而言,新保守主义(new conservatism)是指二战后萌芽、20世纪50年代"反省重构"、20世纪60年代蓄势待发、20世纪70年代"出击拼杀"、20世纪80年代称雄扬威的保守主义势力,罗纳德·里根1980年问鼎白宫是新保守主义势力成功崛起的标志。在冷战后,面对全球化的冲击,克林顿任期内也曾推行自由主义改革,但是在"9·11"事件后,美国的国内本土安全面临前所未有的挑战,采取强硬外交的新保守主义思想如今仍然是美国社会的主流意

---

① Robert D. Heslep. *Moral Education for Americans*. Westport: Praeger Publisher. 1995. p.202.

识。小布什政府的连任恰恰说明新保守主义的观念滋生于美国社会广泛的社会基础和强大的政治支持的土壤里。

（一）里根政府：重视传统道德观念

美国总统里根在 1987 年国情咨文中提出美国的十大任务，特别强调学校应培养美国人的"国民精神"。这一时期美国政府出台的许多教育方案反复强调要把学生培养成具有爱国精神，能对国家尽责任和义务的"责任公民"。里根政府的教育部长贝内特（William J. Bennett）倡议成立了"国家教育优质委员会"，由该委员会调查美国的教育质量，并于 1983 年 4 月提交了报告，即《国家处在危机之中：教育改革势在必行》。该报告认为在教育方面，美国没有完全实现建国时人人生而平等的诺言，所以美国处在危机之中。该调查报告还指出：美国教育正处于困境，而这种困境并不是一夜之间出现的。造成这种困境的责任涉及各个方面，因此，使教育走出困境，需要整个社会的努力。特别值得强调的是，贝内特对 20 世纪 60 年代中后期出现的价值澄清理论和美国学校的道德教育状况进行了尖锐的批评，表示要使公立学校摆脱价值中立和没什么内容的道德教育方法。因此，重新恢复"品格"和"品格形成"两个词，同"内容"和"选择"一起，成为贝内特提出的著名三个"C"①。

（二）老布什政府：国家"六大教育目标"

20 世纪 80 年代末，美国总统乔治·布什在《重视优等教育》一文中明确指出，智力加品德才是教育的目的。他还强调，必须把道德价值观的培养和家长参与重新纳入教育计划。布什还于 1991 年 4 月抛出了振兴美国教育的方案，提出迈向 21 世纪的全国六大教育目标：2000 年，美国所有儿童上学之时都已做好学习的准备；2000 年，中学生的毕业率要达到 90％ 以上；2000 年，学完 4 年、8 年、12 年的课程后，各级美国学生要在英语、数学、科学、历史、地理等关键学科方面具有相应的能力；2000 年，美国学生的数学、科学成绩要在世界上处于领先地位；2000 年，美国的成年人都要脱盲，而且要掌握在全球性经济竞争中所必需的技能，并能履行公民的权利和职责；2000 年，美国的每所学校都要实现无毒品、无暴力，并提供有利于学生学习的有纪律、秩序井然的环境。

---

① 三"C"即 Character（品格），Content（内容），Choice（选择）。

（三）克林顿政府：创立青少年"品格教育"的样板

来自民主党的克林顿总统在前一任政府的基础上依旧致力于基础教育改革。1993 年 4 月，他宣布《2000 年目标：教育美国法》，继续进行教育大改革，目标由布什政府提出的六个增加到八个：2000 年，国家的教师队伍应找到持续提高其职业技能的途径，并抓住机会，不断获得新的知识和技能，以教导美国学生为 21 世纪做好准备；2000 年，每一所学校都应加强与家长的合作，家长应更多地参与到促进孩子的社会、情感和学业成长的活动中来。克林顿总统还热情支持学校实施品格教育的实践，为此，克林顿政府还拨款支持制订并实施品格教育计划。自 1994 年开始，每年举行一次"白宫品格教育会议"，总统及夫人分别在品格教育会议上发表演讲，同时总统还制定了品格教育的测试方案，每年拨款 400 万美元予以支持。美国政府用于品格教育方面的拨款已达到 22 亿美元。

（四）小布什政府："不让一个儿童落后"

进入 21 世纪以来，小布什政府继续共和党的保守主义主张，其思想基础依然是美国的新保守主义。究其根源，这与里根的保守主义一脉相承。小布什总统虽然为了美国的利益到处打仗，但对公立学校教育的发展却很重视。例如，在宣誓就任总统后的第二个工作日，即 1 月 23 日，小布什总统就制定了联邦政府关于美国教育改革的新政策，公布了名为《不让一个孩子掉队》(No Child Left Behind of Act)的教育蓝图。小布什总统明确指出：如果国家不能履行其教育每一个孩子的职责，就可能在许多其他领域失败。如果国家能够成功地教育了青年，那么，许多其他的成功就会在整个美国和公民的生活中随之而来。这一教育改革蓝图虽然未能包括布什政府教育改革议程的全部内容，但的确是为美国社会各界共同努力加强中小学教育改革确定了一个基本框架。

就道德教育而言，小布什素有道德保守主义的倾向，他在任期间曾经多次强调品格教育的重要性，并大幅度追加克林顿时期就实施的"品格教育先行者资助计划"的经费。2002 年，白宫还专门召开了"品格与社区"的高级研讨会，小布什在发言中强调学校要明确向孩子传递具有普适性的价值观，号召学校和社区合作，通过社区服务的形式来培养有责任、有爱心的公民。

最近 30 年里，在共和党与民主党轮流执政的过程中，政府对公立学校教育积极扶持表现出政策的连续性，这些信息足以表明，美国政府对于社会转型期公立学校教育政策作出了积极调整，以促进社会道德环境的改善。有数据显示，仅国会批准的全国"品格教育先行者资助计划"（Partnership in Character Education Pilot Grant Programme）的资助经费已经超过 3000 万美元。① 总之，推进教育改革，提高教育质量，成为 20 世纪 80 年代以来美国历届政府（不论共和党还是民主党）的一项重要工作，美国教育史上的数项"第一"，如教育首脑会议、全国教育目标等，就都产生于这一时期。

三、多元文化与核心价值观之间的矛盾

从美国历史来看，自其民族形成之初始，一直存在多元文化和一元文化的差异。但是，信奉新教的盎格鲁-撒克逊文化作为主流文化一直占具有绝对优势的地位。随着时代的变化，不同文化的差异性日渐增多，尤其是冷战结束后，国际政治多极化的格局出现，美国少数族裔人民的民族意识不断被唤起，他们强烈感受到自我存在的价值同实际社会地位低下之间的反差。因此，他们正为在美国争得本民族文化的地位而努力，从而引起不同价值观之间的激烈交战，并触动了美国社会传统价值观的根本，由此也引发了新保守主义者捍卫传统价值观的热情。新保守主义者认为，作为一个移民国家，美国各民族的文化背景和传统习俗都不一致，所以，一般家庭无法承担向下一代传授"正宗"美国传统文化的使命，只有公立学校才能向移民后代灌输美国的传统精神。

（一）美国社会在多元文化中的忧与喜

社会生活的稳定在很大程度上依赖于社会成员对共同约定的道德规范、伦理规则的遵守，通过对规范、规则的遵守，社会成员相互之间才能获得一种安全感。但是，美国社会生活的现代化带来公民的自我观和社会观的变革，导致个人和社会关系的变化，社会成员之间的安全感正处在丧失的过程中。美国社会公民正在遭遇美国历史上前所未有的道德情境。

20 世纪 60 年代以来，随着基督新教对美国文化垄断的衰落，美国开始承认自己是一个多元社会，开始接受各种文化与宗教信仰。虽然民主制度是美国建国之基，然而，到了 20 世纪，美国人对于民主制度历史的重要理解

① Marvin W. Berkowitz, Esther F. Schaeffer and Melinda C. Bier. Character Education in the United States, *Education in the North*, New Series, Number 9, 2001. p. 53.

正在出现退化的迹象。"公民"的意义正在远离美国人。在后工业社会和后现代社会里,是否还需要再次从公民的角度追求普遍意义的善①? 美国社会的问题可以用下面的事实加以证明,如犯罪率的上升,非法出生率的极大增长,对公共利益关注的下降,对特殊的和个人的利益的关注,对名誉、财富和权力的偏爱,公众人物的不道德行为,以及部分民众和媒体对邪恶鬼魅的迷恋。另外,就是没有被共同接受的一套标准。② 道德观念一致性的丧失是最为深刻、最为危险的美国现代性危机。因为,人类的本质具有共同性,至少在当代,人类依旧面临许多共同的生存与发展的问题,如果人们之间没有统一的道德信念,必然会产生无穷无尽的道德问题。这也是当代美国人面临的重要挑战。

尤其是近 30 年来,美国社会的多元文化倾向日渐加强,具体表现为价值观多元、道德标准多元、生活方式多元、授课语言多元、婚姻形式多元、家庭模式多元等等。现代社会也失去了传统那套共同认可的道德价值体系。至此,传统的道德观失去了根据,并且萎缩在现代社会里,退化为一种边缘形态。时至 20 世纪末,由于社会道德共识的缺失,美国人在多元的社会生活中遭遇了严重的道德危机。面临价值多元化,人们共同的社会生活中须臾不可或缺、始终必须坚持的道德底线又是什么呢?

在当今的美国社会,人们对所有的道德事件都会有争论。对一些人来说正确的事件,在另一些人看来则是错误的。因此,对于一切道德问题讨论的结果就是承认分歧永远存在。这可能正是美国民主社会价值多元的结果。这一方面反映出民主生活制度的成功的一面,同时也潜伏着民主生活的代价,即在美国人的现实生活中,道德权威不存在了,每个人都是他自己的道德尺度,日常生活中充斥着个人价值偏好,人们失去了共同价值观的基础。这也对美国的传统道德信条(American creed)构成了严峻的挑战。价值盲(blindness to value)已经成为美国当今社会的重要标志之一。人们既不因恶的外表而恐惧,也不因善的洞见而感动。人们在价值方面的迟钝或无知反映出道德生活的极度贫困和绝望的根源,而价值鉴赏力的丧失更加

---

① Robert N. Bellah, Richard Madsen, William M. Sullivan, Ann Swidler, Steven M. Tipton. *Habits of the Heart*. Berkeley: University of California Press. 1985. pp. 277~283.

② Robert D. Heslep. *Moral Eduaction for Americans*, Westport: Pareger Publishers. 1995. p. 1.

剧了人们的内心痛苦。价值盲导致人们碰到很多的道德境遇,很多人因此生活在悲惨和恐惧之中。对于个人、情境、事件以及在多种形式上丰富人类文化传统方面,很多人疏忽了其中蕴含的道德意义。① 在这种情况下,如果学校要教导价值观,自然会出现这样的问题,即该教谁的价值观。正是由于缺乏共同认可的普遍价值观,所以,一般的教育工作者采取"价值中立"的立场。

在这种社会现实面前,众多美国选民对社会大动荡引发的一系列社会道德问题极为关注。大量持传统观念的蓝领工人、小农户和基督教徒对民主党的自由主义政策甚为不满,于是,他们纷纷背弃民主党,投奔提倡传统价值观的共和党。② 公众要求重振价值观教育的呼声日益高涨,因此,新保守主义政府注重从道德层面继承和捍卫资本主义精神。经过这样的重构之后,美国社会道德增添了一层传统价值观所强调的道德精神色彩。以源于传统价值观的道德精神为依据,新保守主义政府尊重权威和秩序的稳定和连续性,从而使得对自由资本主义的捍卫转变成对社会道德和共同体精神的捍卫。这也是新保守主义具有较浓传统道德色彩的原因之一。

当代美国处在一个复杂的、危机四伏的社会里,"文化的分裂"使人们失去了共同面临生活挑战所需要的基础。虽然,美国生活中的个人主义是其生命力的源泉,但是,个人德性和公共德性的历史基础必须建立在文化一致性之上,这也意味着整合个人的善与公共的善。个人无力去解释和调节他面临的重大社会问题与社会责任,这正是当代美国社会道德教育的过失所在。

因此,新保守主义强调传统文化的价值,努力维护西方社会的传统道德基础。其思想观念在教育上体现为,重视学校在传递人类基本价值观方面的作用,强调个人服从于国家的需要,加强青少年的责任意识。政府希望通过学校的公民教育培养国民的价值观和良好品格。鉴于美国社会文化和价值多元的现状,确实有必要通过"文化一致"使人们认识到如何对待共同体的生活。面对现代社会的道德困境,恢复文化一致性和弥补人们共同体生活的裂缝可能是寻求一致解决道德问题的基础。因此,道德教育需要找出合适的方法来纠正上述过失。要重新理解公民的德性,必须加入如何推动

---

① Robert T. Sandin. *The Rehabilitation of Virtue*:*Foundations of Moral Education*. New York:Praeger Publishers. 1992. p. 2.

② 王恩铭. 当代美国新保守主义的兴起. 国际观察. 2006(2). 50~58.

美国精神中的个人主义的思考,以确保在新的复杂的相互依存的时代里维护美国社会的理想。在美国当代社会文化中,传统和共性更多地成为人们批判和拷问的对象,相反,在一般美国人看来,强调变化和多样性,能够把边缘和弱势群体的文化和价值诉求提升到与传统主流价值对等的地位。因此,文化的多元与价值观的多样更能反映民主社会的本质。可以说,直到今天,强调多元价值的宽容依旧是美国学院派中自由主义知识分子的主导价值取向。但是,在目前美国大众文化日趋保守的形势下,新保守主义思想有着广泛的社会群众基础。

(二)面对文明冲突的加剧,强化美国民主和价值观

冷战结束后,美国的霸主意识急剧膨胀,美国企图按自己的利益、意志和力量重塑世界新秩序,这必然引发与其他国家的矛盾。这种矛盾在美国著名学者亨廷顿(Samuel P. Huntington)看来,就是不同文明之间的冲突。文明和文化都涉及一个民族全面的生活方式,文明就是放大了的文化。它们都包括"价值、规则、体制和在一个既定社会中历代人赋予了头等重要性的思维模式"①。从文明的视角看当今的世界格局,存在着以下几种主要文明:中华文明、日本文明、印度文明、伊斯兰文明及西方文明和拉丁美洲文明等。美国文明从西方文明发展而来,它建立在政教分明、人权高于神权、民主和法制等价值观基础上。随着美国消费模式和大众文化在全世界的传播,美国试图把其所尊崇的价值观作为"普世文明"传播到世界范围。"9·11"事件之前,美国在推广其"普世文明"的道路上可谓意气风发,美国的利益不可侵犯,美国可以干涉其他国家,甚至可以对其他文明地域的国家采取军事行动,1991年的海湾战争和1999年的科索沃战争,都使美国相信它的力量足以影响世界文明的格局。但是,美国的上述做法导致与伊斯兰文明的冲突加剧,引发了2001年的"9·11"事件。

其实,从20世纪80年代的里根时代开始,整个美国社会政治、经济和文化就呈现"向右转"的趋势。"9·11"事件以来,美国人开始反思美国文明与其他文明冲突加剧的问题,因此,布什政府非常重视向国民灌输传统美国式的民主和价值观。另外,从美国当前的文化状况看,其社会问题在很大程度上是由合理性共享标准的缺失引起的,人们的判断受到不同偏见的支配。

---

① 塞缪尔·亨廷顿.文明的冲突与世界秩序的重建.北京:新华出版社.2002.24～25.

不论与宗教相关的宗派偏见,还是与肤色或语言有关的种族偏见,都妨碍美国当今社会共同体思想基础的形成。

从历史的视角看,美国政府一向重视通过公立学校教育向国民灌输主流价值观。在未成年人价值观教育方面,美国的政治家和教育家一致相信学校的作用优于家庭和社会。因此,具有新保守主义思想倾向的政治家和具有新古典主义倾向的教育家,会在推广美国价值观特色的品格教育方面形成联合。他们充当了推行美国价值观的代言人,并认为,当今的美国学校教育,至关重要的是让不同文化背景的学生参与到与他人共享的社会活动之中,以超越小团体的价值观,进而形成美国传统的民主价值观。

第二节　转型期美国学术研究的基本取向:复归古典

当今极其复杂的社会道德情形难以提供普遍的道德原则,这是引起当代道德危机的原因。20 世纪 80 年代后,美国社会陷入深刻的道德危机之中。时代不仅需要新形式的个人克制和社会控制,而且还需要更大的道德勇气,与社会现实相关的丰富的知识,以及与评价解释事实相对应的道德理论。面对这一严峻的社会现实,美国的学者们站在不同的学术立场上进行了深入的理论思考,形成了不同的学术思潮。尽管他们的学术视角不同,但都在不同程度上表现出对传统伦理思想的回归,即试图从西方文明传统中寻求分析和解决现实问题的思想资源。这一回归传统的趋势也在不同程度上影响着教育理论的发展。由于美国的实用主义思想传统,一切学术研究都表现出强烈的实践旨趣,即服务于美国民主制度的完善。

一、美国本土基础理论研究的发展方向:回归传统

在过去几十年里,美国人在享受价值多元的自由之时,也深刻遭遇到来自个人主义和相对主义的无奈。学者们逐渐转向传统文化,寻求解释现实的理论力量。他们相信,人类生存必须依赖具有普遍意义的美德,如尊敬、责任、信任、公正、关爱等。此时,源于古希腊的美德伦理学重新受到学术界的广泛研究与深入探讨,亚里士多德的美德伦理研究成果成为学者关注的

焦点。在美国学术界,自由主义传统与社群主义传统并存,对于社会问题又存在不同程度的分歧,因此成为美国理论界一个有趣的现象。其中,与社会问题直接相关的两位学者是罗尔斯和麦金太尔,他们立足于不同的历史基点,对社会现实进行了不同的解读。尽管他们的"正义论"与"德性论"的视角不同,甚至存在着很多分歧,但是他们对于美国当代社会理论发展的学术贡献是不可低估的。

(一) 罗尔斯的政治哲学理论:批判功利的正义论,恢复传统的正义论

在罗尔斯的名著《正义论》(A Theory of Justice)出版之际,美国社会中黑人等少数族裔争取平等权利的运动方兴未艾,政治反对派要求合法地位的呼声日益高涨,人们在原则上肯定自由市场经济和混合经济体制可以有效地实现资源和产品的配置的同时,也抱怨此过程伴随着难以接受的收入、财富和权力等方面的巨大差距。罗尔斯的正义论正是试图在传统的正义理论与美国当代现实之间架起桥梁。其实,罗尔斯酝酿《正义论》的时期,美国社会正处于一种危机之中,处在一个亟须调整关系的关口,罗尔斯探讨平等自由、公正机会、分配份额、差别原则等问题,正是以理论的方式为解决美国社会问题提供一个分析框架与解决问题的建议。

罗尔斯提出了两个著名的正义原则。"第一个原则:每个人对与其他人所拥有的最广泛的基本自由体系相容的类似自由体系都应有一种平等的权利。第二个原则:社会的和经济的不平等应这样安排,使它们被合理地期望适合于每一个人的利益,并且依托于地位和职务向所有人开放。"①根据第一个原则,民主社会的公民所拥有的基本自由(包括政治上的自由,言论和集会的自由,良心的自由和思想的自由,个人的自由和保障个人财产的权利,依法不受任意逮捕和剥夺财产的自由)都是一律平等的,因为一个正义社会中的公民拥有同样的基本权利。正义的第二个原则适用于收入和财富的分配,以及对那些利用权力、责任方面的不相等或权力链条上的差距进行组织的机构的设计。罗尔斯认为,第一个原则优于第二个原则,而第二个原则中的公平机会又优于差别原则,于是就有了两个优先原则:第一是自由的优先性;第二是正义对效率和福利的优先性,在此基础上,引出正当(right)对善(good)的优先。在西方伦理学史上,正当与善是两个基本概念。罗尔斯坚

---

① 约翰·罗尔斯.正义论.北京:中国社会科学出版社.1998.60~61.

持正义原则,也表达了其伦理学思想,即建立一种完全的正当观——作为公平的正义。

针对美国社会非正义问题严重的现实,罗尔斯回归正义的原初形态寻找正义问题的起源。罗尔斯认为,人们愿意进行社会合作的理由是社会合作使所有人都能过一种比他们各自努力、单独生存所能过的生活更好的生活,这是利益一致的方面;然而,人们谁也不会对怎样分配由他们的合作所产生的较大利益无动于衷,因为他们都在追求自己的目的,总是希望获得较大的份额,因此产生利益冲突。这就引出对正义原则的思考。罗尔斯的理论思考也反映出他对社会弱势群体的深刻关切,即减轻自然的、社会的偶然因素对人的生活起点的影响。罗尔斯主张,人们在社会条件方面处于同一起跑线上,即除了家庭外,其他严重的社会限制和不平等要逐步消除,即社会对社会成员的准入机会是平等的。按照罗尔斯的看法,义务教育首先是这样一种可能的制度安排。义务教育是不以一个人的家庭背景是否有利为条件而为他提供的一种系统的帮助,这种帮助的明确意图在于减轻社会性的偶然因素对于一个人的生活起点的不利影响。

罗尔斯在《正义论》中全面论述"作为公平的正义"的基本理论,并对功利主义作了相当深刻而全面的批评。他所反复论述的两个正义原则既突出了公民在秩序良好的社会中应当享受的基本平等及其理论的含义,同时又对如何处理经济与社会差别提出了独特的理论标准,并对正义理论的伦理基础作了颇有新意的论证,将当代新自由主义的社会思潮推向一个高潮。反过来,作为该思潮一个重要组成部分的正义理论又推动了西方的社会运动,特别是各种社会团体和少数民族争取平等权利、要求公平待遇、不利者要求有利对待的社会运动。尽管这一运动至今仍在开展中,所取得的成果亦因时因地而异,但罗尔斯所作出的学术贡献是不可磨灭的。

由于罗尔斯独特的理论贡献,围绕"正义论"的争论也纷至沓来,一直延续到今天。所有的理论之争都进一步深化了罗尔斯本人的正义理论,也加深了人们对其理论的理解和把握。在《正义论》发表22年以后的1993年,罗尔斯在哥伦比亚大学出版社出版了《政治自由主义》一书,这本书集中反映了他晚年的学术思想。在《政治自由主义》一书中,罗尔斯继续论述《正义论》中"作为公平的正义"这一核心观念,但又作出重要的修正。最为突出的修正在于,他的哲学解释发生了根本性的转变。他的《正义论》以一种"秩序良好的社会"为基本理论前提,这是指一种在基本道德信念上相对同质的、稳定的社会,人们对于构成优良生活的因素存在广泛的共识,所以他反复论述"秩序良好的社会"这一基本观念。然而,当代美国社会的基本现实是,出现了诸多不可兼容和不可调和的信念和学说(包括宗教、哲学、道德等方面)。这些互不相容的信念与学说怎样才能够和谐共存于民主制度的基本构架之中?这是罗尔斯关心的核心问题。为此,罗尔斯重新定义了"秩序良好的社会",它已不再是《正义论》中所强调的由其基本道德信念整合的社会,而是由其正义的政治观念整合的社会,而这正是各种学说重叠的焦点。尽管罗尔斯依旧是一个民主自由主义者,但是针对美国当代的现实问题,他则坚持一种以自由公共理性为基础的民主自由主义,这一理论为解决美国多元社会面临的正义问题提供了新的思路。

总之,罗尔斯的"正义论"构建了全新的符合现代社会的正义理念,为解决一系列棘手的社会现实问题提供了理论指引。同时,也引发了美国学界对"公共理性"与社会行为、个人权利与社会共同体要求、个人价值与社会正义、社会多元与社会统一、自由与平等、民主与秩序等重大理论问题的广泛讨论。从某种意义上说,罗尔斯《正义论》的出版,标志着美国哲学、伦理学思潮出现了一个重要的转折,即由形式问题转到实质性问题,由怀疑和否定转到试图重新肯定,由实证的分析转到思辨的概括。这种转变也可以视为对古典哲学、伦理学传统的一种回归,而学术领域转向实质性问题的探讨在美国正呈现加强之势。

(二) 麦金太尔的道德哲学理论:回归亚里士多德的道德观

1981 年,麦金太尔的《德性之后》(After Virtue)出版,这本书对于他所处的美国社会的影响,并不亚于 10 年前罗尔斯的《正义论》。麦金太尔明确指出:当前道德危机正是人们抛弃传统而造成的严重后果。他强调回归传统美德的重要性,并且认为,道德哲学只能回到古希腊的古老智慧中去,才能寻找解脱当代道德困境的济世良方。① 《德性之后》是近 30 年来具有广泛学术影响的道德哲学著作,它明确阐述了道德哲学无力应对系统的道德教育课程的学术根源。

---

① MacIntyre, A. *After Virtue: A Study in Moral Theory*. Notre Dame: University of Notre Dame Press. 1984. p. 68.

面对美国社会道德生活的失序,麦金太尔超越现实的种种争议,主张回到亚里士多德的德性传统,即强调德育与实践的关系,德性与个人生活整体的关系,德性与传统的关系。他不相信脱离了历史关联的实践和个人生活还能够被我们所理解。由于每个人自身的历史各不相同,作为道德主体的人会被纳入一个更高层次的共同体,只有在这个共同体中并作为共同体的成员,才能发现共同的善。传统是历史的延续,只有在某种特定的传统内,德性和对善的追求才得以代代相传。

麦金太尔研究的中心论题为:美国乃至整个西方社会的一系列道德问题,都表明启蒙运动以来确立的所谓理性而公正的道德原则已经决定性地失败了。麦金太尔认为:"所谓的当代道德分歧,不过是些相互对立的意志的冲突而已,每一意志都是由它自己的某些武断选择所决定的。"①只有回归真实的历史叙述中,才能够理解德性的完整性。在麦金太尔看来,从个人来理解个人和德性,只会陷入相对主义之中,个人以及德性的普遍性和客观性只能存在于历史性之中。将单个人的道德观念和道德行为放到历史传统中,单个的人就不再仅仅是他自己,也是生存于其中的共同体的历史和传统的代表。这样,个人和共同体就处于不可分割的关系中,共同体与个人之间才可能在道德观念上达到一种客观的和普遍的统一。

17

麦金太尔的理论明显分为两个部分,一部分是解构,即对西方当代道德状况进行批判;另一部分是建构,即系统阐述他所理解的德性观念。二者相辅相成,是一个问题的两个方面。麦金太尔认为,在现代人的生活中,个人生活已经被分割成不同的碎片,不同的生活片段有不同的德性要求,德性也因此沦为实现外在利益的工具。只有在社会实践中强调人的生活与德性的整体联系,才能实现德性的最终目的。根据麦金太尔的观点,当代道德危机是道德权威的危机,人们无从找到这种合理的权威。而这种权威的深刻的社会根源于:道德行为者虽然从传统道德的外在权威(等级、身份等)中解放出来,但是这种解放的代价是新的自律行为者所表述的任何道德言辞都失去了权威性内容。道德行为者在获得这种解放以后,可以不受神的律法、自然目的论或等级制度权威的约束来表达自己的主张,但问题在于,其他人为什么应该听从他的意见呢?麦金太尔认为,以往的功利主义和现今的分

---

① 麦金太尔.德性之后.北京:中国社会科学出版社.1995.13.

析道德哲学所力图给予有说服力的答案的正是这一问题,但它们恰恰又没有能给出有说服力的答案,无法把当代自律道德行为者从其道德困境中拯救出来。① 总之,麦金太尔的理论深刻地触及了美国当代社会道德危机的根源,即当代道德危机实质上就是道德权威的危机,人们无法找到这种合理的道德权威,道德没有任何可以信赖和值得追求的终极价值目标,因此,道德权威的丧失是当代美国社会的严重道德危机和道德无序与混沌状态的真正根由。

在过去的近 30 年时间里,麦金太尔以其深厚的德性论思想关注着现代社会中教育的困境,明确反对当代的功利主义教育。他指出,当前的教育主要面临两个威胁。第一个威胁是教育根本没有得到它所需要的任何东西,比如教育资源。第二个威胁是由一种观念引起的不良影响造成的,这种观念认为对学校、学院和大学参与社会水平的评价应该以生产能力的大小为标准。② 因此,麦金太尔认为,教育要抵抗事实上控制它的社会潮流,当代教师也有责任引导学生带着质疑的态度去了解成人生活的世界,去反思当代道德内容。学校教育要通过培养受过教育的公众,重建现代人的德性和公共生活的品质。总之,麦金太尔追寻德性的学说对美国教育思想界产生了广泛而深远的影响,这也为新一轮美国学校德育改革提供了强有力的理论支持。美国当代新古典品格教育的倡导者,几乎都走上了回归古希腊传统的路径,他们当中的一些人是柏拉图主义者,一些人是亚里士多德主义者,但他们都试图从传统中寻找建立新型道德教育理论的思想根基。面对当代社会的道德危机,麦金太尔认为,当代道德衰退的根本原因是由于历史的变迁而拒斥了以亚里士多德理论为中心的德性传统。因此,麦金太尔对于社会道德重建的理论设想在更大程度上是回归亚里士多德的德性论传统。从这个意义上说,麦金太尔对于当代美国德育理论发展的影响力是巨大的。

正是由于麦金太尔的学术贡献,亚里士多德的伦理学和道德生活方式在美国正在经历伟大的复兴。在重新检验美德概念的过程中,所有的思考道路都引向亚里士多德。在亚里士多德的解释中,道德的美德是“一种选择

---

① 麦金太尔.德性之后.北京:中国社会科学出版社.1995.译者前言.9.

② 约瑟夫·邓恩.现代性文化中的教育困境——与麦金太尔的对话,金生鈜.教育与思想的对话(第 1 辑).北京:教育科学出版社.2005.7.

的品质,存在于相对于我们的适度之中。这种适度是由理性规定的,就像一个明智的人会做的那样确定"①。在这种解释中,决定的因素就是选择的概念,亚里士多德将其理解为一种出自理性的愿望。美德使理性的选择具有可能性,也因此使伦理的行动具有可能性。"美德从来都不是摆在面前的道路。对于一个有德性的人而言,美德就是特殊情况下作出的决定。"②从这个角度看,美德是必要情况下的道德思考,而不是对行动的习俗的规定。

由此可见,美德不是技术性的善良或者通过习惯化的行动来处理问题的习俗规范,也不是一些心理学团体或机构从责任出发而做出的类似于训练人有关善的视力或记忆力的行为。美德是一种状态,即解放人的思想,使人们在道德两难中采取道德判断。美德也与那些习俗道德认同的行为以及加强社会化过程的教育不相关。美德是一种特质,不是行动,而是品格,是推动反思性道德选择的品格。行动的过程是一个公正的勇敢的人在特殊情形中的选择,而不必把品格视为公正或勇敢。例如,一个勇敢的人在特殊情况下所做的道德的事情也许就是选择远离危险。当然,选择逃避危险不是勇敢的行为,即使它是一个勇敢的人经过再三反思而作出的选择。在作出道德决定的特殊情形下,美德并不关注特殊行为的质量,而是在复杂的道德情形中的品格训练,促使人们作出负责任和反思性的决定。

美德就是一种可能通过深思熟虑作出决定的品质。如果缺乏这种品质,人们就可能被相互抵触的或者混乱的激情、欲望和渴望所阻隔而不能审慎行动。在亚里士多德看来,道德的负责任的行动就是在理性与愿望中通过辩证思考而做出的明智选择。美德的作用就是克服激情对于理性判断的影响,因为出自激情的影响可能是善的,也可能是恶的,可能是有益的,也可能是有害的,可能在某种情形中呼吁负责任的决定,也可能出现不负责的决定。

亚里士多德的美德观超越了当代人们对于美德的庸俗理解,即美德教条就是简单的禁令概要等一系列针对伦理责任行为的劝告。然而,在当代主流道德哲学的讨论中,美德的分析不是一种诡辩的形式,而是表明美德忠实地依赖于个性或品格的特质。因此,要丰富美德的哲学概念,就有必要回

---

① 亚里士多德. 尼各马可伦理学. 北京:商务印书馆. 2006. 47~48.

② Georg Henrik Von Wright. *The Varieties of Goodness*. London: Routledge & Kegan Paul. 1963. p. 145.

归美德最初概念中的一些不确定因素,恢复对美德的真实理解;回归经典思想家,即回到亚里士多德那里,寻找美德概念的原初内涵。

正如亚里士多德所强调的那样,美德就是优秀的品质,它既不是身体的优秀,也不是愿望的优秀。道德是与自由选择相关的行动,相对于不自愿的行为而言,道德行为的分析依据对正确的行为过程或者行动方针采取谨慎的负责的选择。亚里士多德伦理学的伟大价值就在于与日常真实生活的联系,这也成为美国当代道德教育理论发展所继承的重要遗产。对亚里士多德来说,掌握美德不是像柯尔伯格所说的那样理解公正,而是学会自我控制,因为慎重的道德选择需要一种自我控制的能力。例如,勇气这种情绪也许会影响到个人作出负责的决定。于是,面临危险情形,一个人可能表现出恐惧。所谓勇敢之人已经知道如何做,这是已经形成的习惯,不是作为一种责任而采取的行动,也不是克服恐惧的体验,而是在面临危险的时候能够克服恐惧情绪,并作出正确的决定。因此,美德是一种自控力,它使得一个人通过谨慎思考而作出负责任的选择。

二、美国道德教育理论的新发展:美德、关怀和认知三种取向共存

从历史上看,作为移民国家的美国从建国之初,其缔造者就强调通过学校教育培养民主社会的公民,而民主教育的实践必然引发关于民主与学校教育的理论思考。具体到学校道德教育,美国教育学者在不同的时代都作出了非凡的理论贡献。从某种程度上说,美国在公立学校教育发展过程中形成了比较完整的道德教育理论体系,并且随着社会的发展而不断呈现新的变化。当代美国道德教育理论表现出两种新的发展趋势:传统美德教育的复兴与关怀教育的兴起,与此同时,柯尔伯格的继承者依旧在探寻道德发展理论的新形式。

面对美国社会的道德危机,传统美德教育的拥护者认为,公立学校的美德教育是唯一能够阻止美国社会道德标准受到侵蚀的途径,学校应该使学生成为有德性的人。他们希望像亚里士多德那样,努力寻找一种最有效的教授德性的方法。因此,他们把学校视为培养德性、保存传统和传递文明的地方。关怀取向的道德教育则试图突破道德推理教育的局限,更加关注和重视道德行为的情感根源,鼓励教师和学生共同建构关怀与信任的关系,并

以此作为道德教育的目标。

（一）道德教育理论发展处于新的转折点

从理论发展的视角看，美国学校的道德教育理论随着道德教育实践的变化呈现不同的特点。19世纪末至20世纪20～30年代，道德教育逐渐从传统德育向现代学校德育转变。19世纪中期，随着移民人口的增加，移民的风俗习惯和信仰与美国立国的清教徒传统出现了对抗。当时的共和党人出于对民族前途的考虑，呼吁通过学校德育培养好的父母、工作高效率的忠诚公民。这种学校德育具有浓厚的保守倾向。到19世纪末20世纪初，随着进步主义思潮的影响和心理学研究成果的增多，学术界开始反省和批判传统的保守的道德教育思想，以杜威道德教育理论为代表，反对教授学生一套固定的道德观念和道德习惯，强调道德教育的根本是促使学生通过理智的思考，选择有意义的生活方式。杜威提出："我们希望通过教育去培养出来的那种性格，不是仅有良好意向的那种性格，而是坚持实现其意向的性格。"[①]

在第二次世界大战期间，道德教育实践进入一个"荒凉时期"（an inhospitable time）。战后，由于冷战的影响，美苏争霸使得学校成为满足国家政治和军事战略发展需要的工具，学校道德教育也让位于学术教育与技术训练，而成为学校教育中的"软领域"。道德教育理论发展也处于停滞阶段。到20世纪60年代末70年代初，人们已经逐渐意识到加速进行智力教育和技术训练走到了死胡同，道德教育存在的必要性再次受到重视。[②] 道德教育理论探索也进入到一个新的阶段，其代表性理论流派是拉思斯和哈明等人的价值澄清理论和柯尔伯格的道德发展理论。价值澄清学派强调，价值源于个人的生活经验，不同的经验导致不同的价值，个人的价值观随经验的变化而变化，因此，学校道德教育要避免道德说教，其目的就是通过评价过程和价值澄清方法，帮助儿童澄清自己的价值观，以期达到最适合自己的价值和生活方式。柯尔伯格则继承了皮亚杰的儿童道德发展思想，认为儿童的道德成熟过程就是道德认知发展的过程，因此，学校道德教育就是要促进儿童道德思维水平的发展。柯尔伯格尤其强调思维的形式而非内容，他

---

① 杜威. 学校与社会·明日之学校. 北京：人民教育出版社. 1994. 160.

② Hersh R., Miller J. & Fielding G. *Models of Moral Education*. New York: Longman. 1980. p. 23.

认为形式展示了不同个体道德发展的普遍性和规律性。在上述理论影响下,这一时期的学校道德教育都以发展道德判断力为核心,关注道德判断的形式而忽视道德教育的内容。但是,对"个人主义"的推崇使更多的美国人注重个人自由,反对一切权威,也忽略对生活共同体所承担的义务与责任。面对价值观日益多元化的现实,孩子们在课堂上经常出现毫无拘束的争执和难以调节的分歧,长期接受价值澄清教育训练和柯尔伯格方法培训的教师也没有意识到自己的教育职责。事实上,价值相对主义给许多教育者的内心深处造成了一种在大海上航行的无舵感。

进入 20 世纪 80 年代后,美国社会正经历着前所未有的转型。美国作为高度发达的现代化国家已经达到了人类文明迄今为止的最高成就,但是以工具理性和个人主义为特征的现代文明又导致了人与人之间的冲突以及人与环境之间关系的紧张,进而引发了人的异化、精神麻木和社会道德沦丧等社会危机。在这种社会环境之下,学校德育也面临前所未有的危险。社会环境的病态是学校德育不能回避的严峻现实,也迫使教育理论界对美国道德教育进行反思与重建。一批有着强烈责任感与使命感的学者开始了道德教育理论的探索。20 多年来,他们当中的杰出代表人物如贝内特、里克纳(Thomas Lickona)、诺丁斯(Nel Noddings)、纳希(Larry P. Nucci)等在道德教育理论发展方面作出了不同的贡献,也许在学术观点上他们彼此之间存在一定的分歧与争论,但是他们都在为培养新一代美国公民的德性而进行了理论方面的探索。

(二) 当代道德教育理论的焦点问题:培养有德性的孩子

道德教育的经典问题是"教育如何培养人的德性",这一问题出自苏格拉底的追问。当代美国教育学者依旧不能回避对这个问题的深入思考。在当代美国社会,青少年身上表现出太多的道德问题。于是,通过学校教育促进孩子德性的养成,进而改善社会道德状况,已经成为学者们的共识。但是,关于德性内涵的不同理解引发了道德教育理论的争议。

1. 培养拥有具体美德的孩子

当今美国社会道德水准的下降正在影响着青少年的道德判断力和道德行为,其中一个不容忽视的问题是青少年表现出对传统的轻视和对权威的不尊重。对此,一部分学者持"道德衰退"论的观点。他们认为,只有回归"传统德性",才能拯救"迷茫的儿童"。而对于"传统德性"的理解,他们则倾向于古典文献中的德目——正义、节制、坚韧等。当然,他们并非简单地照搬,而是依据他们所理解的社会需要重新诠释这些美德。同时,他们也相信某些德性是不变的,特别是"勤劳、自律、尊重和责任"。① 也有学者列举出孩子们需要形成的 100 种美德,其目的是培养有德性的人。这些人的思想在美国被称为新古典主义。对于当今的美国人来说,也许亚里士多德的传统美德过于古老。事实上,一个孩子也许通过阅读或教师的教学可以认识和了解那些"经典德性",但是认知上的掌握与实践中的德行还不是一回事。

2. 培养孩子适应共同体生活的美德

与上述新古典主义者相反,另有学者认为社群才是共同体价值观的保存者。他们认为,个人不能脱离群体而存在,因此,一个人的德性并非来自经典名著,而是在共同体生活实践中获得的。当然,关于共同体价值的理论观点源自柏拉图和黑格尔。对于一个人来说,他所生活的道德共同体可以是学校,也可能是家庭、教堂、社区等。而关于共同体教育的思想则直接来自法国的涂尔干。相对于美国社会盛行的自由个人主义来说,强调共同体生活德性有好的一面,但是,面对多元文化的社会现实,片面强调共同体利益,可能失去对个人的宽容与尊重。

3. 培养孩子具有关怀的美德

也有学者超越上述古典主义与社群主义的宏大叙事视角,从人的关系的具体特性入手,认为关怀他人者就是经常与他人形成关怀关系的人,一旦理解了关怀的关系层,其美德层面也就获得了新的意义。从关怀的视角看,家庭和学校都不能满足于理性与认知能力的发展。如果关怀是道德生活的基础,那么,培养关怀素养的教育就是极为重要的。因此,道德教育的第一步就是让孩子学会关怀。学校教育的关键是在师生之间建立一种关怀与信任的关系。在孩子面前,教师可能是替代父母去实施关怀的最好的成人榜样。在成人的引导下,孩子在体验到被关怀的同时,也学会了关怀别人。只有在学校生活中形成具体的关怀情境,才能教育出具有关怀美德的孩子。

其实,无论新古典主义倾向的德性培养,社群主义倾向的道德养成,还是关怀取向的道德教育,都只是学者们的理论假设。尽管在德育目标上,他

---

① Bennett. W. J. *The Book of Virtue:A Treasury of Great Moral Stories*. New York:Simon & Schuster. 1993. p. 3.

们存在具体的学术分歧,但是,其共性也是十分明显的,即都指向当代美国社会转型期道德教育的困境。而在真实的学校教育情境中,不同的教师往往根据自己的选择偏好对已经存在的多种道德教育理论作出取舍,进而形成了"混合"的道德教育理论"拼盘"。

(三) 柯尔伯格之后的道德教育理论发展:三种理论并存

20 世纪 60～70 年代,美国道德教育领域主要存在两种比较有影响的道德教育理论——价值澄清理论和道德认知发展理论。进入 20 世纪 80 年代以后,随着社会道德问题的增多,教育理论界开始全面反思这两种道德教育理论给学校教育带来的负面问题。兴起于 20 世纪 60 年代的价值澄清理论导致学校教育的价值导向作用减弱;柯尔伯格的道德认知发展理论在 20 世纪 70 年代后期虽然成为美国最有影响力的道德教育理论,但是,由于性别问题及跨文化之间的显著差异,道德发展阶段理论的普遍性也一直受到不同方面的挑战。

随着整个美国社会出现严重的道德问题,青少年道德问题和犯罪率均呈上升趋势。于是,在批判上述两种道德教育理论存在不足的同时,一些新的道德教育理论观点逐渐形成。这些新理论因其视角不同而形成不同的学派,其中有影响的理论为以下三种:品格教育(character education)理论、关爱教育(caring education)理论①和领域理论(domain theory)。

1. "新古典"取向的品格教育理论

品格教育理论的倡导者具有明显的新古典主义思想倾向,他们将批判的矛头直指价值澄清教育理论和柯尔伯格的道德认知发展理论。他们认为,价值澄清教育使学校和教师丧失道德标准,片面强调学生的个体价值偏好,而柯尔伯格的道德发展理论单纯强调道德推理能力的培养,重认知过程而轻道德标准,这两种理论代表了美国道德教育领域中一个时代性的错误。

品格教育者认为,正在威胁美国社会道德环境的焦点问题是价值观传统的丧失。他们对青少年一代身上出现的"道德问题"表示痛心,并强烈呼吁恢复品格教育传统。也许他们的理论观点各异,但是,在教育目标上基本是一致的,即通过学校直接而正面的道德教育塑造青少年的品格。到 20 世纪晚期,这种声音已经汇集成一种强大的品格教育思潮。更为可贵的是,这

---

① 关爱教育(caring education),也译为"关怀教育"。本书中这两个概念通用。

种道德教育思潮并未仅仅停留在理论阐述上,其倡导者也满怀激情地投入到品格教育实践之中。他们一方面著书立说,影响政府的教育政策,一方面以不同的教育项目引导中小学的品格教育实践。进入21世纪以来八年多时间里,品格教育理论在美国的影响势头并没有减弱,并波及北美地区和一些英语国家。例如,英国也开始强调价值观教育。

2."关爱"取向的关怀教育理论

关怀教育理论来源于对发展心理学和教育哲学两个方面的反思。一方面,反对柯尔伯格理论的著名观点来自哈佛的女心理学家吉利根(Carol Gilligan)。她指出,柯尔伯格研究的假设与样本都存在明显的问题,即重视反映男性认知特点的公正取向,轻视反映女性道德情感体验的关爱取向。另一方面,教育哲学家诺丁斯认为,美国学校教育的标准化考试和近乎残忍的学术训练割裂了儿童的生活世界,这种重智主义的学校教育不能有效抵御社会道德的沦丧。诺丁斯强调教育的道德意义,主张教育培养有能力关心人、爱人也值得别人爱的儿童。

为了形成人的关心素养和关心能力,诺丁斯呼吁学校教育以关心来组织课程,而不是单纯地围绕学科知识来安排课程。她认为,学校的首要任务是关心学生,教师要愿意关心学生,师生双方要建立关心与被关心的关系。诺丁斯相信,以关心为核心的道德教育为学生的智力和学术发展提供了坚实的基础。关怀教育理论直接批驳已有的道德教育理论,反思实践中的问题,为美国的道德教育发展开辟了一个新的理论视角,其理论的影响力也已经超出美国本土。

3."认知"取向的道德领域的教育理论

虽然柯尔伯格的道德发展理论受到各方面的质疑,但是,柯尔伯格的道德认知发展在美国道德教育理论界的影响从没有停止过。20世纪70年代末,面对来自吉利根的批判,柯尔伯格也在不断丰富和完善其道德认知发展理论体系,使之更能满足学校教育实践的需要。纳希作为柯尔伯格理论的追随者之一,在道德认知发展领域继续探索。他深刻地洞察到道德教育本身的复杂性,其视野超出了狭隘的道德领域,并结合个人生活所涉及的个人领域、习俗领域等诸方面对道德教育进行重新思考。纳希认为,儿童的道德认知不是孤立存在的,它受到道德观点、社会习俗和自我三个不同领域的影响。因此,纳希的研究重点讨论道德、社会习俗和个人三个领域相互作用对儿童判断力发展的影响。

纳希的研究成果显示了儿童在不同领域活动的判断水平。大量的跨文化研究数据表明,在儿童个人选择的权限中,道德和习俗同时存在于他们的思考领域中。领域理论同样关注儿童品格形成的问题,只是更强调社会和文化因素对于儿童道德判断的影响。由于道德认知发展理论在美国道德教育领域的广泛影响力,纳希在此基础上发展而来的领域理论也在一定程度上与品格教育理论形成对话的态势。

第三节　美国道德教育实践发展的基本趋势：价值导向明确的学校德育实践

进入 20 世纪 80 年代以后,一方面是社会道德状况严重恶化,另一方面是公立学校长期以来受到价值相对主义和过程主义的影响而实施价值澄清教育和道德推理能力培养,学校教师不愿向学生表达明确的价值导向。同时,由于高科技发展的需要和功利主义思潮的影响,学校错误地将教育变成单纯的知识性的开发,重在对学生进行学术教育,帮助学生开发个人潜能和专业训练,忽视了学校教育的另一个非常重要的层面——善良心灵的养育。因此,许多家长已经不愿把子女送到免费的公立学校,而宁可负担巨额学费,把子女送到那些价值观导向明确、校风较好的私立学校或教会学校去。针对选民对公立学校教育不满意的现实,美国联邦政府和各州政府也开始反思基础教育政策。鉴于美国朝野恢复中小学道德教育的呼声增多,许多学校开始探索不同形式的道德教育实践。尽管学校德育实践的方式各异,但存在一个共同的指向,即强调价值观明确的道德教育。

一、社会各界积极推进学校道德教育实践

进入 20 世纪 80 年代以来,《国家处于危险中:教育改革势在必行》等一系列报告的出台,标志着美国社会对公立学校教育的不满意和危机感达到了顶点。其实,青少年行为失范所反映出来的道德教育问题只是危机的一角。由于里根政府政治上的保守主义倾向,政府对学校教育的干预一向比较少,这样的背景却使得社会各界有较大的活动空间,能够积极推进学校道

德教育的改革。

（一）社会各界人士积极参与学校道德教育的重建

美国学校分邦而治，教育行政管理权在地方政府，因此，不同学校的道德教育也是各校自主。但是，由于价值澄清教育近30年的影响，而且文化多元主义和价值相对主义在家长和教师心中也有着较强的生命力，所以学校几乎不存在价值观明确的道德教育形式。但是，一些思想家、教育家和教师却从不同的角度开始了影响道德教育的实践。

1. 有识之士呼吁恢复品格教育的传统

面对社会道德危机，一些有识之士率先成为恢复传统美德教育的代言人。他们一方面批判各种形式的道德相对主义和道德虚无主义，一方面努力建构具有传统价值观色彩的品格教育。例如，里根政府教育部长贝内特要求学校在形成年轻人的品格方面发挥更核心的作用，还出版了名著《美德书》。①

一些民间组织也参与到推进学校道德教育改革的运动中，如美国课程发展监督协会（ASCD）于1988年邀请11位德育专家组成专家组，起草了一份题为《学校生活中的道德教育》（Moral Education in the Life of the School）的文件，公开呼吁学校应当正面帮助孩子养成六种品格，并提出了八条教育方面的建议。

2. 理论研究者大力推动品格教育实践

一些教育专家在批判价值相对主义和过程主义的同时，强烈呼吁学校教育重视正面的直接的品格教育。美国教育理论界以纽约大学科兰特校区的托马斯·里克纳教授为代表的一些学者开始系统地反思价值澄清理论流派给学校德育带来的消极影响，并积极尝试在中小学实施品格教育项目。

里克纳在其名著《为品德而教》（Education for Character）一书中对价值澄清理论进行了尖锐批判。他指出，价值澄清学派理论上的主要错误在于它的价值概念和它对道德教育目的与方法的阐述。首要的问题是它对价值观的理解非常宽泛，尤其没有区分一般的问题（如"你喜欢阅读喜剧作品

① James S. Leming. Whither Goes Character Education? Objectives, Pedagogy, and Research in Education Research in Education Programs. *Journal of Education*. Volume 179, Number 2. 1997.

吗")和重要的伦理问题(如"死刑应该被废止吗")。其次是没有区分价值标准和价值目标,即没有区分"你应该做什么"和"你想做什么"。

瑞安(Kevin Ryan,波士顿大学伦理与品格发展中心主任)也致力于恢复品格教育的工作。他说,他所在的研究中心的任务之一就是根据学校和教师教育机构的需要而从事品格教育的工作。他与人合作出版了《改善我们的学校》(Reclaiming Our Schools:Teaching Character,Academics,and Discipline),合作者之一是温尼(Edward Wynne,伊利诺伊大学教授)。瑞安认为,出现青少年道德问题和社会道德问题的直接原因就是学校品格教育的缺失,因此,品格教育作为一项事业,应该成为学校的道德责任。

3. 教室里的道德教育努力

也许对一些中小学教师来说,品格教育是一个模糊的概念,但是,他们出于职业的直觉将养成孩子好的行为习惯与品格建立了松散的联系。一批中小学教师积极尝试各种培养学生良好品格的方法。例如,菲丽丝·史密斯·汉斯(Phyllis Smith-Hansen)是一位中学教师,她在纽约的一所中学(Lansing Middle School)教 5~7 年级。她认为,"品格教育是一种方法,通过它,教师把自己在教室里的角色看做是教育者。为了我的学生身上显现某种品格,我计划教室里的每一件事情,从对纪律的评价政策到我授权他们的方式等"①。

(二)联邦政府大力扶持学校道德教育实践

为了改善公立学校的教育形象,美国两级政府不同程度地加强了对学校的政策支持。从总统号召和支持的道德教育研讨会到政府提供经费资助学校发展的计划,都反映出国家对于公立学校德育改革的政策导向。

1. 历届总统积极推进学校的道德教育改革

在一般美国人的观念中,学校一直是非政治的,不受党派利益和偏见的影响。但是,当教育问题引起广大民众的关注之后,为了树立政党在选民中的亲民形象,共和党和民主党在其执政期间,都把制定面向学校教育改革的政策作为一项重要工作。

例如,1991 年 4 月,被称为"教育总统"的老布什抛出了他振兴美国教育

---

① Anne Turnbaugh Lockwood. *Character Education:Controversy and Consensus*. California:Corwin Press. 1997. p. 38.

的方案,其中一个重要目标就是在 2000 年实现美国的每所学校都无毒品、无暴力,并提供有利于学生学习的有纪律的、秩序井然的环境。克林顿总统在 1996 年的国会致辞中也强调,在所有的学校中进行品格教育,教授好的价值和好的公民责任。

2. 政府专项拨款,扶持学校改善道德教育环境

在里根执政期间,教育部长贝内特提出了"学校认可计划"。第一步是针对国家教育质量委员会提交的报告《国家在危险中:教育改革势在必行》(A Nation at Risk:The Imperative for Educational Reform),教育部提出了"中学认可计划",即以政府的名义肯定和表彰教育质量好的中学。第二步是提出"小学认可计划",即著名的"蓝带学校颁奖计划"(The Blue Ribbon Award Program)。这些学校的学生不仅在基本技能和学科知识方面具备了坚实的基础,而且在德性、价值观和道德判断力方面都取得了发展,政府公开表彰这些学校在促进学生发展方面取得的杰出成效。这个颁奖计划隔一年举办一次,1985～1994 年期间,共举办了五届,已经有 1224 所学校荣获"蓝带奖"。目前,在美国教育界,"蓝带学校"已经成为品格教育特色学校的代名词了。

二、新兴的品格教育:明确公立学校的教育责任

在 20 世纪后半叶,令人焦虑的社会道德问题是杀人、自杀和非婚生育现象在年轻人当中出现,这个比率在过去的 30 年里快速增长,成为整个社会关注青少年品格发展的直接动因。品格教育倡导者认为,年轻人的道德迷惑正是过去 30 年推行价值澄清教育付出的惨重代价。于是,他们强烈呼吁学校以更积极的态度进行直接的道德教育,教授传统价值观。20 世纪 80～90 年代,品格教育在目标和意图上都呈现出联合的态势,各地的品格教育实践也表现得丰富多彩,成为一场影响美国全境乃至整个北美地区的学校教育改革运动。

(一) 以项目的形式推进品格教育运动

一些品格教育的倡导者积极开放各种品格教育项目,以引导学校的德育实践。其中,瑞安主持设计了"道德教育项目"(Moral Education Project)。这个项目下设四个委员会:哲学委员会、心理学委员会、教育委员会和课程材料委员会。其中,教育委员会的项目成果在 1987 年出版成书,即《校内与

校外的品格教育》(Character Education in School and Beyond,1987)。教育委员会的成员作为道德教育协会(the Association of Moral Education)的成员在全国已经很出名了。他们的论点是人的品格来自于下列三个部分的应用:识见(knowing)、情感(affect)和行为(action)。

另一个比较著名的项目是孩子发展项目(The Child Development Project),简称 CDP 项目。其宗旨是结合传统道德教育和道德发展教育的方式进行价值观教育。该价值观教育计划的基本假设为:从传统的社会化视野看,好的品格是传授的,孩子直接从社会的重要价值观和规则中得到指导。这些价值观是通过孩子生活中的意义重要的成年人的榜样和强化而传授的。这个项目基于这样的方式(通常被称之为品格教育),通过外显的"教"来如何区分"对"与"错",通过外在和公共系统来奖励令人满意的行为并惩罚不满意的行为,并运用"金箴"(golden rule)中的格言、文学作品和生动的榜样而直接提供道德行为典范。这些传统的社会化观点在更多方面和社会学习理论及行为主义传统一致,而不是和其他的人类发展心理学理论相同。

(二)在学校德育改革过程中重视教师培训

在过去的 20 多年时间里,由于受到心理学理论的影响,教师教育在研究和写作方面着力于教学方法、教学策略、教学模式和教学技术。教师教育从课堂和图书馆走向了公立学校,变成更多的"临床诊断"——现在的大学生在教学之前要有 2~3 个学期的"临床经验"。在这种情况下,教育哲学和教育史成为教学方法和教学实践这个祭坛的牺牲品。一个好教师越来越像一个好的技师,或者是有技术的工匠,获得这些行为方面的技术和策略的人就被称为"有效教师"(effective teacher)。而就品格教育的实践而言,它需要教师的道德敏感性和道德判断力。品格教育倡导者相信,如果一个教师在他与孩子相处的工作中包含道德维度,并把这些道德的东西带进教室,将会大大促进孩子的品格发展。

当然,对广大中小学教师来说,从事道德教育的素养与能力并不是他们在现有的教师教育课程中能够学到的,其道德教育的信念来自宗教或公民的背景,也来自于他做学生的经验、他的老师所具有的道德敏感性对他的影响。就教师培训而言,为了弥补目前教师教育存在的不足,一些品格教育机构为教师编辑出版了大量的教材与指导用书,还利用网络平台提供品格教育网站。例如,里克纳教授及其团队创立的第 4R 和第 5R 中心(Center for the 4th and 5th Rs)专门成立网站(http://www. cortland. edu/character/default. asp),这个网站在广大中小学教师中很有影响力。

三、学校道德教育实践的不和谐音符

美国的品格教育运动声势不断提高,其影响力已经超越美国,波及北美以及其他一些国家和地区。品格教育之所以在其他国家和地区引起共鸣,恰恰反映出当前世界范围内的文化多元与价值多元已经引起了各国教育者的广泛关注。于是,美国的品格教育实践经验也受到各国教育界同行的重视。但是,进入 21 世纪以来,美国教育界已经开始出现对品格教育实践质疑的声音。

(一) 教育效果的有限性

早在 20 世纪 20～30 年代,心理学家哈桑和梅进行的一个大范围调查的结果表明:直接的道德教育在真实的生活环境中并没有对个体的道德行为产生真正的影响。这个结果为当时公立学校实施的品格教育敲响了丧钟。从此,品格教育在美国教育界销声匿迹近半个世纪之久。目前,为了摆脱社会道德困境,学校直接的道德教育开始复苏,但是现在的品格教育者凭什么相信他们会在前人失败的地方取得成功呢? 列明(Leming)评估了 10 个通行的品格教育项目,其中只有两个与促进孩子的个体社会化相关,其他项目看上去则与 20 世纪 20 年代的教育项目相似,即更多地表现为道德说教。[1]总之,对于目前的品格教育倡导者来说,除了一些轶事类的效果之外,很难有足够的证据表明当前品格教育所付出的努力是卓有成效的。

另一方面,家庭对学校品格教育的支持有限。现在的家长似乎比以前花费更少的时间来养育孩子的德性。现代社会里,不仅男人的工作时间增加,很多妇女也离开孩子出去工作了。从妇女解放的角度看,这对女性来说是好事,也有利于经济发展。但是,这对孩子来说并不一定是好事,因为家长不能够及时纠正孩子的不良行为,从而放松了对孩子的德性培养。所以,即使学校员工团结一致追求美德与古典教育的目标,但是如果缺乏家长的

---

① Anne Turnbaugh Lockwood. *Character Education*:*Controversy and Consensus* California:Corwin Press. 1997. p. 25.

道德权威,期待孩子们转向好的品格也是不现实的。

（二）学校教职员工对品格教育项目的消极态度

一般来说,品格教育者都极端保守地相信,教室里的品格教育还没有灌输到位。于是,来自大学和社会的品格教育机构常常到中小学去推广一些品格教育项目,以实现道德教育的目标。但是,与品格教育倡导者的热情形成鲜明对照的是,学校教职员工则比较消极。

许多学校职工认为,在目前的教育评价制度下,他们的工作保障取决于学生的学业表现。学校有一个安全的环境,比有一个存在争议的品格教育项目更重要。如果品格教育项目包含的活动很少有智力方面的内容,孩子们的学业水平就可能下降,学校很快就会关门了。因为美国一些州政府对公立学校教学质量的评价非常严格,教育当局会通过标准化考试来测量学生的学业成绩。这就给教师带来很大压力和负担,他们认为"提高标准"是日常教育工作的一切。所以,他们怀疑目前的品格教育运动能否取得成功。

此外,教师们还担心,如果品格教育者没有在相对短的时期内扭转社会状况,即解决青少年的道德问题,那么,公众就很可能反对学校里所有的道德教育,公众的复仇情绪和对教育的不满可能就会释放,到那时,公立学校的处境可能比现在还要糟糕。

上篇 理论篇

培养正直的心灵：
品格教育运动思潮

从第一批移民抵达北美新大陆开始，以清教徒为主体的移民就非常重视对儿童进行具有宗教色彩的品格训练。伴随着美国社会的不断发展变化，学校道德教育的目标、内容及教育形式都具有鲜明的时代特征和美国文化特征。在 20 世纪晚期的美国，一场声势浩大、引人注目的"品格教育运动"正在成为一种强大的力量推动着美国中小学的学校德育。这一运动的支持者确信，美德可以也必须在学校里教授，而且学校是除家庭和教堂之外教授美德的最好场所。本章将从历史与现实两个视角来考察品格教育在美国的发展状况，既分析学校德育与社会发展的密切关系，又剖析公立学校德育在社会道德环境建设方面所承担的历史责任。

第一节 美国品格教育的发展轨迹

从历史的维度看，美国品格教育（character education）的发展大体上经历了三大发展阶段：传统的品格教育强势时期，相对主义和过程主义影响下直接品格教育销声匿迹的时期，当代品格教育的复兴时期。尽管美国作为移民国家，从立国之初就强调通过教育来培养美利坚国民的素质，但是，在不同的历史时期，学校的品格教育呈现出不同的教育侧重点。

一、时代变迁决定品格教育的兴衰

随着美国社会的发展变化，品格教育也经历了从宗教控制走向世俗化的过程。品格教育世俗化的过程也就是美国公立学校教育形成和发展的过程。公立学校教育中的品格教育也表现出两个方面的变化,一是随着社会变化和国家关于公立教育政策的改变,品格教育的命运也有起伏;二是受到不同教育思潮的影响,品格教育的地位也发生了改变。

(一)移民时期,宗教色彩的传统品格教育

美国重视传统的品格教育可以追溯到新大陆移民时期,新社会的诞生是与新教伦理相伴而生的。在整个殖民时期,新教各派是北美的主要宗教势力。这些新教徒为躲避宗教迫害来到新大陆,把新教伦理精神也带到了这片土地上。这一时期的道德教育工作主要由家庭和教会承担,"道德教育的主要目的是按照清教徒严格的伦理规范形成儿童孝敬、忠诚、勤勉、节制等习惯。道德教育起着一种狭隘的社会化作用"①。教育内容也具有浓厚的宗教色彩,即以灌输宗教道德规范为主,如诚实、节俭、勇敢等具体行为准则,教育方法上以说教、训诫、纪律、惩罚为主。教师主要训练学生对上帝的虔敬和对权威的服从。

在美国学校出现的初期,学校教育依旧受到宗教的控制,道德教育也仍然在宗教思想的支配下进行,没有独立的地位。19 世纪中后期,随着移民人口增多,移民的风俗习惯和信仰与美国新教徒出现了对抗,早期的美国社会精英人士希望通过学校教育的形式来实现移民子女的"美国化","道德教育也变成了另一种形式的狭隘的、无反省的社会化过程"②。从伦理学理论基础来看,这一时期的品格教育传统在理论上受到亚里士多德伦理学的影响。与此同时,传统的品格教育深受宗教影响,强调灌输宗教道德的教条,具有浓厚的非理性特征。

上述状况一直延续到 19 世纪末 20 世纪初,随着国民教育的普及,品格教育才逐渐摆脱了宗教的束缚,成为世俗教育的一部分。但是,这一时期的品格教育仍旧延续传统品格教育的一些特征,其教育目标是养成个体的人格要素和价值结构,它们组成了社会所需要的美德;教育方法上强调正面的直接的道德教育;教育内容上重视纪律和良好行为习惯的培养。它旨在引

---

① Richard H. Hersh, John P. Miller & Glen D. Fielding. *Models of Moral Education*, New York: Longman. 1980. p. 14.

② Richard H. Hersh, John P. Miller & Glen D. Fielding. *Models of Moral Education*, New York: Longman. 1980. p. 18.

導学生遵守已经形成的社会制度和传统,具有浓厚的保守倾向。

(二) 20 世纪 20～30 年代,进步主义教育对传统品格教育的批判

随着社会的发展,美国传统的品格教育在 20 世纪 20～30 年代遭遇到巨大的挑战。一是来自进步主义教育思想对传统品格教育的批判,二是来自心理学家的研究成果对直接品格教育效果的质疑。

进步主义教育对传统品格教育批判的核心思想是美国著名哲学家杜威的道德教育观点。杜威指出:"学校道德教育量重要的问题是关于知识和行为的关系。"①而学校求助于特定的修身课和特定训练方式,这是因为知识如果没有和寻常的行为动机和人生观融为一体,道德教育就变成了说教。为此,杜威还区分了"道德观念"与"关于道德的观念"。他认为,道德观念要能够引起行为的改善,这样的观念才能成为品格的一部分,否则就是缺乏活力和不起作用的。② 而在道德的观念如关于诚实、纯洁或仁慈的知识中,没有使这些观念自动地转变为良好的品格或良好的行为的性质。因此,杜威强调,学校生活对孩子道德成长的影响远远胜于直接的道德教育。

如果说杜威是从思想上对直接品格教育提出了批判,那么,来自心理学家的研究成果则为这种批判提供了强有力的经验数据作为支撑。哈桑(Hugh Hartshorne)和梅(Mark May)在关于品德和品德教育的调查报告(1928～1930 年)中指出,品德往往是一种特定性的表现,在一种条件下产生的品德行为未必会在另外一种情况下必然稳定地表现出来;直接的道德灌输未必有显著的效果,道德教育应当更多地通过间接的方式去实现。③ 这一心理学研究成果使得美国建国以来一直强调的直接品格教育受到前所未有的冲击,并由此引起了心理学界对品格教育的研究。

这两种对品格教育进行批判的声音对美国 20 世纪的道德教育理论和实践都产生了深远的影响。杜威指出:"我们希望通过教育培养出来的那种性格,不是仅有良好意向的那种性格,而是坚持实现其意向的性格。"④这以后

---

① 杜威.民主主义与教育.北京:人民教育出版社.2001.378.
② 杜威.学校与社会·明日之学校.北京:人民教育出版社.1994.142.
③ 哈桑和梅对 8000 名学生进行测试,发现很少有学生表现出有道德的行为,大多数学生会骗人、行为自私,有时会缺少"自控"。他们的数据显示,德行与学生的直接品格学习有关。参见纳希.道德领域中的教育.哈尔滨:黑龙江人民出版社.2003.152.
④ 杜威.学校与社会·明日之学校.北京:人民教育出版社.1994.160.

的道德教育明确反对灌输,注重发展儿童的个性。直接的品格教学在美国的公立学校中日渐式微。

二、凸显个人精神的道德教育理论与实践

二战爆发后,美国也不可避免地卷入战争,于是学校教育让位于国家需要。这种社会形势也将学校德育带入了一个"荒凉时期"(an inhospitable time)。到20世纪后半叶,美国的道德教育发展开始面临新的社会情况,20世纪60~70年代发生的民权运动、水门事件等引起社会的动荡,人们心中传统的道德价值观受到冲击。一向以灌输"美德袋"自居的传统品格教育面临社会各界的激烈批评。

为了寻找学校道德教育的出路,出现了两种不同研究取向的教育探索。一是价值澄清教育学派及其理论对美国道德教育实践的强大影响,二是以柯尔伯格为代表的道德认知发展理论对学校道德教育实践的持续性影响①。

(一)顺应时代思潮的价值澄清教育

价值澄清(values clarification)在20世纪20年代曾经作为一种教学方法被进步主义教育采用,但只是对工业化社会的简单反应。20世纪50年代之后,社会多元化趋势增强,各种社会传媒提供了丰富多变的信息。在多种价值冲突之下,儿童很难获得相对清晰的价值观。人们开始探索各种新的教育方式,以克服灌输方式的困难。20世纪60年代,以美国纽约大学教育学院路易斯·拉斯(Louise Raths)教授为代表的学者提出价值澄清理论。拉斯在其代表著作《价值与教学》中明确指出,"如何获得观念"比"获得怎样的观念"更重要。②

价值澄清理论坚持价值上的相对主义和教育上的过程主义、儿童中心主义,既迎合了美国文化传统中的个人主义倾向,又顺应了20世纪60年代兴起的个人主义思潮。在这种时代背景下,受到价值澄清理论影响的教师也倾向于采取个人主义的道德观。这一理论指导下的教师用书《教师和学生行为方略手册》于1972年出版,面世后风靡全国。

---

① 柯尔伯格的道德认知发展理论既反对向学生灌输"美德袋",又反对价值相对论,而主张教育过程要遵循儿童的道德认知发展规律,最终促进儿童道德判断力的发展。

② Raths L. E., Harmin M., Simon S. B. *Values and Teaching*: *Working With roules in the classroom*. Ohio: Charles E. Merrill. 1978. pp. 8~9.

（二）道德认知发展理论与实践

20 世纪 60～70 年代，美国处于"多事之秋"。二战之后，由于美国致力于在经济和军事上与苏联相抗衡，崇尚科技增强国力成为朝野共识，美国也因此出现科技进步、生产发展和经济繁荣的局面。但是，繁荣的背后潜伏着各种危机，各种各样的社会运动反映出不同价值观的冲突。在社会价值日趋多元的情况下，学校在道德问题上持什么样的立场，成为一个重要问题。

20 世纪 70 年代后期，价值澄清学派因其相对主义倾向而受到人们的批判，柯尔伯格的道德认知发展理论应时而生。柯尔伯格一方面承认价值的多元，另一方面强调应以公正作为道德最高原则，作为道德教育存在的基础和根据。以公正为核心，柯尔伯格道德认知发展理论形成了"三个水平"、"六个阶段"。

柯尔伯格的理论影响使得美国的学校道德教育偏爱使用道德两难讨论的方法培养学生的道德判断能力，广大中小学教师也热衷于开展道德两难问题法的课堂教学，以培养学生的道德推理能力。但是，连柯尔伯格本人都承认，将道德认识转化为道德行为尚需要很多条件。尽管柯尔伯格明确反对价值相对主义，但是他所主张的道德教育也是重过程而轻实质内容的。

就具体的学校德育实践过程而言，这一时期的美国涌现出了各种道德教育的模式，美国教育学家哈什等人（Richard H. Hersh）1980 年就在《道德德育模式：一种评价》（Models of Moral Education：an Appraisal）一书中总结和介绍过这一时期的六大德育模式①。尽管这些道德模式的具体实施办法各异，但都把反对权威的道德教育作为理论研究的起点，在道德教育思想中凸显了美国文化中的个人主义精神，而在道德判断中又继承和发展了杜威的道德教育思想；在实践中则重视培养学生的道德思维能力，反对灌输具体的道德条目，强调个人生活体验和道德思维能力在其道德发展中的作用。

20 世纪 80 年代以后，价值取向日趋多元化，仅仅培养道德判断力已经无法解决孩子的道德成长困境，因此，一些教育专家在批判价值相对主义和过程主义的同时，强烈呼吁学校教育重视正面的品格教育，即给孩子提供明

---

① 美国在 20 世纪 60～70 年代出现的六种道德教育模式：构建理论基础模式、关心体谅模式、价值澄清模式、价值分析模式、道德认知发展模式、社会行动模式。Richard H. Hersh, John P. Miller & Glen D. Fielding. *Models of Moral Education*, New York：Longman. 1980.

确的价值观和人生观。1988 年美国课程发展监督协会(ASCD)就邀请 11 位德育专家组成专家组,起草《学校生活中的道德教育》(Moral Education in the Life of the School),公开呼吁学校应当正面帮助孩子养成六种品格,并提出了八条教育上的建议。① 到了 20 世纪 90 年代,直接品格教育已经明显复兴,并在社会各界的努力下逐步成为当代美国学校道德教育的主流。

第二节　当代品格教育复兴的时代契机

20 世纪 80 年代以来,美国当代的品格教育出现了一种回归传统的倾向。导致这种回归趋势出现的原因是多方面的,首先是社会道德问题的直接压力引发社会公众对道德教育的广泛关注,其次是持保守倾向的执政党表现出对美国社会传统价值的重视,三是学术界精英在反思现代社会道德与理论重建方面回归古典的倾向。

一、青少年道德危机:行为失范问题严重

20 世纪 80 年代,美国的社会道德和学校道德问题日益凸显。《耶鲁校友杂志》在一篇题为《博伊斯基时代的伦理》的文章中指出:"也许现在的状况超过了美国历史上的任何时期,贪婪和欺诈被大家视为极平常的事。"② 20 世纪 70~80 年代,青少年暴力犯罪率上升已经成为美国社会面临的严峻问题。据 FBI(美国联邦调查局)的统计,从 1978~1988 年的十年间,十三四岁少年的强奸犯罪率增长了一倍。在 20 年时间里(1968~1988 年),所有的暴力犯罪——谋杀、强奸、抢劫、盗窃案件,增长了 53%,作案者包括 17 岁及 17 岁以下的男孩和女孩。孩子们的行为变化不仅反映在极端犯罪行为上,而且反映在其他生活方面,如大众媒体和娱乐场所占据了孩子们的大量时间。有统计表明,平均每个孩子到 18 岁时会目睹 20 万个暴力事件,4 万个

---

① 檀传宝.第三次浪潮:美国品德教育运动述评.北京大学教育评论.2003(2).33~37.
② 托马斯·里克纳.美式课堂.海口:海南出版社.2001.10.

性刺激镜头，而且性暴力镜头越来越泛滥。① 随着美国年轻一代学习成绩的下降，他们的行为也出现了严重的堕落，比如在越来越多的青少年中间出现了杀人、自杀、少女怀孕以及学校里的故意破坏等不良行为。② 例如，在纽约社区北部郊区的四名青少年（三个女孩和一个男孩）夜间闯入学校，将几桶汽油倒在里面，并点上火，致使学校 50 万美元的财产付之一炬。他们纵火的唯一动机是其中的一个人因缺了一节法语课被老师处罚而心情沮丧。③

美国教育学者托马斯·里克纳（Thomas Lickona）将美国青少年行为中令人不安的道德问题归纳为以下几种趋向。④

（一）暴力、破坏行为和自毁行为加重

美国 15～24 岁的男性青少年凶杀犯罪比例在发达的工业国家中遥遥领先，比加拿大高出 7 倍，比日本高 40 倍。女性青少年犯罪比例也有上升趋势，1965～1988 年，因恶性暴力而被捕的 18 岁女性青少年是原来的 3 倍。1985 年，根据国家青少年审判中心统计，有 21 起凶杀案、3434 起暴力案、1735 起抢劫案和 435 起强奸案为 11 岁或 11 岁以下的少年所为。警方的报告表明，青少年犯罪源于扭曲的价值观——恶魔崇拜。据保守估计，美国有8000 个恶魔崇拜组织和近 10 万名会员。一位受尊重的小学教师说，在过去的 10 年里，孩子们的变化令人难以置信。他们不仅不尊重教师，而且相互之间也用武力解决争端，并欺侮、殴打身体最弱的同学。一位在不同学校任教的老师反映：小学生之间发生的行为经常是残忍的，而且开始从高年级蔓延到低年级。⑤

根据联合国 1988 年的报告，美国是发达国家中 19 岁以下的女性怀孕率和堕胎率最高的国家之一。根据国家研究机构对滥用毒品的调查，美国是工业化国家中青年使用毒品比例最高的国家。毒品正在逐渐渗入小学，青少年酗酒也很流行。一项关于酗酒及酒精中毒的调查表明，每 4 个高中高年级学生中有 2 个人承认每周喝一次以上，20 岁以下的青少年有 1/3 存在严重的与饮酒有关的问题，每 10 个死于酒后开车的人中有 4 个是 20 岁以下的

① 托马斯·里克纳.美式课堂.海口:海南出版社.2001.2～3.

② Madonna M. Murphy.美国"蓝带学校"的品性教育.北京:中国轻工业出版社.2002.18.

③ 托马斯·里克纳.美式课堂.海口:海南出版社.2001.4.

④⑤ 托马斯·里克纳.美式课堂.海口:海南出版社.2001.12～17.

青少年。在过去的 30 年期间,美国青少年自杀率上升了 300 个百分点。每年约 50 万的 20 岁以下的青少年企图自杀,约 6000 人自杀成功。1988 年美国卫生部的调查表明,每 7 个 20 岁以下的青少年中有 1 个人曾企图自杀(每 10 个男孩子中有 1 个,每 5 个女孩子中有 1 个)。①

自毁行为的另一个主要方面就是未成年人的性行为。一位在纽约市中心区工作的六年级小学教师说,一些孩子在成长的过程中一直伴随着 R 级电影(17 岁以下的青少年不宜的电影),有色情镜头的电视片、广告。由于小学生受到这些大众媒体的不宜影响,男孩子看《花花公子》,女孩子穿高跟鞋,化妆,戴珠宝首饰,孩子们互相写含有色情语言的便条。一位社区辅导员说,每年有 1.4 万名 14 岁以下的女孩子成为未婚妈妈,有些女孩子的性行为从 10 岁就开始了。②专家呼吁,性虐待行为在青少年中已经变得十分严重,而且受害者的年龄呈下降趋势。

(二)自我中心与过分偏执,公民责任感减弱

1989 年的盖洛普民意测验中,18～29 岁的青年人做了如下的自我谴责,89％的人说他们这一代比 20 年前的同龄人要自私,82％的人说他们更多地追求物质利益。每年秋天,加州大学的高等教育研究所都对全国近 550 所重点大学的新生进行一项名为"美国的大学新生"的民意测验,以此作为国家道德准则的晴雨表。在 1970 年的测验中,82.9％的大学新生同意关键或非常重要的目标是"树立有意义的生活哲学",而到 1987 年这一数字已经下降到 39.4％。

学生的自我中心还表现为随意行窃。1981 年,美国的一个"防商店行窃组织"调查了 10 万名 9～21 岁的青少年,有一半人说他们至少有一次商店行窃行为,而且这一半人中的大多数准备再次行窃。全国的大学里都存在图书馆行窃行为。有的学生经常从图书馆的资料中用刀片割下想要的文章或章节,带回家供自己使用。

据"国家反偏见和敌视机构"的调查资料显示,在过去的 10 年里,大学里的种族暴力和种族敌视事件报道过的就超过 300 起。1988 年秋天,在密西西比大学的一个黑人联谊会会馆里,当成员正在进入的时候,被人突然放火点着。在耶鲁大学,一个德国纳粹徽记与"白人至上"的字样被涂写在大学

①② 托马斯·里克纳.美式课堂.海口:海南出版社.2001.12～17.

的"美国黑人文化中心"里。美国 20 世纪 60 年代人权运动所取得的种族和解的胜利成果，正在新一代青年人身上面临挑战。

（三）无视纪律和权威，文明程度下降

作弊现象广泛存在于中小学，是教师们十分头痛的事情。1990 年 10 月，约瑟夫森伦理学院发表了题为"美国青年的伦理"的报告，指出青年人普遍存在着作弊行为。在另一项国家调查中，6000 多所大学的新生和四年级学生中 76％的人承认在高中曾经作弊，而且他们认为这种行为是正常的。

学生对权威的尊重在逐渐改变。很多学生对权威表现出蔑视和拒绝的态度，这种心态使他们对基本的社会规范和约束产生抵触。据老师们反映，在校园里，学生们开始敌视教师的权威。另外，语言本是社会文化的标志，但是，学生们的语言变化让教师感到可怕。学生爱用脏字，以致经常引起彼此间的冲突。一位小学校长说，学校大多数的武力冲突都是由脏话引起的。1987 年哈佛大学对学校暴力的研究表明，50％的市区教师和 40％的乡村教师说他们曾受到学生谩骂和下流手势的侮辱。

总之，青少年的道德问题是美国社会道德危机的一个缩影。在恶劣道德环境中成长的青少年，其道德判断能力自然会受到阻隔。孩子们又该如何明确自己的价值观呢？而在 20 世纪 80 年代的美国，发端于 20 世纪 60 年代的价值澄清教育正在教育实践领域占据着主流地位。教师和学生都陷入价值相对主义观念的包围之中，无法有效地应对上述道德危机。美国青少年的道德危机正在威胁着美国的社会基础，因此，越来越多的家长和有识之士呼吁学校向孩子提供道德行为规范的指导。

二、联邦政府的新保守主义倾向

冷战为保守主义的盛行提供了有利的条件。二战至今，美国政坛上存在两支影响力极大的新保守主义势力。具体而言，新保守主义（new conservatism）是指二战后萌芽、20 世纪 50 年代"反省重构"、60 年代蓄势待发、70 年代"出击拼杀"、80 年代称雄扬威的保守主义势力。罗纳德·里根 1980 年入主白宫，是新保守主义势力成功崛起的标志。20 世纪 80 年代的里根政府掀起了全球的新保守主义（也就是新自由主义）思潮。里根的保守主义同布什的保守主义，没有根本的区别。布什的保守主义，其思想基础依旧是美国的新保守主义。笼罩着布什政府的所谓新保守主义，究其根源，与里根时期的保守主义乃一脉相承。立足于美国民众的道德标准与责任意识模糊的现实,新保守主义倾向的联邦政府重点强调传统道德标准及公民的社会责任。

(一) 恢复传统价值观和传统道德标准

20 世纪 60 年代末 70 年代初,伴随着自由主义思想和自由主义政策而直接或间接衍生出来的一系列社会问题日趋严重,如色情文化泛滥,吸毒现象蔓延,性自由失控,青少年犯罪率上升及社会福利群体扩大等,新保守主义强调的道德观念、个人负责精神和传统生活方式对美国普通百姓产生了极大的吸引力。

20 世纪 80 年代,面对多元文化主义以及相对主义的全面泛滥,美国社会中吸毒、堕胎、种族暴力、枪械失控、儿童色情、同性恋和家庭暴力等等有违传统基督教道德的社会问题层出不穷,众多美国选民对社会大动荡引发的一系列社会道德问题极为关注,公众对重振传统价值观教育的呼声也日益高涨。大量持传统观念的蓝领工人、小农户和基督教徒对民主党的自由主义政策甚为不满,于是,他们纷纷背弃民主党,投奔提倡传统价值观的共和党。[①]

针对这种社会现实,新保守主义者主张加强美国人已经十分缺乏的家庭观念,并呼吁通过立法改变目前社会道德沦丧的处境。里根的共和党政府崛起就是新保守主义思想得势的产物。就新保守主义对保守主义道德思想的重构而言,新保守主义是从道德层面继承和捍卫资本主义精神。经过这样的重构之后,美国社会道德又增添了一层传统价值观所强调的道德精神色彩。以源于传统价值观的道德精神作依据,新保守主义尊重权威和秩序的稳定性和连续性。新保守主义重视资本主义社会的功利方面与社会秩序、共同体建设等道德问题的联系,从而使得对自由资本主义的捍卫转变成对社会道德和共同体精神的捍卫。这也是新保守主义具有较浓传统道德色彩的原因之一。

(二) 强调国家需要与社会责任

继承里根政府新保守主义思想倾向的布什政府针对社会现实问题提出一系列非常保守的政策主张,而且往往对不同的选民强调不同的具体问题。

---

① 王恩铭.当代美国新保守主义的兴起.国际观察.2006(2).50～58.

在国内政策上，特别强调家庭和宗教的重要性，反对女权主义、自由堕胎、工会、轻率离婚、同性恋、吸毒和色情。美国的新保守主义思想是十分务实的，它关心诸如堕胎和同性恋之类的社会价值问题，但更加关注国家安全、社会秩序和教育等公共事务。

在冷战后，面对全球化的冲击，克林顿在任期内曾经推行过一定的自由主义改革，但是"9·11"事件的发生作为一个转折点，使美国的国内本土安全面临着前所未有的挑战，采取强硬外交的新保守主义逐步成为小布什政府的主导思想。同时，小布什政府的连任恰恰说明新保守主义的观念在美国本土具有广泛的社会基础，并滋生于强大的政治支持的土壤里。当今的新保守主义者利用大众媒体的力量进行广泛的舆论宣传。新保守主义者主张回归经典，回归传统道德，已经成为一种广泛的社会主张，虽然它在学术界并没有得到广泛的认同，但是其借助政府的力量在教育领域施加的影响不可小视。

随着近年来越来越多的中产阶级家庭把孩子从公立学校带回"家庭学校"（home schooling）运动的兴起，以及宗教性的私立学校迅猛发展，美国政府被迫调整公立学校教育的政策。新保守主义影响下的美国使得基础教育政策正日趋保守。新保守主义者要求从根本上改变美国现行的自由派教育政策，加强宗教在学校中的地位。新保守主义的主张正在逐步成为基础教育领域的主导思潮。新保守主义者在教育上强调传统文化的价值，努力维护西方社会的传统道德基础，重视学校在传递人类基本价值观方面的作用，强调个人服从于国家的需要，加强青少年的责任意识。总之，目前的新保守主义政府希望通过加强学校的公民教育和道德来培养国民的价值观和良好品格。

三、批判 20 世纪 60～70 年代以来的道德教育理论：重构基本价值观

20 世纪 80 年代以来，社会道德的危机及青少年道德问题的增加，美国教育理论界以威廉·贝内特、托马斯·里克纳、爱德华·温和凯文·瑞安等为代表的一些学者共同表达了对当前社会及各级学校中出现的"道德衰退"现象的悲痛之情。他们开始系统地反思持续近 30 年之久的价值澄清理论流派和柯尔伯格的道德认知发展理论给学校德育带来的负面影响。这些学者

一致认为,价值澄清教育或柯尔伯格的道德发展阶段理论对于今天的学生而言,是一种时代性的错误。

(一)反思价值澄清理论对学校教育实践的影响:价值尺度的缺失

在 20 世纪的头 30 年里,美国的许多学校都把青年人的道德发展作为主要的教育责任。然而,在今天,早期的道德氛围和宗教价值培训计划已经转向价值中立、价值相对主义和价值主观主义的立场。相当多的美国学校在道德教育方面是茫然的,而且不知道如何在学术自由和学科的学术成就方面建立一致性的联系。①

品格教育者首先反对价值澄清教育,并将其作为导致美国学校教育和社会状况出现不良现象的典型案例加以批判。品格教育者认为,价值澄清教育主张价值中立,这样的教育不可能深入培养亲社会的、好的行为。因此,品格教育者断言,价值澄清教育的做法就是将任何一种价值合法化,一个学生只要能提供支持某种价值观的理由,他就可以选择这种价值。② 错误的道德观和用户至上主义教育观已经妨碍了美国学校试图帮助学生形成与其在日常生活中处理问题的办法相一致的价值框架。价值澄清教育的后果是导致学生价值观的混乱。

里克纳在其名著《为品德而教》(Education for Character)一书中对价值澄清理论进行了尖锐批判。在里克纳等人看来,价值澄清理论存在的最为严重的问题是,它将肤浅的道德相对主义四处扩散并带进校园,回避了价值教育的具体内容,没有人来要求以一种标准来评价一个人的价值观,没有人会说一种价值观比另一种价值观更好或更坏,教育的重点从"价值观和生活方式"的习得转向了"有助于价值观获得"的澄清过程,是一种典型的"形式主义"和"过程主义"。如果德育只是帮助孩子澄清本来属于他们自己的价值观,而不明确告知孩子一些基本的价值观,这只是对孩子进行了思维的训练,而对品德成长没有任何实质上的帮助。价值澄清理论在教育对象上也存在问题,即将孩子与成人同样看待。对于成人来说,可以在处理日常问题上明确自己的价值观,但是,作为未成年的孩子,其价值观正在形成过程中,

---

① Robert T. Sandin. *The Rehabilitation of Virtue*: *Foundations of Moral Education*. New York: Praeger Publishers. 1992. p. 31.

② Anne Turnbaugh Lockwood. *Character Education*: *Controversy and Consensus*. California: Corwin Press. 1997. p. 8.

在他们不知道好与不好的差别的时候，没有标准的价值讨论只会导致价值混乱和自私主义倾向的滋长。①

（二）反思柯尔伯格的理论对学校教育实践的影响：道德发展偏向于认知

在美国学校教育领域，源自柯尔伯格道德认知发展理论的道德推理方法被冠以各种各样的名称：柯尔伯格方法，两难问题讨论法，道德推理方法，或者是这几种名称的联合。许多品格教育者反对道德发展方法，就像他们反对价值澄清理论一样。他们认为，道德两难的问题是人为的，做作的，最终没有任何用途，这种两难问题的讨论只能促进价值相对主义。因此，品格教育者认为，正是价值澄清方法与道德推理方法导致 20 世纪 60～70 年代以来的道德教育的失败。

瑞安确信，柯尔伯格的道德推理方法通过道德两难问题的讨论无法帮助孩子获得正确的道德观念。因为，这类道德两难问题对成年人来说都是十分复杂的，更何况是对孩子。而且，在这种方法的运用过程中，教师没有道德权威地位，给学生提供的帮助也是相当有限的。在柯尔伯格的方法使用过程中，教师更适合参与讨论，而不是发挥道德权威作用。很明显，瑞安不相信柯尔伯格的方法更能培养孩子的德性。②

里克纳等人也指出，尽管柯尔伯格反对价值澄清理论所主张的道德相对主义，但是，柯尔伯格将德育的重点放在了道德认知水平发展的过程而非价值内容上，注重发展儿童的道德思维，而非道德价值本身。

第三节　当代品格教育理论的思想基础与理论根基

大多数品格教育者都赞美西方文明中的传统美德，尤其赞赏蕴含于古希腊文化遗产中的美德，因此，他们对德性的理解与教授都倾向于亚里士多

---

① 托马斯·里克纳. 美式课堂. 海口：海南出版社. 2001. 8～10；Robert D. Heslep. *Moral Education for American*. Westport：Praeger Publishers. 1995. pp. 14～15.

② Lockwood A. T. *Conversation with Educational Leaders：Contemporary Viewpoints on Education in America*. Albany：State University of New York Press. 1997. p. 18.

德的思想。从美国社会传统价值观的角度看,美国一些立国者的思想观点无疑成为当代品格教育思想的源泉之一。当然,就学校品格教育理论建构而言,直接的道德教育可能倾向于法国教育家涂尔干的思想,而且也借鉴了柯尔伯格道德发展理论的指导。而从学校培养公民品格的教育实践角度看,培养民主社会公民的教育思想离不开杜威的民主主义教育思想。

一、当代品格教育理论的思想基础:托马斯·杰弗逊等建国者的观点

托马斯·杰弗逊(Thomas. Jefferson)是《独立宣言》的起草者之一,后来还成为美利坚合众国第三任总统。在以杰弗逊为代表的一批合众国创立者的观念中,民主的学校教育应该包括道德和品格教育。[①] 这一思想也构成了美国当代品格教育理论构建的基石。

(一) 道德教育:民主社会发展的基础

在美国共和政体的早期,人们相信民主政府的生机取决于人民的德性,正是美德解决了个人利益与公共利益之间的紧张关系。这也正是托克维尔(Tocqueville)[②]所预期的民主政治的特征,这一特征迅速影响着美国社会的发展方向。

在《独立宣言》中,"建国之父"托马斯·杰弗逊认为:"每一个人都有被造物主赋予的不可转让的权利,其中有生命权、自由权和追求幸福的权利。"[③]宪法和法律可以保障每个国民的权利,同时也可以通过教育使国民明辨是非。托马斯·杰弗逊认为,如果公民当中没有道德,没有善,就不可能有安全的政府形态。因此,托马斯·杰弗逊早在 1778 年就起草了在自己的出生地弗吉尼亚州发展教育的计划。他认为,学校和道德教育在建立民主国家中将会起到相当重要的作用。他相信发展教育能够帮助同胞们意识到自己的道德责任感,这无论对于保证同胞们的自身安全,还是对建立国家的

---

① Andrew Garrod. *Learning for Life: Moral Education Theory and Practice.* Westport: Praeger Publishers. 1992. p. 25.

② 托克维尔(1805—1859 年),法国政治家、旅行家和历史学家。在周游了美国(1831~1832 年)之后写了《美国的民主》一书(1835 年),这是一本影响极广的研究美国体制的专著。

③ 托马斯·杰弗逊. 杰弗逊选集. 北京:三联书店. 1996. 128.

正常秩序,都是非常必要的。《独立宣言》宣告争取自由是美国公民的目标。美国宪法的第一页上就提到了这样一些价值目标:友谊、公正、公共安全、幸福和自由。这些价值观念一直维持到今天,构成了美国社会的传统价值观。另一位美国总统约翰·亚当斯(John Adams)也认为:宗教、道德和知识对于政府来说是必需的,它们能为人类的福利服务,而学校和立法机构则应该依靠国家的支持。

总之,在美国建国之初,几届政府的总统已经在经验的水平上认识到了教育对于传承美国社会共同价值观的特殊作用。托马斯·杰弗逊和美国联邦政府的其他缔造者们都相信:"学校民主教育应该包括道德品格教育,即学校教育的目标是提升学生的道德与思想,使他们能够成为高尚和智慧(good and wise)的人。"①

(二)民主学校的教育目标:高尚与智慧(good and wise)

美国民主社会核心价值观的定向体现了美国整个民族和全社会精神生活的价值认同,并且奠定了教育政策方面的实质性基础,所以美国社会的价值观也就决定了美国学校教育的价值观。美国的公立学校是为增进未成年人社会化而创立的一种社会机构,其基本理念就是传播美国社会认同的核心价值标准。公共教育要完成美国社会在促进机会均等、社会流动和经济公平方面平等主义的目标。社会化职责是与学校的社会地位和阶级选择的职能密切相关的。因此,学校的教育目标就是养成学生的高尚与智慧(good and wise)。

美国社会的文明根植于西方文明的传统。早在古希腊时代,西方社会的精英们就意识到高尚与智慧的不同。自苏格拉底、柏拉图、亚里士多德起,古希腊人就重视培养年轻人的德性与智慧,他们将善(good)作为最高的教育目的。理想的公民就是用智慧创建一个美好的世界。美国的开国者坚持了古希腊以来的西方教育传统,并坚守教育的两个伟大目标,既使受教育者富有智慧,又使受教育者拥有美德。

所以,建国之初的美国学校教育强调正面的品格教育,培养学生具有诚实、节俭、勤劳、勇敢、奉献等美德。因此,品格教育者与公立学校的创始者

---

① Andrew Garrod. *Learning for Life: Moral Education Theory and Practice.* Westport: Praeger Publishers. 1992. p. 25.

的基本立场一致,学校"必须担负起道德教育和公民训练的使命,而且这种训练的根本在于共享的价值观之中",只有这样,学校才能培养"具有良好品格和健全德性"的公民。①

二、当代品格教育理论的道德哲学基础:复兴古典的德性理论

品格教育者希望学校教育回归传统美德教育的轨道,因此,他们在理论建构方面也力图从古典道德哲学中寻找根基。在对美德的解释与教育方法的探索方面,他们都从亚里士多德那里寻找到了理论依据。而在当代哲学中,以麦金太尔为代表的新古典主义理论无疑给品格教育者带来了强有力的道德理论支持。

(一)亚里士多德的道德哲学:幸福是德性实践的目的

在亚里士多德时代,德性不像现在局限于道德领域,而是表达了一种超越性的特点,泛指一切事物的优越性。亚里士多德把德性分为理智的德性和伦理的德性。理智的德性主要由教导而生成,所以需要经验与时间。伦理的德性则是由风俗习惯沿袭而来。② 亚里士多德强调德性在生活中的表现要恰到好处,这就需要理性智慧的指导。亚里士多德沿着柏拉图在《理想国》中的问题的线索,继续思考人类伦理生活的秩序和个人生活的美德。亚里士多德超越了柏拉图对善的理解,柏拉图的善是绝对理念,而亚里士多德的善具体到了人的生活。他认为,幸福是每个人必然追求的善。当然,亚里士多德也看到,不同的人对于幸福的理解不同。他把幸福理解为合乎德性的实现活动,是严肃的劳动,是人生的最终目的。而善与幸福是伦理生活的目的。亚里士多德的善与幸福都是自为的,以自身为目的,是生活的本质,是在美好生活中的德性活动本身。

众所周知,亚里士多德将美德视为形成的品质,即通过习惯于做道德的事而养成的结果,而不是通过教授来获得的。他区别了理智德性和伦理德性,认为前者通过教授来获得,后者来自于长期的习得。根据亚里士多德的观点,没有一种美德是天赋的或天生的。同任何习惯一样,美德必须通过训

---

① Bennett W. J. *Our Children & Our Country*. New York: Simon & Schuster. 1988. p. 72.

② 苗力田编. 亚里士多德选集·伦理学卷. 北京:中国人民大学出版社. 1999. 30.

练获得。这也就是说,美德是后天教化和实践的结果。结合古希腊的社会状况,亚里士多德还分析了当时的一些主要德性概念,如勇敢、节制、慷慨和友爱等。勇敢是在为着正义、高尚和善良的目的的行动中体现的一种品质。节制是人能够适度地实现快乐欲望的满足。慷慨是一个有财物的人在给予与接受上的适度。自重是对自身价值的合理中肯的评价。友爱是将人与人之间亲密联系起来的德性。亚里士多德认为,只要合乎德性活动,一个人就会有幸福生活。

亚里士多德强调指出,在一个人的儿童时代,通过习惯来养成美德是极为重要的事情。因为,美德的获得不是通过思考基本的品格,然后根据一般知识采取行动,而是首先采取行动,然后以习惯的行为方式获得一般性品质。一个人通过建造房子而成为建筑工匠,一个人通过弹琴而成为一名琴师。因此,一个人也是通过做公正的事而成为公正的人,通过做节制的事而变得有节制,通过勇敢行为而变得勇敢。品格的特质正是来自某种行为。

品格教育者也像亚里士多德一样重视理智和道德的智慧,并将其视为引导学生通向幸福的唯一途径。他们主张学校教育的中心任务是为学生提供成为善良的人所需要的一切经验。他们当中的许多人也将亚里士多德提倡的德目作为品格教育的教育内容,即勇敢、慷慨、友爱和智慧等。在品格教育者设计的一系列课程中,他们就提出了一些具体的美德,如审慎、正义、节制、坚韧、仁慈和责任等。从这个意义上说,亚里士多德的确是品格教育倡导者的哲学导师。

(二)麦金太尔的道德哲学:核心德性是共同体生活的基础

在当代美国学术界关于德性的讨论中,麦金太尔的《德性之后》可能是最主要的著作了。针对美国当代社会的伦理困境,麦金太尔转向亚里士多德的古典主义道德哲学去寻求理论指导。因此,在理论基础方面,麦金太尔与那些品格教育倡导者有着共同的学术旨趣。由于麦金太尔对德性的理解始终是现世的、非理想化的,所以,其理论观点无疑为品格教育理论建设工作提供了强有力的学术支持。

麦金太尔认为,当代美国社会严重的道德危机的症候是一种严重的道德无序状态。他把这种道德危机总结为三个方面:(1)社会生活中的道德判断的运用,是纯主观的和情感性的;(2)个人的道德立场、道德原则和道德价值的选择,是一种没有客观依据的主观选择;(3)在传统的意义上,德性已经发生了质的改变,并从以往在社会生活中所占据的中心位置而退居到生活的边缘。① 他认为,当代西方道德衰退的根本原因是由于历史的变迁而拒斥了以亚里士多德为中心的德性传统。为此,他还提出了三个阶段的美德理论:"首先,将诸美德视为获得实践的内在利益所必要的诸品质;其次,将它们视为有助于整个人生的善的诸品质;再次,显示它们与一种只能在延续中的社会传统内部被阐明与拥有的对人来说的善的追求之间的关系。"②依据亚里士多德的德性传统,麦金太尔提出了他的德性论。

在德性理论的建构中,麦金太尔非常重视传统与德性的关系。他认为,个人生活是传统的一部分,每个人都因所继承的东西而具有特殊的道德规定性。③ 总之,麦金太尔既把德性看成是建构传统的要素,又把德性看成是传统所构成的。麦金太尔的伦理学试图通过恢复亚里士多德的德性传统来重建美国社会的道德秩序。

三、当代品格教育理论的教育学根基:超越社会取向与道德发展取向的分歧

就学校教育而言,培养学生的亲社会行为是品格教育者所追求的目标之一。为此,一些社会取向的教育家的思想进入他们的理论建构范围。法国教育家涂尔干的学校道德教育理论以及杜威培养民主社会公民的道德教育思想,都成为品格教育理论的教育学基础。就培养公民的理性能力而言,他们在教育方法上也借鉴和吸收了柯尔伯格等人在道德认知发展方面的研究成果。

(一) 涂尔干的道德教育理论:社会、纪律、集体

在宗教神启道德式微之后,法国著名社会学家和教育学家爱弥儿·涂尔干(Emile Durkheim)认为,填补其空缺的应当是世俗道德。为此,他首先反对神启论道德而力求在理性基础上建立世俗道德,而建立世俗道德的重要途径是学校道德教育,即一种纯粹理性主义的教育。根据涂尔干的观点,价值和道德的内化就是让青年人意识到道德权威的存在。涂尔干从三个方面来理解道德的社会基础,其一,道德是由社会成员共享的价值构成的;其

---

① 麦金太尔.德性之后.北京:中国社会科学出版社.1995.(译者前言)2.
② 麦金太尔.追寻美德:伦理理论研究.上海:译林出版社.2003.347.
③ 麦金太尔.德性之后.北京:中国社会科学出版社.1995.(译者前言)21.

二,青年人社会化的过程就是他们理解并内化社会标准的过程;其三,存在一个特殊的机制,包含个性结构中的非理性层面,增强个人对分享价值所承担的义务,通过这一机制有效地抵制个体对共同价值的背离。因此,在涂尔干看来,道德教育就应该由国家所创办的公共学校来承担。涂尔干所谓的世俗道德是由纪律精神、对社会或群体的依恋和认同以及道德的自主性等三大要素组成的。这也构成其学校道德教育理论的三大理论支柱,道德教育正是由这三大要素所衍生和决定的。

涂尔干将纪律精神作为道德的第一个基本要素。他认为:"在道德生活的根基中,不仅有对常规性的偏好,也存在着道德权威的观念。进一步说,道德的这两个方面是紧密相连的,两者的统一性来源于一个更为复杂的、能够将两者都包含在内的观念。这就是纪律的概念。实际上,纪律就是使行为符合规范。纪律意味着在确定的条件下重复的行为。不过,倘若没有权威,没有一种能够起到规定作用的权威,纪律就不会出现。"①学校教育的任务之一,就是让儿童学会遵从权威的命令,并习惯于规范的约束。

个人对群体或社会的依恋和认同被涂尔干视为道德的第二个基本要素。涂尔干认为:"除了由个人的联合所形成的群体即社会,就不再有任何外在于或超越于个人的东西了。于是,道德目标也就是那些以社会为对象的目标。"②因此,社会领域的起点就是道德领域的起点。那么,道德教育的首要任务就是使儿童与其周围的社会重新合为一体。学校教育具有把儿童和社会联结起来的功能。

第三个要素是行为的道德性与行动者的自主性之间的关系。涂尔干在康德关于自主性理解的基础上讨论道德行为者的自主性问题。他认为,科学是自主性的源泉,我们只有通过知性解放我们自己。因此,"我们必须对我们行为的理由有所了解,尽可能清晰完整地明了这些理由。这种自觉意识为我们的行为赋予了自主性,从此时起,公共良知要求所有真正的、完整的道德存在都具备这种自主性"③。也正是在这个意义上,涂尔干把道德的自主性视为道德的知性。涂尔干据此对道德教育发表了一句影响深远的论

---

① 爱弥儿·涂尔干.道德教育.上海:上海人民出版社.2001.33.

② 爱弥儿·涂尔干.道德教育.上海:上海人民出版社.2001.60.

③ 爱弥儿·涂尔干.道德教育.上海:上海人民出版社.2001.118.

断:"教授道德不是布道,也不是灌输,而是解释。"①这也表明了涂尔干坚持理性道德教育的态度。

涂尔干关于学校道德教育的重要论述成为品格教育的重要理论论据之一。在此基础上他们不仅强调纪律教育和规范教育,更强调一种对集体的归属感和忠诚感。品格教育者进行各种教育实践,让学校成为道德训练的场所,并认为这是建立稳定而有序的民主生活的条件。

（二）杜威的道德教育理论:社会本位的学校道德教育

杜威是美国历史上最有影响的哲学家和教育家,也是推动美国 20 世纪初进步主义教育改革的重要思想家。杜威明确反对直接的道德教学,主张更大范围的、间接的和生动的道德教育,其道德教育思想是其民主教育思想的重要组成部分。在 20 世纪的前半个世纪,杜威的道德教育思想曾经在美国教育理论界占据主流地位。

在杜威看来,"道德"是一个很宽泛的概念,不能把这一概念看得太狭隘了。他说:"凡是能阐明社会构造的事实,凡是能增加社会资源的能力的培养,都是道德。"②这种具有广泛内涵的道德潜在地包括我们的一切行为。杜威认为:"道德和整个性格有关,而整个性格又与人的全部具体特性和表现相等。"③因此,杜威说:"道德教育的核心是把学校理解为一种社会生活的方式。最好和最深刻的道德训练是每个人在工作和思想统一中通过与他人发生适当的关系而获得的。"④杜威提醒我们注意学校道德的"三位一体",即一般的道德表现为社会性的智慧、理解社会的能力和为社会利益工作的兴趣。与此相应的学校道德教育对策也体现在三个方面:学校本身就是一个社会生活机构,学和做的方法,课程。

在教育理论中,最重要的概念就是"思考"的概念。作为有洞察力的教育哲学家,杜威对思考给出了清晰的理解,还在对美国学校教学过程的分析中进一步理解"思考"的概念。正如杜威所说,思考意味着指出明了经验的意义。通过思考,我们理解经验之间的联系,以便采取更明智的行动。思考是负责任的行为的基础,它不同于反复无常的行为,也不同于依照习惯性的

---

① 爱弥儿·涂尔干.道德教育.上海:上海人民出版社.2001.118.

② 杜威.学校与社会·明日之学校.北京:人民教育出版社.1994.158.

③ 杜威.民主主义与教育.北京:人民教育出版社.2001.376.

④ 杜威.学校与社会·明日之学校.北京:人民教育出版社.1994.7.

行为。教育的目标就是加强思考的力量，在更广泛的意识上采取负责任的行动。杜威相信，所有的思考都指向问题解决，所有的思考都具有工具性质。① 道德教育的基本目标是使学生掌握道德思考的艺术。受过道德教育的个体不是接受那些偶然变为事实的道德观念，这样的人可能通过偶然事件，通过模仿，通过教化，或者通过一些无可争辩的权威的威胁而习得他的观点。受过道德教育的个人可以得出可信赖的反思性的道德判断，而且依赖于对信仰的深思熟虑的逻辑思考。由此可见，依照杜威的理解，教育学理论的最重要的概念就是"思考"的概念。道德教育理论的出发点就是将培养人的思考力作为教育理解的核心。思考就是着眼于有意图的行动去解决问题，思考就是朝向期望的最终结果的智力方法。就学校教育而言，无论在科学领域还是在道德领域，思考总是有内容的。思考的目标不是拥有绝对真理，而是证实判断的真实性和可靠性。因此，道德教育有必要运用前后联系的方式去进行道德判断，而道德判断的核心目标建立在有条件的或者是有根据的假想的基础上。

事实上，杜威的道德教育理论也是针对当时的学校教育不适应美国社会发展现状而作出的理论反思。当时的美国学校教育中充斥着清教徒式道德的灌输，忽视了学生道德观念的形成及道德行为习惯的养成。尽管学生具备了关于道德的知识，却不能将自己的行为付诸道德实践。因此，杜威呼吁教师关注每一门学科、每一种教学方法和学校中每一偶发事件中蕴含的道德教育的可能性。

尽管从表面上看，当代的品格教育正在试图恢复直接道德教育，而这正是杜威当初所强烈反对的，但是，品格教育理论与杜威的道德教育理论在强调学校教育的社会功能方面存在着一定的共性，即通过影响学生的道德性格来改善社会的道德困境。价值相对主义长期影响着学校教育，使道德教育失去了应有的价值方向。因此，学校道德教育的改革是出于适应民主社会发展的需要。② 从这个意义上看，品格教育者依旧在一定程度上继承了杜威的教育思想。

---

① Robert T. Sandin. *The Rehabilitation of Virtue：Foundations of Moral Education*. New York：Praeger Publishers. 1992. p.132.

② James L. Jarrett. *The Teaching of Values*. Westport：Praeger Publishers. 1991. pp.58～59.

（三）柯尔伯格关于"公正团体"的道德教育：儿童道德发展的社会化

到 20 世纪 80 年代，柯尔伯格旨在促进儿童道德推理能力发展的道德两难问题讨论法受到越来越多的质疑。多数反对者的意见在于，这些问题多是人为设计的，脱离儿童的生活实际，难以解决儿童的道德认知向道德行为转化并使学生养成好的道德行为习惯的问题。所以，柯尔伯格在其生命的最后 10 年里经过深入研究，又提出了一种新的学校德育的方法，即"公正团体"（just community）行为的培养方法。"公正团体"的道德发展理论倾向于儿童道德认知发展的社会化的一面，明显地融合了涂尔干的观点。①

柯尔伯格所谓的"公正团体"是指具有平等、民主和团结协作精神的团体。柯尔伯格把这样的团体作为一个教育单位，让团体的每一个成员共同参与制定和执行应遵守的行为规范，参与团体的民主决策与管理，使团体成员在民主平等的生活方式和道德气氛中养成良好的道德行为习惯。公正团体的行为规范不是教师或校方硬性规定的，而是全体成员共同商议讨论并根据集体生活的实践经验确定下来的，不但代表了集体的意愿，也代表了个人的意愿，体现了集体和个人利益的统一。一旦有人破坏大家共同确认的规则，自然会遭到群体的指责。从这一德育方法中，我们可以看出柯尔伯格的理论受到了杜威道德教育思想的影响。柯尔伯格所提出的"公正团体"即杜威所说的一种经过选择和净化、便于青少年理解接受的、雏形的、典型的社会生活。

总之，柯尔伯格的道德两难讨论使孩子们困惑，因为这些两难问题都是人为制造的。用人为制造的两难问题激起价值讨论，从未受到家长们的欢迎。品格教育者认为，这种假设的问题现在已经过时了。尽管在一些提倡品格教育的学校里，教师们在道德教育方法上依旧运用柯尔伯格的道德两难讨论方法，但他们喜欢使用生活中真实的道德问题引起学生讨论，而不是像柯尔伯格那样使用人为设计的问题情形。与此同时，柯尔伯格的"公正团体"方法也在现实的品格教育实践中得到广泛应用。

一些品格教育者还指出，柯尔伯格对美德的阐述不够充分，也没有认识到在道德教育体系和道德成长中的习惯的地位。有一些品格教育倡导者还

---

① Andrew Garrod. *Learning for Life：Moral Education Theory and Practice*. Westport：Praeger Publishers. 1992. p. 39.

从经验事实上的角度批判柯尔伯格得出结论的方式，即他的数据在大量细节上不足以支持其有关人类心理发展的结论。① 美国当代哲学界也存在许多对柯尔伯格的批评。一些道德哲学家认为，柯尔伯格在道德上的形式主义观点仅仅是一种教条主义。柯尔伯格深信义务的概念是根本不可削弱的，它不能依据德性的实现来定义，而这一点恰恰限制了他的道德认知发展理论。依此看来，许多道德哲学家可能对柯尔伯格的理论都不满意，他们认为，在回答"我应该做什么"这一基本问题之前，还存在更为根本的问题，即"什么是善"或者"什么是价值"②。

在品格教育者看来，柯尔伯格理论的一种严重缺陷在于不考虑美德在道德中的重要地位，也没有认识到习惯在品格形成方面的作用。像亚里士多德那样的哲学家都认为道德发展即德性的获得，而习惯养成在德性获得中占重要部分。在柯尔伯格人为地划分品质和原则的两分法中，他很少关注习惯的养成，这在很大程度上阻碍了他去认识道德生活的丰富性以及文化传统与教育情境的关系。

另外，柯尔伯格的道德认知发展理论勾画出一个人类道德认知发展的普遍年表，这似乎有些武断地判定了某一道德概念和某种道德推理形式的发展时刻。柯尔伯格的理论并不符合人们的道德教育经验。即使是年龄很小的孩子，从广泛的理解角度和足够的道德理论视角来看，其道德思考的初步能力也可以通过教学来培养。一些品格教育者指出，因为柯尔伯格过于关注社会公正，这导致教育选择了一些仅限于解释公正概念的"故事"或"两难问题"。学生的关注视域可以超越"公正"的范围，而去关注"荣誉"或其他一些自我的概念，这些概念在社会道德领域很少或从未伴随着冲突。追求个人理想的道德能与社会分开吗？很多文学作品关注彼此能够理解的实现善的方式。这就需要道德教育提供更丰富的思考形式和教育项目，而这些正是柯尔伯格的教条不能允许的。③

---

① Robert T. Sandin. *The Rehabilitation of Virtue：Foundations of Moral Education*. New York：Praeger Publishers. 1992. p.79.

② Robert T. Sandin. *The Rehabilitation of Virtue：Foundations of Moral Education*. New York：Praeger Publishers. 1992. p.79.

③ Robert T. Sandin. *The Rehabilitation of Virtue：Foundations of Moral Education*. New York：Praeger Publishers. 1992. p.82.

第四节　当代品格教育的理论与实践

从 20 世纪 80 年代起,品格教育思想在批判价值澄清学派的相对主义和柯尔伯格的过程主义的基础上逐步形成。在过去的近 30 年时间里,已经有许多迹象表明品格教育的复兴,无论在教育实施领域,还是在教育研究领域,都出现了复兴现象。目前,品格教育运动在美国道德教育理论与实践领域的影响力都在不断扩大,并渐渐成为学校道德教育的主流声音。翻阅美国最近 10 年的教育理论杂志,"品格教育"已经成为当代美国道德与公民教育研究领域的时尚词语。美国的品格教育思想还影响到世界其他国家或地区的道德教育走向。虽然品格教育并不存在着统一的理论体系,但是我们可以综合各种品格教育的观点,发现其中存在的一些理论共识。

一、品格教育的概念

品格教育成为颇具影响力的学校道德教育改革运动,但是,由于参与的人员和机构众多,人们彼此之间对品格教育的内涵也存在着不同理解。所以,在当代美国的品格教育运动中,人们追问最多的可能就是"品格是什么"以及"品格教育是什么"这类问题。

（一）广义的品格教育(expansive character education)与非广义的品格教育(non-expansive character education)

在教育过程和日常生活中,对品格教育本质的理解将有助于美国的学校教育变得更加完善。一般来说,众多学者或研究机构提出的观点可分为广义的品格教育(expansive character education)与非广义的品格教育(non-expansive character education)两种。非广义品格教育主张以培养儿童的美德或品格为目的,不拘泥于传统德育模式;广义的品格教育主张公民教育、宗教教育、自由主义等内容。

1. 广义的品格教育:强调公共理性、公德、公善的行动

基于公民教育的立场,一些广义品格教育论者从自由主义教育的角度出发,认为品格教育必须考虑社会背景、文化因素和具体的道德情境。基于

宗教的立场，一些广义品格教育论者则指出，宗教信仰在一个公正社会里是最基本的，因而应该在品格教育中得到反映，而且那些基于宗教信仰的道德价值观（如新教徒的道德价值观）应当为全社会的人们所采纳。一般来说，广义品格教育论者更加突出品格教育中的理性因素，包括理论理性（theoretical reason）与实践理性（practical reason）的重要性，认为民主、自由社会里的公民必须具有理性，尤其是公共理性，并认为必须通过理性来对价值进行认识、理解、判断和选择。品格教育者的基本责任就是要帮助学生把个人信仰与公民责任区分开，使他们认识和理解到何谓真正具有理性、体面和人道精神的人，并引导他们依据公德或共善而行动。①

2. 非广义的品格教育：强调正面和直接的道德教育

品德教育伙伴组织（CEP：Character Education Partnership）在 1999 年曾经指出："品德教育就是学校、家庭与社区帮助孩子理解、关心和实践核心伦理价值的有意识的努力。"②其内涵是强调正面和直接的道德教育，要求学校与社区、家庭在德育上的配合，以及努力促进青少年学以致用，践行道德价值，以形成良好的品德等共同特征。这个定义的核心或基本价值是培养儿童的品格或美德，并且注重诸种课程因素的德育价值，重视教师、家长和社区成年人的指导和示范作用，全方位促进品格教育等等，这些都被视为非广义品格教育的基本主张。

此外，就直接的品格教育而言，洛克伍德（Anne T. Lockwood）还提出了品格教育的操作定义："品格教育是学校开展的任何项目，这些项目由学校和其他社会团体、机构合作设计，通过明确的价值观来影响年轻人，对其行为产生直接的和系统的影响，进而直接导致他们行为的变化。"③这也可以理解为一种非广义的品格教育。

（二）以品格教育推进核心价值观教育，避免"价值"概念的争议

尽管品格教育的目标广泛，但是，所有的品格教育者都明确反对价值相

---

① 郑航. 美国品格教育发展中的理论分歧及其整合. 比较教育研究. 2005(6). 57～61.

② Character Education Partnership. *Teachers as educators of character：Are the Nation Schools of Education Com-ing up Short*. Washington, DC. ,1999. 转引自檀传宝. 第三次浪潮：美国品德教育运动述评. 北京大学教育评论. 2003(2). 33～37.

③ Lockwood A. T. *Conversations with Educational Leaders：Contemporary Viewpoints on Education in America*. Albany：State University of New York Press. 1997. p. 6.

对主义。无论品格教育的方法和活动怎样,品格教育者都相信存在着具体的、切实的、非连续性的价值观和行动的对与错,因此他们强调好的价值观与亲社会行为之间的联系。但是,品格教育者在概念的表述上尽量回避使用"价值"这一术语。

品格教育提倡者故意选择不同的术语来描述他们的努力和目标,其中的原因可能有两个方面。第一个方面,因为他们已经感觉到以往的道德认知发展教育与价值澄清教育方面存在的不足。因此,他们选择了"品格教育"(character education)这个术语作为语言载体来表达他们改革学校道德教育的愿望。第二个方面,因为他们意识到,由于价值相对主义在美国的盛行,不同学校、不同地区、不同团体在"价值"这个概念上存在着明显的政治分歧的可能性。因此,品格教育倡导者更强调发展"美德"(virtue)、"生活技能"(life skills)、"公民技能"(citizenship skills)等,尽量避免使用"价值"(values)这个词。他们非常清楚在美国社会中讨论价值问题可能遇到的种种麻烦,可能会导致他们的新主张不受公众欢迎,可能使这一新生的项目在羽翼未丰满之时就面临"死亡"的威胁。因此,品格教育者在教育实践中以"品格教育"来代替"核心价值观教育"。

（三）品格发展的三维模型:道德认知,道德体会,道德行为

品格教育的代表人物之一里克纳认为,亚里士多德的德性论对于现代生活仍然具有借鉴价值,即富于美德的生活包括针对自己的美德(诸如自我控制和中庸)以及针对他人的美德(诸如慷慨和同情),并且这两种美德相互联系。因此,每个人都需要控制自己的欲望、热情,做到公平待人。① 基于对品格的上述思考,里克纳提出了理解品格的三个维度,认为品格由实际发展作用的道德价值构成,包括三个部分:道德认知,道德体会,道德行为。他以图表的形式列出良好品格的构成要素(图示如下)②。该图中品德的每一个区域都通过箭头与其他两个联系起来。这表明道德认知、道德体会与道德行为并非单独发挥作用,而是彼此之间有着互动关系,彼此影响。

---

① 托马斯·里克纳.美式课堂.海口:海南出版社.2001.47.
② 托马斯·里克纳.美式课堂.海口:海南出版社.2001.49.

良好品德的要素

道德认知	道德体会
1. 道德意识	1. 良知
2. 认知道德价值	2. 自重
3. 设身处地	3. 同情
4. 道德推理	4. 崇尚善
5. 道德决断	5. 自我控制
6. 自知之明	6. 谦虚

道德行为
1. 能力
2. 愿望
3. 习惯

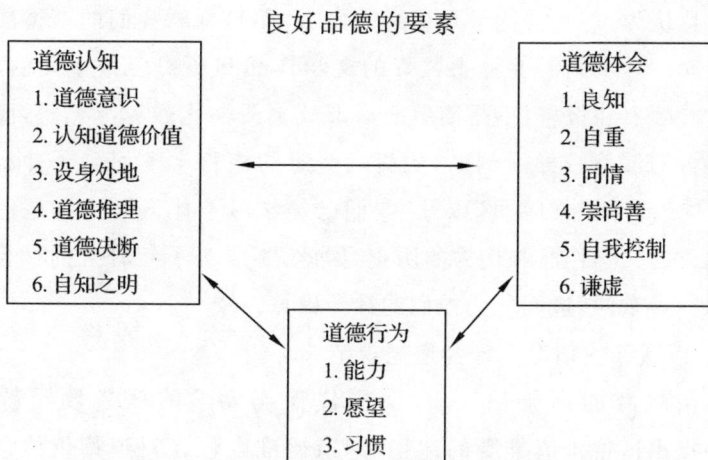

二、重构道德规范，指导儿童形成正确的价值观

面对美国社会在道德和精神方面的衰弱之势，品格教育者认为，规范教育应该受到重视。美国人需要道德教育，尤其是道德规范教育。社会成员不会自动地按照人际交往规范来行动，他们必须经过一定时间的学习，才能具备规范的行为习惯。所以，关于价值、责任以及道德规范的教育对于当代美国社会变得十分重要。①

（一）学校明确教授传统价值观

威廉·贝内特，美国著名教育专家，品格教育的积极鼓吹者。他曾在里根政府里担任教育部长和慈善捐款委员会主席，在布什政府里任毒品控制政策办公室主任。他认为，人类社会的某些德性是不变的，并在其成名著作《美德书》中列举了 10 种美德：同情、责任、友谊、尊重、勤劳、勇气、毅力、诚实、忠诚、自律。贝内特不是单纯地罗列这些概念，而是将它们与历史和文学联系起来，融故事和散文于一体。这样，这本书不仅是一本内容丰富的大书，且选材多样，包括寓言、童话、传记、法典、历史传说等多种形式，涉及从古代到现代的大时间跨度以及从欧洲到北美的大地理范围，是一部世界性的美德宝典。贝内特认为，如果一个人远离那些歪曲的价值标准，独自一人在一个安静的地方读《美德书》，就可能被书中的道德故事所感染。

---

① Robert D. Heslep. *Moral Education for Americans*. Westport：Praeger Publishers. 1995. p. 9.

贝内特认为,这些美德不是最终的命令,而是判断我们的道德成功与失败的智慧库。学生们需要熟悉最好的文学作品和历史中最重要的观点,需要熟悉这些故事和报告,不是简单地从形式上或文化教养上熟悉,而是熟悉其中所蕴含的道德教导。例如,从荷马坚定的旅行中学习到了什么。学生需要知道"我们已经在哪里"以及"我们已经学习了什么",这就是他们为什么需要优秀的文学作品和优秀的历史,因此,不能为了年轻人的社会化而向他们出租一些东西,进而化为他们的社会偏见。

(二) 以道德价值准则作为道德规范

从品格教育的道德领域看,美国佐治亚大学的著名教授赫斯利普(Heslep)提出道德价值准则的建构,即道德准则包含对道德价值、权利、责任的具体理解。基于对美国人当前面临的道德生活即将崩溃的观察,赫斯利普认为美国急需道德教育,其目的在于使国民养成按道德规范行动的习惯,并让他们鉴评那些规范。

在赫斯利普看来,任何道德当事人都有一般性的道德规范观。因此,从逻辑性说,任何道德当事人都要尊重道德行为的主要内容。赫斯利普指出,每个道德当事人必须把道德价值准则(the criterion of moral value)作为道德规范。道德价值准则是指任何一个道德当事人都应当重视道德行为中的核心内容,不只当其与当事人相一致时要重视它们,与其他道德当事人相关时也要重视它们。① 这正是赫斯利普所强调的道德价值的基本准则。它有两个层面的意思:一是作为道德行为中的主要价值准则,从所有人的道德行为中引发出来;二是自觉养成的美德,这关系到人们使用有关道德评价的所有其他准则。

(三) 重视在道德规范中渗透传统价值标准

品格教育是直接指向实践的,所以,上述提到的道德规范行为标准不仅仅是原则层面的论述,这些标准能否成为美国道德教育的核心,还需要考虑它们与传统和现实的联系以及实施的可行性。赫斯利普认为,道德规范标准与美国三种传统价值观有着内在联系。"一个社会的传统价值,能帮助其

---

① Robert D. Heslep: *Moral Education For American.* Westport: Praeger Publishers, 1995. pp. 34~35. 译文参照 R. 赫斯利普. 美国人的道德教育. 北京:人民教育出版社. 2003. 38~39.

成员对所特定的道德标准有一种正确的心态,而且传统价值对道德标准的支持还极大地影响着该社会对其标准接受的机会。"①因此,赫斯利普非常重视美国人众所周知的三种传统价值:自由,知识,平等。

自由是美国最著名的传统价值,它是美国宪法修正案的中心原则,也是支撑美国人去实现他们理想的原则。这种自由不是不公正地限制别人或自己的自由,而是与社会责任相一致。这些与美国自由传统相一致的道德行为规范理应在这个国家实行。②

知识在美国人的传统观念中与经验和实践相关。知识作为道德行为的组成部分,是属于美国当代的认识论传统。③ 关于道德行为的知识要素还包括个人的、文化的以及性别的重要性。赫斯利普认为,从属于道德行为的知识不是抽象的、无情感的科学知识,而是道德当事人在身体、情感和认知的相互作用中形成的。④ 这种知识是一种实践知识。一个人对实践知识的追求受到期待、评价、目的和慎思等因素的影响。人在实践中探索,有助于促进其道德情感、道德习惯和道德行为的发展。

平等对美国人的实践、风俗和习惯有着重要影响。在美国发展的历史上,平等的观念历经重重阻碍而获得公众的认可,成为法律的准则。早在美国的独立宣言中,平等的思想已经成为一种力量,并逐渐成为美国社会道德的核心标准。就平等机会而言,任何一个道德当事人都有权在认知、情感和身体等方面充分地发展自己的特色,并有权在公平竞争的条件下,对社会地位作出选择。⑤

（四）核心价值观的教育:尊重(respect)与责任(responsibility)

尊重和责任对于个体的人格发展、社会稳定进步以及世界和平发展有着重要的意义。里克纳认为尊重与责任属于自然道德法则的内容,构成了

---

① R. 赫斯利普. 美国人的道德教育. 北京:人民教育出版社. 2003. 61.

② R. 赫斯利普. 美国人的道德教育. 北京:人民教育出版社. 2003. 63.

③ Robert D. Heslep: *Moral Education For American*. Westport: Praeger Publishers. 1995. p. 57.

④ Robert D. Heslep: *Moral Education For American*. Westport: Praeger Publishers. 1995. p. 58.

⑤ Robert D. Heslep: *Moral Education For American*. Westport: Praeger Publishers. 1995. p. 60.

普遍的公共道德的核心。为此,里克纳作为全国品格教育运动的领导者之一,亲自指导了第 4R 和第 5R 中心①的工作。

在里克纳看来,学校道德教育的第一要务就是告诉学生尊重自己,尊重他人,尊重环境的基本价值。尊重强调一种否定性义务,它告诉我们尽可能不要做什么,有时也称其为"禁止性道德"。责任是尊重价值的自然延伸。尊重他人就意味着重视他人,也就会为他们的利益承担一份责任。责任是一种强调关爱他人的肯定性义务,它的伦理内涵是提供给道德以开放的一面,强调"要去帮助"。责任为人们的道德行为指明了方向,意味着分担别人的痛苦,互相扶持,让世界变得更美好。责任还意味着值得依赖,而不是让别人失望,负责任也就是不失职。里克纳还从权利与责任关系的视角看待责任教育。在当代人们的观念中,"权利"的观念已经根深蒂固。但是,在承认个人权利是道德不可分割的一部分的同时,对一个人品格的考验是找到享受权利与履行责任之间的平衡。

三、教师与品格教育的实施

英语中的"品格"(character)一词来自希腊语"雕刻"(engrave)一词,指人们在生活中意识到各种塑造品格的方法。就学校实施品格教育而言,无论是直接的品格课程还是学校品格教育环境的营造,教师的作用都是十分重要的。为了有效地实施品格教育,教师需要在品格教育的内容和方法上作好充分的准备。因此,品格教育者主张给予教师在品格教育方面的专业培训以及具体的工作建议。

(一)品格教育的教师培训是一项艰巨的事业

瑞安认为,品格教育作为一项事业,是学校的道德责任。他指出,为了培养道德的明智的未来公民,学校必须实施品格教育。为了积极有效地影响学生的品格发展,教师需要一个道德者的洞察力,一个道德行为者的敏感性。瑞安强调:"这一代教育者对品格缺乏必要的思考。他们缺乏大学、文科学院,甚至大学前的教育方面相应的准备。教育作为一项事业,它能够传授一个人能够作为一个好人、一个好公民、一个好工人、称职的父母等方面

---

① 美国传统的"3R"教育是指读、写、算,这里第"4R"指尊重,第"5R"指责任。

的洞察力,而目前的教育者对上述问题都缺乏深入的思考。"①

　　始于 20 世纪 60～70 年代的价值澄清教育在学校教育中主张价值中立的态度,剥夺了教师在教室里的必要的道德权威地位。在本质上,价值中立教育要求教师不要强烈地坚持某种主张,不要教授核心价值,不要确切地解释什么是友谊,也不要解释"勇敢"和"节制"的意义。教师还被告知不要用学校的经验去帮助学生获得这些重要的美德。因此,目前的广大中小学教师也许在一定程度上具备了从事品格教育的热情,但他们缺少处理复杂性问题的教育训练。

　　因此,瑞安迫切希望通过品格教育培训使教师们意识到深入和强化品格教育的方法。当然,他也告诫,做到这些也不是一件容易的事。"我们必须关心孩子们的心灵和思想,我们必须把这项工作作为一个基础工程。因为让一个人成为具有坚强品格的人比让他成为一个名人更重要。"②

　　(二) 教师实施道德教育的六"E"方法

　　为了承担上述道德教育者的作用,应该教给教师什么成为一个很大的问题。瑞安将其分为六个方面,并将道德教育与品格发展的内容按首字母分为 6 个"E":"榜样"(example)、"解释"(explanation)、"规劝"(exhortation)、"社会风气"(ethos)、"经验"(experience) 和"期待优异"(expectations of excellence)。他认为,教师在实施品格教育的时候应该包含这六个方面的内容。

　　1. 榜样(example)

　　学校生活的一个事实就是孩子们观察他们的老师,发现成年人是如何做事的。也许教师不一定要像圣徒、牧师那样,但是,教师应该成为认真履行道德生活的人。就像教师应该成为学生运用知识的榜样一样,他们也应该成为以道德的高尚的生活方式去生活的人们的榜样。与此同时,孩子们的道德榜样还体现在文学故事和历史叙事当中。教师还有必要让年轻人了解我们历史中的反面人物和英雄人物,并让他们区分希特勒(Adolf Hitler)和马丁·路德·金(Martin Luther King)这两类人物的不同。

---

　　① Anne Turnbaugh Lockwood. *Character Education*：*Controversy and Consensus*. California：Corwin Press. 1997. p. 13.

　　② Anne Turnbaugh Lockwood. *Character Education*：*Controversy and Consensus*. California：Corwin Press. 1997. p. 19.

2. 解释(explanation)

涂尔干认为,学校社会化就是让年轻人具有社会主流价值观。他把学校看做一种社会工具,向年轻人灌输社会价值的行为规范。然而,涂尔干强调,这些努力必须是理性的。他强调:"教授道德既不是一种布道,也不是一种灌输;道德教学就是作出解释。"①这样的理性教学可以发生在运动场,教师要解释为什么不能用尖锐的棍棒决斗。这种解释也可以面向不同年级的学生。到了学生快毕业的时候,教师的解释是他们对于共和国的责任。因此,教师有必要通过解释向学生进行道德的教育,而不是用一些规则和制度填充学生的头脑;教师要让学生们学会参与人类不同种族之间的对话。学校教育向学生传递的重要信息就是不断地解释说明一些重要的社会规则。

3. 告诫(exhortation)

教师的解释是孩子道德教育的一个重要部分,与此同时,教师的催促和劝告也是教育过程中的一个必要部分。当一个学生在学校生活中处于低谷的时候,也许需要教师充满热情的感染力去激起他或她的热情,使其顺利发展并运用教育提供的机会。教师应该有节制地使用告诫这种方法,它应该不偏离解释太远。虽然如此,有时候,教师必须唤起年轻人的最优秀的本能,并鼓励他们沿着特殊的方向发展。

4. 环境的期待(environmental expectation)

教室就是一个小社会,伴随着形式与仪式、权力关系、学术表现和学生行为的标准。在一个积极的道德环境中,学生彼此尊重。有无能力建立一个目的明确的文明的教室环境,这是区别好教师与无效教师的一个标准。教室环境的主要部分就是道德氛围。教室里的公正规则能得到公正的实施吗?教师扮演着受人喜欢的人物吗?在竞争与合作之间存在着一个好的平衡吗?个人和集体的责任都能得到培养吗?较少有学生被保护还是被挑战?"应该是什么"这样的伦理问题是教室对话的一部分。对教师来说,指导建立并维持道德期待环境不是一件容易的事。而一旦建立了,这样的环境就不易瓦解。教室的道德氛围对于品格的形成和学生对正确与错误的敏感性,具有巩固作用。

---

① Emile Durkheim. *Moral Education: A Study in the Theory and Application of the Sociology of Education*. New York: The Free Press. 1925. p. 120.

5．评价（evaluation）

评价就是教师鼓励学生进行自我评价。也许学生的自我评价比教师的评价还要更多一些。教师必须为学生制造一些机会，让他们对自我价值、他们思想的善、他们相信对的事情就去做等等进行反省。与价值澄清教育不同的是，教师要引导学生思考道德和价值问题在他们生活中的意义。从教育方法看，品格教育者并不否认价值澄清教育的策略和活动在道德教育和品格教育活动中能起到很好的作用，值得注意的是，教师要以道德标准指导学生作出恰当的评价。

6．经验（experience）

由于经济的变化，生活结构的变化，家庭结构和大小的变化，美国孩子的生活发生了根本性的改变。"美国现在年轻的一代信息富有而经验贫乏。"① 较之以前，今天的美国家庭变得很小，并且缺乏稳定性。现代的家庭生活很少给孩子提供一些家务去做，除了洗衣、洗盘子、倒垃圾和一些很简单的杂活。这就很少有机会去发展孩子稳定的自我概念。同时，以前几代人的标准来看，今天的年轻人生活在一个自我中心、"按钮"逃避主义的、娱乐支配的世界（通过 MTV、性行为、吸毒或者简单的"悬置"）。只有少数幸运的青少年有机会面对各种经验，而这些经验则有助于他们冲破自私的束缚而学会奉献。

瑞安希望通过上述方法给予教师们一些实施品格教育的方法与技术，但是，真正的品格教育实践还需要教师进行探索。教师面对的孩子是完全不同的个体，任何教育方法只有运用于恰当的教育时机，才可能是有效的。否则，只能事倍功半，甚至是徒劳的。而目前的美国中小学教师恰恰需要这方面的培训。

---

① Coleman James Samuel. *Youth；Transition to Adulthood*. Chicago：University of Chicago Press. 1974. p. 13.

第五节　评析

从 20 世纪 80 年代以来，品格教育运动在美国已经走过近 30 年的历史，至今方兴未艾，对美国道德教育理论与实践都产生了多方面影响。总体而言，品格教育运动试图通过教授年轻人传统美德来改变他们的行为，进而改善社会的道德不良现象。20 世纪 90 年代末，美国教育界关于品格教育的讨论也逐步开始出现。品格教育的倡导者认为，在公立学校教授美德和价值有助于改善整个社会的道德行为。而反对者则认为品格教育的概念比较模糊，实际效果难以评价。瑞安领导的"波士顿大学品格与伦理促进中心"在 20 世纪 90 年代中期发表了一个关于品格教育的声明，这个声明认为品格教育是一种思潮，同时也是教育改革的重要手段。

一、品格教育运动的特点：重视传统和实用的价值

在 20 世纪 80 年代，美国社会发生一些重大变化，如新一轮移民的增加涉及美国传统价值观的维持难度，学校暴力事件也引起美国社会对年轻人道德发展的警觉。针对这些社会问题，政治领域表现出强烈的新保守主义倾向，与此同时，一部分哲学家也表现出对美德伦理的重视。在这样的时代背景下，一批教育思想家群体致力于塑造青少年品格发展的运动。这一运动既有着美国本土浓厚的实用主义色彩，又有强烈的回归古典传统的倾向。

（一）回归传统美德教育

就回归传统而言，这些品格教育思想家们既在思想深处回归古希腊的美德教育传统，又试图寻找美国立国时期所确立的价值观传统。在古希腊先哲那里，最早谈论美德教育的人当然是苏格拉底，但是，品格教育者像亚里士多德那样避开了苏格拉底的"美德是什么"的问题，而是追求道德教育的实用效果。

1. 复兴亚里士多德时代的道德教育传统

在道德教育方面，品格教育者赞美古希腊的传统，更倾向于采纳亚里士多德的观点：幸福来源于通过训练、习惯养成而获得的特定德性。在对德性

的理解以及教授方法上，他们也都倾向于亚里士多德的"经验"。

首先，当代的品格教育者在本质上认同亚里士多德的德性基础，即德性包含理性智慧和实践智慧，德性是一种和谐的道德生活的必要。在道德教授方面，他们也像亚里士多德一样，强调榜样、模仿和习惯在品格形成中的重要作用。面对价值相对主义的干扰，他们主张学校教师要使用学科教材传授传统良好品格形成的必要知识。

其次，他们认为学生要通过学习古典文化传统来认识传统美德。因此，品格教育者把课程设想为一系列具有基本德性的学科和活动。在公立学校中，人文学科的地位尤其受到重视。教师要引导学生挖掘学科知识中的道德价值观。

虽然品格教育者主张回归亚里士多德的德性论，但是，他们对于德性或美德的理解比古希腊哲学家理解的内涵已经要狭窄得多了。在古希腊语中，美德（virtue）这个词写做 arete，不具有伦理的（ethical）意义。这个概念的核心意思是优秀（excellence），这个词的意思还涉及主体特性的本质。因此，优秀是针对所有的人类活动而言的，包括从音乐艺术到政治才能等。柏拉图呼吁我们注意的不仅是道德上的优秀，而且还是城市管理者的优秀，工匠的优秀，以及体格的优秀。他认为，每一种优秀或美德都是独一无二的，但是，它们都分享美德所具有的共同本质。亚里士多德正是在柏拉图的德性观基础上继续探讨的。根据亚里士多德的观点，在人类活动的不同领域和不同的对象世界里，人们对优秀的期待呈现出不同的形式。期待优秀也是教育的最高愿望。教育不仅形成能力，或者准备技艺熟悉的展示，或者获得学习数据，教育还培养优秀智力。

2. 恢复美国社会的价值观教育传统

对于德性本身是什么的问题，品格教育者并不看重。他们直接认同美国立国者所确立的传统价值观。因此，一些著名的品格教育家成为美国社会的全权"美德代言人"。这些学者对于当代美国社会中普遍存在的守纪、严谨、尊重和爱国主义等品德的缺乏深表忧虑。他们强烈呼吁重建传统美德，如勤奋、责任、自制、审慎、诚实、尊敬和同情等等。品格教育者认为，社会道德滑坡使得许多孩子处于道德危机当中，任何一代人如果不通过传递某种共享的价值观来培养孩子们的德性，都是不可想象的。学习更多的传统价值和社会规范本身就是儿童成长的一部分。

他们还借助各种媒体和出版物向全体美国人传播他们赞同的传统美德。当然，品格教育者复兴传统美德的主张也触动了很多美国民众，例如，贝内特的《美德书》(1993年)和《道德指南针》(1995年)的销量都超过250万册。其实，美国的公立学校教育史上就一向存在传授价值观的传统。发轫于19世纪中期的公立学校运动就试图向学校传授平等、尊重的美德，以后的教育界一直存在着直接道德教育与间接道德教育的争论。面对美国社会的道德衰退现象，回归传统也许是一种解决问题的尝试。

总之，品格教育者认为，如果学生们意识到有必要借助他们的身体工作，既可以使他们更有活力或成为更好的"运动员"，也可以知道他们的技能会帮助他们进入好的学院或找到收入高的工作。但是，如果学生们没有认识到应该使他们成为在古典的意义上的真正的人，那么，学校教育将是失败的。因此，品格教育者呼吁，学校全体员工要团结一致，追求美德与古典教育的目标。

（二）重视道德教育的实用价值

在20世纪初，品格教育曾受到激烈的批判，今天的教育者为什么能确信他们在前人曾经失败的地方还能继续前行呢？其实，今天的品格教育者依旧受到其本土哲学——实用主义的影响。今天，美国社会青少年暴力犯罪已经演变成严重的社会问题，因此，直接的价值观教育和品格培养再次进入教育者的视野。

1. 重申公立学校的道德责任

品格教育倡导者的依据是当今美国社会的秩序混乱，暴力行为和城区内恐怖事件增长，吸毒和酗酒的比率增高。面对严峻的社会现实，他们认为，必须采取行动改善这种社会形势并挽救青少年。他们相信，公立学校、家庭和社区对青少年在价值观方面进行有准备的权威教育是必须要做的事情。因为，现在的孩子不知道社会的一些基本价值观。他们不知道什么是友谊，不知道自制的意义，更不知道一个人如何获得自制力。他们也不理解爱国主义的真正含义。结果是，这些年轻人的价值观处在一个相当浅薄的层面，基础相当脆弱。很明显，这个价值基础本应该由成年人帮助建立，但是，由于美国社会中长期以来追求价值相对主义，成年人的价值观基础也相当脆弱，家长不愿意学校向孩子传授价值观，教师也不愿向学生传授价值观。因此，孩子们几乎不知道"勇敢"和"勤劳"这类词汇的真正意义。

事实上，品格教育的奋斗目标是着力于使美国社会回到犯罪稀少、社群团结紧密、家庭完满、亲社会行为正常的状况。许多品格教育者相信，对于高中学生来说，美德的学习和学术基础的学习一样重要。

2. 关注学校道德教育的实践效果

目前的品格教育与 20 世纪初的品格教育相比较，最大的不同之处在于重视隐性课程的角色和学校氛围对于学生成长的重要作用。传统的品格教育在方法方面重视教师中心作用和道德灌输，却没有注意到学生学什么和怎么学对于学生品格成长的间接影响。

另外，品格教育者也在反思 20 世纪 60～70 年代以来的学校教育效果。他们反对价值澄清教育，并将其作为导致美国学校教育和社会状况出现不良现象的典型案例。品格教育者认为，价值澄清教育主张价值中立，这样的教育不可能深入培养亲社会行为。在品格教育者看来，价值澄清教育的做法就是将任何一种价值合法化，这样，学生任意选择支持某种价值观的理由，其后果只能是导致孩子的价值观出现混乱。

许多品格教育者反对柯尔伯格的道德发展教育方法，就像他们反对价值澄清教育一样坚决。他们认为，道德两难的问题是人为的、做作的，最终没有任何用途，这种两难问题的讨论只能促进价值相对主义。事实上，正是价值澄清方法与道德推理方法导致美国 20 世纪 60～70 年代以来的道德教育的失败。

3. 强调学校教育与家庭教育联系

品格教育者认为，品格教育是目前学校教育改革中不可缺乏的一个环节，将促进美国的特许学校和教育券运动，进而改善公立学校的社会声誉。目前，许多家长对孩子所在公立学校的教育效果并不满意，因而把孩子从公立学校转出去。这些家长很关心他们的孩子所在学校的道德环境，希望孩子进入一个积极的学校生活氛围中。这表明，公立学校教育改革没有触及家长们真正关注的东西。

品格教育者相信，如果品格教育应用适当，就应联系家长了解他们对目前的学校实践不满意的地方。其实，家长真正担心的不仅是孩子的 SAT 分数，还比较担心孩子的习惯，面临困难时的忍耐性，自尊和责任感等。家长们担心这一代孩子只管自己享乐，而不关心其他任何事情。

因此，品格教育者寄希望于学校教育与家庭养育的联系，所有这些都着眼于一个共同的目标,致力于在两个方面改善年轻人的行为,从每一天的教育看,改变孩子生活的每一天,从偶然的粗鲁变得有礼貌地待人接物;从更大范围的教育看,期待年轻人无论在什么情况下都选择亲社会行为。

二、品格教育存在的问题

尽管品格教育充满热情,富有鼓励性语言,但是,相当多的人们不理睬这类活动,因为这些活动没有渗透到学校的整个生活,或者说没有深刻影响学生的生活和决定。事实上,无论是学生还是教师,都被各种各样的关于品格教育的机构、项目计划、课程、书籍以及各种材料所淹没。综观品格教育运动走过的历程,存在的问题也是不容忽视的。

(一) 道德名义下的集权与伪善

品格教育已经轰轰烈烈开展了将近30年了,它的传统可以追溯到19世纪末20世纪初甚至更远,是西方社会古老而著名的道德教育形式。最近几年里,美国的一些学者开始反思品格教育在其道德名义下的反道德倾向:一是可能导致集权,二是可能导致孩子变得伪善。

正是有感于传统社会道德规范的失落,品格教育者极力推行传统的个人美德和有利于社群的德性。一些专家继承亚里士多德的美德传统,归纳总结出诸多的美德条目,并将其编入学校课程,向不同年级的学生灌输。这其中隐含一种文化上的强势与教育上的强迫。首先,它给予人们一种错觉,即这些品格教育专家认可的具有西方传统的美德才是值得肯定的德性,而其他文化的美德可能归于"他者"。尤其在美国新保守主义的政治氛围中,品格教育对于传统与道德权威有所依赖,尽管这可能有利于建设一个秩序良好的社会,但也可能使不同的亚文化中的价值观从属于整个社会的更大的价值观。社会文化多样性与价值多元性的丧失可能导致的危险就是集权的出现。

品格教育者主张恢复教师和家长在儿童心中的权威地位,强调教师在向学生传授美德的时候,也要教导学生尊重教师的权威地位。这种方法如果推向极端,对于孩子的健康成长也存在隐患。孩了在成年人面前可能被迫接受道德的灌输并保持良好的行为举止,但是,如果权威不在场的情况下,一些孩子则可能表现出不好的行为举止,其后果就是使孩子变得伪善。

因此,美国当代一些具有反思性的学者开始批判品格教育。诺丁斯指出，当代的品格教育相对于 20 世纪初的道德教育而言，是将具体美德的教授与认知发展的方法相结合，这确实吸引了人们的注意力，并在学校教育中变得流行起来。但是，品格教育者强调传授具有传统价值观色彩的道德规范，则否定了亚文化价值存在的合理性。① 所以，也许品格教育的出发点是克服道德相对主义对学校教育的影响，但是，也可能出现道德沙文主义对学校教育的侵蚀。

（二）理论上的个人主义倾向

品格教育在理论上的一个弱点是个人主义倾向。② 尽管从整体上看，品格教育使用的教育方法经常集中在人际关系上——譬如，在教室里制造道德社区，或者学习解决冲突的技巧——但是，其教育目的和理由是改善个人的德性。这正是此理论的弱点所在，它影响到品格教育课程的实施，因为品格教育者对于正确人际关系的规范仍然模糊不清，没有充分的理论基础。其结果是，这种教育方法在学校教育实践中表现不一，完全取决于不同地区的学校的校长和教师的信念和才能。

尽管如此，在美国的环境里，注重个人美德是道德学习的一个适当的出发点。美国社会里对家庭规范以及社会规范的争论，可能使课堂上传统的道德讨论政治化。这种讨论可能变成枯燥无味的对当今社会问题的辩论，而不再是影响学生个人道德与行为的功课。如果把个人的品格或德性当成主要的教育目标，学生的学习经验就被引进更有结果的自我反思及培养个人责任感的通道。然而，亚里士多德早就指出，个人美德只是事情的一半，道德不可避免地表现在社会环境里。例如，一个人只能通过做公正的事而成为公正的人。当然，根据品格教育者的假设，培养有善良美德的个人，就会有益于个人所参与的社会生活，具备美德的个人可能成为一位更好的丈夫或妻子，更好的公民，更好的邻居，更好的工人。尽管如此，反对者仍然会问：将教育关注的焦点放在个人美德上能否提供充分的指导作用。

（三）品格教育运动是一个"大杂烩"

尽管目前的品格教育在目标和意图上呈现联合，各地的品格教育实践

---

① Nel Noddings. *Phyilosophy of Education*. Colorado：Westview Press. 1995. p. 151.

② 威尔森. 美国道德教育危机的教训. 国外社会科学. 2000(2). 50～56.

也丰富多彩,但是,在人们眼中,它"是一个大杂烩",这就表明品格教育实践的碎片本质和在实施方面的草率。一些关于品格教育的书籍列举了丰富的活动与教育方法,但其中一些是彼此冲突的。例如,尽管品格教育既拒绝价值澄清又拒绝柯尔伯格的道德两难讨论法,但是,品格教育用书中把道德两难讨论方法包括在内,并把它作为一种可能的活动。可见,20世纪60～70年代以来公立学校处理价值的方法还残留在一些教育者那里。因此,我们可以将这种现象视为品格教育运动中存在的深刻矛盾。总之,无效的或设想失误的品格努力和那些失败或过时的诸如开放教室的改革方法一样,正在引起教师和家长的怀疑。

通往德性的道路是艰难的,甚至面临严峻的情况,但是,许多当代的品格教育者并没有意识到这条道德教育之路的困难。事实上,广大教师也许具备了从事品格教育的热情,但他们缺少处理其复杂性道德问题的训练。瑞安指出,这一代教师在其成长的年代里,受到价值相对主义的影响,他们在大学、文科学院学习的时候,甚至在职前教育准备方面都对品格教育的重要性缺乏必要的思考。① 其实,柯尔伯格曾经批评并力图解决道德灌输的问题(如美德袋),但是品格教育理论却又呈现灌输的一面,即传递价值规范过程中有道德灌输倾向。杜威和柯尔伯格都对道德上的灌输进行过严肃的批评。

目前,由于品格教育是一个"大杂烩",所以,在理论和实践层面都表现出一定的混乱,在限制教条主义和明显的主观主义方面出现两极分化。对于许多倡导者来说,品格教育的作用是形成一致性。他们倾向于道德精英领导,在道德理解方面依据规则被权威赋予的特殊力量,并为整个社会审定可以描述的道德标准。对于这些人来说,道德教育意味着加强对反社会行为的控制,而对于瓦解公共机构的行为是一种威慑。许多具有传统思想倾向的家长都持这类观点。而对于另一些人而言,道德教育则是为变换的评价观点提供一个清晰的处所,帮助个体作出适合于个人倾向的道德选择。这明显是许多中小学教师的观点,而教师们的这些观点与美国的学术传统

① Lockwood A. T. *Conversation with Educational Leaders：Contemporary Viewpoints on Education in America*. Albany：State University of New York Press. 1997. p. 13.

相关。在美国，学术意义的道德和宗教的信仰在宽泛的意义上被视为个人的选择和个体的表现，因此，并不存在一个适当的权威主体进行学术方面的调查研究。这也正是美国人所理解的价值自由、信仰和理性的独立，以及文化和伦理意义上的多元化。

（四）品格教育的效果难以证明

尽管品格教育的目标包括加强亲社会行为、善行，但是，这些在意义上都存在着模糊与泛化的一面。它们既包含一定的谦逊，也有雄心勃勃的强烈愿望。这些目标涉及每天的"美好事物"和改善美国当今社会状况的一切事情。由于受到国家新保守主义政治气候的鼓励，品格教育更多地关心政治，而不是关心研究的基础。20世纪20～30年代的研究已经使品格教育消失了很长一段时间。对于品格教育者来说，除了一些轶事类的效果之外，很难有足够的证据来表明品格教育所付出的努力是有效的。①

关于品格教育的有效测评也难以进行，因为很难测量一个人的品格变化。品格教育者希望通过教师和学生参与一个项目来考评项目实施的效果，例如了解校园里有多少次打架行为，学生参与校内外服务项目的时间有多少，是否存在破坏性行为，家庭作业的时间是多少，有多少家庭作业，考试的得分高不高等。但是，一旦上述行为被量化与外化之后，它们与学生内在的德性修养又存在什么样的关系呢？这是值得质疑的，也许教师比较容易获得上述测量的数据，但是，学生的品格问题由此被遮蔽了。

鉴于品格教育效果难以被证明，因此，美国社会围绕品格教育的争论还在继续，而且愈来愈激烈。一方面，政府的委员会坚持提出应该灌输给年轻人的道德教育大纲，其中包含一系列价值观内容；另一方面，大学里的专家确信应该提供与价值观教育相一致的具有普遍应用性的课程。这些争论经常出现两极化趋势，这无疑将影响到学校道德教育的教与学的过程。更为严重的问题是，一些中小学教师有一种错误的道德教育观念，即学校不应该教授道德知识或制造公民的美德，这也在很大程度上影响了品格教育的有效性。

品格教育的效果问题还可能出自学生自身。学校即使准备了明确的道

---

① Anne Turnbaugh Lockwood. *Character Education：Controversy and Consensus*. California：Corwin Press. 1997. p.10.

德教育目标,但是,学生也并不领情。因为,在技术理性至上的时代,每个人总是倾向于成为一个学习者,虽然他也许会热心评论大的人类问题,以及宗教信仰的核心问题。在校园里,尽管与价值相关的争论是教育所关注的核心问题,但是,学生们更关心他们的课程、学位和职业需要等等,他们很少有时间或有兴趣关注道德哲学的讨论。

总之,这个国家正由反对自由主义转向新保守主义,由于受到国家政治气候的鼓励与推动,品格教育运动经历了比较大规模的急速扩张时期,例如一些全国性会议包括白宫主办的品格教育研讨会,众多的品格教育支持者还会继续推动该项教育运动的发展。在这种政治气候下,乐观的品格教育倡导者相信,正确战胜错误的时候,就是美国转向繁荣的时候,目前的美国社会需要这种转变。持这种信念的人还相信通过他们的努力,将在品格教育方面取得所构想的成功。但是,在教育理论方面,没有更多的关于品格教育的经验性研究成果问世。难道品格教育者们不想证明他们的努力吗? 在教育实践层面,随着事态的变化,品格教育也与已经失败的价值澄清运动和道德两难讨论方法混在了一起。

另外,由品格教育引发的更为严重的问题是,在大众的观念中,美德被品格教育所限定的意义弄得贬值了。在品格教育理论中,"美德"作为一个被搬来的概念,不再具有它本来的意义了。因此,在对品格教育进行批判的言论中,柯尔伯格有关"美德袋"的观点再次被提出来。在柯尔伯格的观念中,美德的概念无疑增加了"美德袋"的内涵,即以"美德袋"作为形成道德品格的方式。已有的教育经验和心理学研究成果都表明,"美德袋"的做法是不足信的。根据柯尔伯格的理解,有效的道德教育者不是价值的灌输者,即并非通过"装入胶囊的美德"来促进学生的道德发展。因此,品格教育的批判者呼吁学校从根本上发生不同的改变,真正致力于教授善的知识。

第二章

培养关爱的德性：
道德教育的另一种声音

　　20世纪80年代以来，随着理论界对柯尔伯格以公正为核心的道德发展理论的反思，逐步兴起了一个新的教育理论流派——基于关怀伦理学的关怀教育理论。关怀伦理学主要是对西方社会以男性为中心建立起来的伦理学和心理学传统的挑战。美国当代著名教育学者、斯坦福大学教授内尔·诺丁斯(Nel Noddings)①以其思想的深度成为其中的重要代表人物。哈佛大学著名教授卡罗尔·吉利根(Carol Gilligan)则在批判柯尔伯格理论的同时提供了关怀理论的心理学基础。吉利根的研究表明，道德推理发展还可以有另一种路径，即强调关爱、回应和交往。而柯尔伯格方案中的推理则很少关注情感和生命质量。在当代女性主义理论的推波助澜之下，上述思想逐步发展成为关怀伦理学。诺丁斯则将关怀伦理学应用到道德教育乃至整个教育领域，形成了其著名的"关怀理论"(caring theory)。她积极倡导推行关怀教育，将儿童培养成为具有关怀能力的公民。关怀教育理论从关怀是

①　内尔·诺丁斯在成为高校教师投身教育理论的研究与教学工作之前，有近30年的基础教育工作经历。她退休时是斯坦福大学教育学院和哥伦比亚大学教师进修学院教授。她有数学和自然科学专业学士学位、数学专业硕士学位，并于1973年在斯坦福大学获教育哲学博士学位。其研究领域涉及女性主义伦理学、道德教育和数学教育。公开发表文章170多篇，独立完成和编著的作品有十余部。诺丁斯的工作履历：新泽西州某学校教师(1949—1952年)，新泽西州某高中数学教研部主任兼副校长(1958—1969年)，新泽西州一高中课程督导(1970—1972年)，芝加哥大学基础教育部主任(1975—1976年)，顾问(1976年)。从1977年她开始在斯坦福大学任教，教授过教育哲学、杜威哲学与教育学思想、道德教育、当代社会与伦理学等课程。她还在斯坦福大学任过四年的教育学院常务院长，并三次荣获斯坦福大学"教学优秀奖"。诺丁斯还是美国教育哲学协会主席和约翰·杜威研究会主席、美国教育学会现任主席、KDP总部会员(全球共60位)。

人的基本需要出发，强调情感在个体道德发展中的作用，主张以关怀为核心来组织教育。这一理论对美国当代的道德教育理论与实践产生了重要影响，并在 20 世纪 80 年代末至 90 年代初受到西方教育界的广泛关注。

第一节　关爱理论面临的实践与理论问题

诺丁斯开始思考关怀道德教育问题的时候，面临的教育形势是连续二三十年来价值澄清模式和认知派道德教育模式在美国占据了主流地位。这种态势的出现本身有其特定的历史背景。一方面，社会变化加剧，价值多元化倾向以及所引起的各种社会运动使学校教育开始转向尊重每个人的价值选择；另一方面，第二次世界大战进一步强化了美国人对科学技术和经济发展的重视，特别是在 1957 年苏联率先成功发射卫星之后，美国学校服从于国家国防发展的需要，减少了对道德教育、人文教育等的关注，一味重视自然科学教育的深化和体系化，而在道德教育等"软"领域花的时间相当有限。诺丁斯的研究起始于对美国 20 世纪 70～80 年代以来教育理论与实践的反思与批判。

一、审视社会现状：儿童成为情感缺失的受害者

在当今的美国社会，一方面经济发展给美国民众带来高水平的物质生活，另一方面是人与人之间交往空间的萎缩而导致的精神生活的危机。技术理性的发达使得人们在很大程度上更关心与自身既得利益相关的事情，而忽视了人与人之间的精神交流。现代社会的发展也导致传统家庭生活出现解体，而这方面的最大受害者则是未成年的孩子们，他们生活在缺乏关怀的环境中。

（一）美国的经济繁荣与人情冷漠之间形成巨大的反差

冷战期间，随着美苏的军备竞争，美国的科学技术得到了迅速发展。苏联解体后，美国在世界上的经济霸主地位逐渐形成，经济处于一个"长期繁荣"（the long boom）的阶段，人们的物质生活水平不断提高。从经济发展和社会发展的角度看，矛盾重重。一方面，人们充分享受科技进步和经济发展

所带来的好处；另一方面，在经济繁荣的背后却难掩其日益严重的社会问题。

随着市场经济的高歌猛进，人们在充满竞争压力的环境下生活，赚钱成为当今人们的中心议题，越来越努力地谋求在经济方面的成功，是当代成年人狭隘的人生观。人们忙于追求金钱、财产、名利、地位及个人嗜好的满足，人与人之间的关系极大地被商品化了，因此，人与人之间的关系正在罹受着相当多的疾患，人们关怀外在的功利胜于关怀他人。人们在处理彼此之间关系的时候，太狭隘地专注于技巧和工具性，而忽略了人的最大特征是精神性的存在，而在生活共同体中的人与人之间，真实地存在着超越个人利益的爱。

甚至一些受访者也认为，个人之间的关系意味着他们的私人生活、职业和家庭关系，以及与共同生活领域的其他人如社区生活内结成的关系。许多人已经形成了不关心他人的生活模式。如果要求他们中的每一个人运用语言描述对人与人之间关系的基本理解，他们很难清晰地表达其所承担的责任。他们所使用的语言，他们的生活以及他们的目的，听起来很少有道德的内涵。①

（二）家庭解体，孩子置于无人关心的孤岛

从 20 世纪 80 年代起，家庭结构急剧变化，导致有增无减的单亲家庭，司空见惯的非婚姻关系性行为，日益普遍的少女怀孕现象和青少年犯罪率的上升，种族歧视等问题变得日益严重。1/3 的儿童出生于单亲家庭，1/2 的婚姻以离异而告终，1/3 的孕妇的结局是堕胎，1/4 的高中学生辍学。② 美国社会学家卡尔·辛梅斯特在分析当代美国社会的症结时指出："我们谈论毒品危机、教育危机、少女怀孕和青少年犯罪，所有这一切问题都源于一个共同的病根——破裂的家庭。"③生长在破裂家庭中的儿童，由于缺乏正常儿童成长所需的精神和道德关怀，就像生活在无人关心的孤岛上。长此以往，就形成了"问题家庭里出现问题儿童，有问题的儿童导致有问题的社会"这

① Robert N. Bellah, Richard Madsen, William M. Sullivan, Ann Swidler, Steven M. Tipton, *Habits of the Heart*. Berkeley：University of California Press. 1985. pp. 20～21.
② 刘澎. 宗教右翼与美国政治. 美国研究. 1997(4). 32～54.
③ Daniel Patrick Moynihan. Defining Deviancy Down. *American Scholar*, Winter. 1993. p. 24.

一恶性循环。

即使在家庭结构正常的环境中,父母双方处于工作状态,成年人仅仅把家庭视为逃避工作压力的避风港,很少有闲暇时间顾及孩子的利益。于是,孩子们通过网络和电视等大众传媒观看充斥着攻击、暴力、战争、性爱和竞技体育等内容的节目。总之,现在的家长们忽视了一个生命的降生、无助及其对真实家庭的真实需要。

二、批判现行学校教育制度:偏重认知,忽视情感,掩盖差异

在教育实践过程中,课程标准的落实和目标教学又被误解为能力教学和应试教学。课程虽然总是被宣传为教育改革的关键环节,政府也投入了大量的金钱,但是,诺丁斯认为,课程本身改革不能回应学校面临的社会问题。① 当今的学校已经屈从于经济势力的发展,谋求经济的成功是教育追求的目标,却忽视了完整的教育应该包含对儿童成长的关怀。

（一）学校教育改革倾向于智力发展,漠视学生的情感体验

诺丁斯首先对美国教育界盛行的传统人文教育体系进行了三点批评②。其一,这种方式实行的是观念控制,即迫使所有学生学习一种特殊的狭隘的课程,而这些课程缺乏学生可能真正关心的内容;其二,目前的学校教育严重忽视了对学生各方面素质和能力的培养;其三,学校在传统上贬低与女性相关的人类素质的思想和行为。因此,诺丁斯希望学校教育最好围绕关怀来组织。

其次,诺丁斯指出,认知取向的学校教育导致道德教育被弱化。二战以来,美国文化中膨胀的个人主义传统变得越来越强大,人们只顾追求个人私利,放弃社会责任。在个人利己主义的无情冲击下,学校中暴力、枪杀、吸毒、少女怀孕等不良现象比比皆是。而价值澄清教育和道德认知教育都倾向于把注意力放在道德行为和认知理性的教学上,忽视了道德情感的培养过程,致使学校德育陷入危机之中。

诺丁斯认为,学校教育的目标不仅要指向儿童的学业发展和道德推理能力的提高,更要关心孩子的幸福生活体验。"幸福应该成为学校教育的目

---

① 诺丁斯.学会关怀——教育的另一种模式.北京:教育科学出版社.2003.8.
② 诺丁斯.学会关怀——教育的另一种模式.北京:教育科学出版社.2003.3.

标,一个好的教育应该贡献于孩子个人和集体的幸福。"①

（二）标准化课程无视学生的个性差异

诺丁斯认为，现代社会已经制造出太多的相似性。许多人生活的地方变得非常相似，现代化的标志随处可见。人们生活中的差异性越来越少，这可能就是现代生活的悲剧，也是社会现代化的悖论。然而，最大的悲剧恐怕还是这种标准化的模式在侵蚀着学校教育，即学校不断追求标准化课程，而无视学生个体的差异。

联邦政府大力支持的各种基础教育课程改革项目是数学、自然科学、外语等学术性课程，在规模大得类似工厂的"高效"学校里，正在开设具有学术挑战性的课程，教师和学生置身于一种狂热的智力崇拜之中。美国教育界出于对课程标准的强化，这样的课程又被简化为具体的"行为目标"。在教育实践过程中，课程标准的落实和目标教学又被教师们误解为能力教学和应试教学。

诺丁斯指出，儿童的生理、智力和情感的指标天生就存在差异，他们有着不同的令人惊叹的天赋与兴趣。而同质性的课程在许多时候又与高风险的考试捆绑在一起，不仅浪费孩子的生命，也把整个教育置于灾难的边缘。

三、反思道德发展理论和品格教育理论

综观美国当代道德教育理论领域的探索，一方面是柯尔伯格的道德发展理论在其后继者的努力下一直有着广泛的影响力，另一方面是销声匿迹几十年的品格教育呈现复兴的态势。诺丁斯在建构其关怀理论的同时，兼顾对上述两种道德教育理论的反思与批判。她从柯尔伯格的道德认知理论中看到了关爱的缺乏，从品格教育理论中看到了道德灌输的局限。

（一）反思道德认知发展：忽视道德情感的培养

诺丁斯对当时占据主流地位的柯尔伯格道德认知发展理论进行了有力的批判。她认为柯尔伯格的认知发展理论具有康德主义的特点，给道德推理赋予了单一原则（正义原则），把"道德"等同于正确（the right）和善（the good）。诺丁斯还以心理学家吉利根取得的研究成果来质疑柯尔伯格的理

---

① Nel Noddings. *Happiness and Education*. New York：Cambridge University Press. 2003. p. 1.

论,即柯尔伯格的道德发展理论对道德的认知维度尤为信奉,并把道德认知能力提到了相当的高度,忽略了道德的情感培养过程,即没有把道德成长中的情感因素考虑进来。①

诺丁斯尤为注意柯尔伯格对道德生活的选择性陈述。她指出,柯尔伯格没有认识到关心与爱的德性,而且他只是把仁爱和人类同情归于习俗道德阶段(即第三阶段)。柯尔伯格以"公正"为核心的道德发展涉及人类社会共同生活的原则、规范、权利、义务等,这是人与人相互作用和彼此相处的一个重要方面,但仅有这一个方面还远远不够。人们在相互作用、彼此交往的过程中还涉及相互关心、照顾和彼此不受伤害等内容,这些是以"关怀"为取向的伦理道德,它在道德教育中不应该被忽视,是应该引起足够重视的。因此,应让所有的孩子都学会关怀。诺丁斯提出的关怀教育理论,旨在把建立关心者与被关心者的新型人际关系作为一种道德情感交融的关系,即把情感问题提到道德教育中重要的位置。

关怀伦理学的另一重要代表人物吉利根还从研究细节方面对柯尔伯格的理论提出了严峻的挑战。她最初的工作是和柯尔伯格紧密联系的,但后来她的研究与柯尔伯格的研究发生了分歧。她认为,柯尔伯格的研究方法和哲学结论方面存在严重的性别偏见。吉利根指出,柯尔伯格在研究道德发展方面犯了与弗洛伊德和皮亚杰同样的错误,即研究结果依据男性被试者作出的反应,而没有注意到基于性别视角的不同道德观念。她在其公开出版的著作《不同的声音》中明确指出了柯尔伯格的"公正"概念是典型的男性视角,并因此提出"关怀的道德"(morality of caring)。从这个意义上看,吉利根则更倾向于关注女性的道德维度。② 事实上,吉利根不想用"关心的道德"取代"公正的道德",也不想暗示男性与女性的道德发展存在极大的不

---

① 诺丁斯. 教育哲学. 北京:北京师范大学出版社. 2008. 188~189.

② Carol Gilligan, "Do the Social Science Have an Adequate Theory of Moral Development", in Norma Haan, Robert N. Bellah, Paul Rabinow, and William N. Sullivan Eds. , *Social Science as Moral Inquiry*. New York: Columbia University Press. 1983. pp. 34 ~ 35. Carol Gilligan, *In a Different Voice: Psychological Theory and Women's Development*. Cambridge, Mass. : Harvard University Press, 1982. See Lawrence A. Blum, "Gilligan and Kohlberg: Implications for Moral Theory", *Ethics*. April, 1988. pp. 472~491.

同。她的批评在于指出道德不仅仅是柯尔伯格所强调的一个方面。她进一步指出，柯尔伯格提供的理论阐述限制了对道德的理解，而且还影响了对道德思考过程和道德判断过程的理解。这正是吉利根评论的价值所在。她还指出，柯尔伯格的理论聚焦于理性的模式，从形式理性中衍生出道德原则，而没有考虑情感在其中所发挥的作用。在吉利根看来，理解不能与情感相分离，也离不开人与人之间的关系，这些敏感的信息和推论不能仅凭单纯的逻辑论证。

关心教育理论与认知发展理论有一个重要的共同点，那就是都强调对批判性思维的培养。但是，关心教育理论不认为道德发展具有明显的不同阶段，它也不依靠人为设计出来的两难故事来讨论道德问题，它强调儿童在每一天的真实生活中运用批判性思维。

（二）反思品格教育理论：直接美德教育的有限性

品格教育是当前美国学校里影响最大的道德教育理论，它的目标就是采取谆谆教导的方式向儿童传授美德。诺丁斯也认为，这是一个相当古老的而且目前非常著名的道德教育模式。[①] 但是，最近几年里，人们开始反思品格教育运动。

诺丁斯从关怀伦理学的视角指出品格教育存在的不足。一是直接灌输美德的效果有限。20世纪早期的实验研究以及日常生活实践都已经说明，"美德袋"教育不大可能培养出真正有道德的人。二是品格教育过于片面地强调基本道德的价值，忽视很多道德问题的社会根源。三是品格教育者看不到美德的社会构建过程，而每一种具体美德只有在特定社会历史背景下才有意义。让我们举个例子来说明这个道理。没有人否认那些劫持飞机的自杀爆炸者具有非凡的胆量吧？但是，我们不能鼓励这种"勇敢"行为，他们的"勇敢"不是可赞美的美德。为什么不是呢？这个问题促使我们对所谓美德的社会根据或者文化基础进行探究，探究到底什么东西是人类共享的、共同珍视的，什么东西导致彼此不同。诺丁斯担心，单纯进行所谓"勇气"或者"尊重"的灌输和训练，而不对这些"美德"的复杂背景进行批判性的探索，可

51

---

① Nel Noddings. *Happiness and Education*. New York：Cambridge University Press. 2003. p. 157.

能会导致教育者不愿看到的结果。①

品格教育者一般强调灌输美德以改变孩子的行为,使其变得有道德,而关心教育者的着眼点不是孩子的观念和行动,而是孩子们生长的环境。他们主张,教育者要想办法改变儿童的生活环境。一个健康美好的生活环境往往能够陶冶人的情操,促进其德性的养成。诺丁斯正是基于家庭的环境和母亲的视角,思考关怀对于孩子德性成长的影响。

第二节　关爱理论的思想来源与理论基础

诺丁斯的关怀理论有着鲜明的女性视角,不同于以往的传统理论。其关怀理论直接从哲学、政治学、社会学和心理学那里获得重要的理论支持,并从当代的主流思潮中汲取思想养料,历史与当代的思想成果为其思想发展奠定了其坚实的理论基础。

一、关爱理论的哲学思想

近 20 年来,诺丁斯着重论述关怀是道德生活的一种取向,并致力于构建其关怀教育理论。诺丁斯在其多部著作中都曾明确提及下列一些哲学家和思想家对其理论的直接影响:亚里士多德的"友爱—幸福"观,休谟的"同情"与"仁爱",海德格尔的"操心",杜威的"经验"等。这些直接构成了诺丁斯思考关怀伦理问题的哲学基石。

(一) 亚里士多德的"友爱—幸福"论

亚里士多德的友爱论是其伦理学的重要组成部分。亚里士多德把友谊关系视为道德生活的核心。亚里士多德认为,友爱是生活中最为必需的德性,友爱的基础在于共同性。他强调作为朋友就要共同生活,朋友是另一个自我,对朋友的爱就是对自己的爱。他在其名作《尼各马科伦理学》的第八卷和第九卷对友谊进行了精辟论述。在第八卷之首,他阐明立场:"在谈到

---

① 参见:于天龙.诺丁斯教授访谈.2004－05－19. http://jiangjingsong.bokee.com/3807657.html

了所有这些之后我们应当谈一谈友爱。它是一种德性，或者是赋有德性，或者说是生活中最为必需的东西，谁也不愿意去过那种应用尽有的而独缺朋友的生活。"①

在亚里士多德看来，幸福高尚的生活不能没有朋友。富人需要有朋友去成就其善事，保全其财产；在人穷困和遭受灾难时，只能指望朋友的帮助；青年需要朋友帮助他少犯错误；壮年人则需要朋友指点，使自己的行为高尚高贵；老人需要朋友帮助他做力所不及的事。所以，如果我们明智，我们不仅要看顾自己的幸福，还需要看顾友爱。与作为德性与幸福的联系的其他的外在善不同，友爱自身就是德性，或者包含着德性。这似乎使友爱成为德性与幸福的更本质的联系环节。

友爱在亚里士多德的伦理学中成为德性与幸福的最为重要的联系环节。对友爱的讨论使亚里士多德从自我中心的伦理学走向人际关系的伦理学，从个体的德性的伦理学走向人际伦理的伦理学。值得关注的是，亚里士多德把友爱分成三类：源于共同体经济目的的友爱，源于共同兴趣爱好的友爱，源于双方彼此欣赏的友爱。由此可见，古希腊人使用友爱概念是很宽泛的，不仅包括我们今天所说的朋友关系，而且包括任何两个人之间的任何相互吸引的关系，这种讨论友爱的方式显然是近代以来的人们所不熟悉的。②因为，自近代以来的友爱主要被看做个人自由地加入的关系，人们倾向于忽略亚里士多德把友爱置于人的幸福的框架之内的努力。

诺丁斯的关怀理论突破了近代以来伦理学关于友爱理解的局限，重新回到亚里士多德关于友爱与幸福关系的原初理解，即把友爱与人的幸福生活相联系，强调人们彼此之间的关系对于个体幸福生活的重要性。亚里士多德的友爱观在以下三个方面影响了诺丁斯关怀理论思想的建构。

第一，诺丁斯从亚里士多德关于友爱的讨论中，看到了友爱与共同生活有着最为自然的联系，而共同生活的自然形式首先是父母同子女的共同生活，这种共同生活是友爱的最原初的形式。所以，诺丁斯特别强调家庭是儿童感受友爱的最初体验之所。诺丁斯重点考察了家庭生活中的关爱对于孩子成长产生的影响。诺丁斯还由家庭生活推及学校生活、邻里生活和社会

---

① 苗力田.亚里士多德选集·伦理学卷.北京：中国人民大学出版社.1999.177.
② 廖申白.友爱在亚里士多德伦理学中的地位.哲学研究.1995(5).55～61.

生活。诺丁斯认为,最好的教育不仅仅始于家庭,而是使得儿童能够走得出去,自在地在世界上生活。孩子置身于亲戚、同学、朋友及邻居的丰富关系之中,他们学会的将是生活的方式。①

第二,亚里士多德把建立在彼此欣赏基础上的友爱视为一种德性或美德(virtue),与朋友间相互交往的善相联系,其目的指向幸福的高尚的生活。亚里士多德关于德性的理解与今天的理解不同,他是在更广泛的人格意义上理解"美德"这个词的,而今天则更多是从道德的意义上理解美德,但是,诺丁斯从亚里士多德的友爱观中看到友爱中所蕴含的一种道德责任。"真正的朋友彼此互相保护,不仅保护你免遭外界邪恶的伤害,而且阻止你内心邪恶思想的滋生。"②诺丁斯的关心伦理学也正是在这个角度上强调友爱与道德之间的一致性。

第三,诺丁斯在一定程度上认同亚里士多德关于"幸福"是最高善的观点,同时又对幸福的多元意义与表现保持一种开放的态度。亚里士多德认为有三种生活方式是幸福的:富足(快乐、享乐)的生活,政治的生活(获得荣誉或美德的行动),研究(思辩、静观)的生活。③ 诺丁斯从亚里士多德的幸福定义出发,肯定幸福和快乐是我们想得到的善,不仅基于时代立场多元地理解了幸福的意义,而且赋予幸福教育学的解读,即关注孩子体验幸福的能力的发展。④

总之,诺丁斯继承了亚里士多德的伦理学思想,从关怀伦理学的角度阐述了友爱、道德、幸福的关系。她不仅从关怀伦理学的角度讨论友爱与幸福的关系,更从教育学的视角关注友爱与幸福对于孩子成长的意义。

(二) 休谟的"同情原则"与"仁慈之德"

诺丁斯更愿意用"同情"(sympathy)这个词来表达她对关怀的理解。她认为,"同情"(sympathy)表达一种"共同感受",因此更接近关怀时关注的情感状态。诺丁斯也明确承认这一思想来源于休谟。休谟(David Hume)是18世纪英国著名哲学家,他提出了一个著名的命题——道德感源于同情,由

① 诺丁斯. 始于家庭:关怀与社会政策. 北京:教育科学出版社. 2006. 177.
② 诺丁斯. 学会关心——教育的另一种模式. 北京:教育科学出版社. 2003. 127.
③ 苗力田. 亚里士多德选集·伦理学卷. 北京:中国人民大学出版社. 1999. 8.
④ Nel Noddings. *Happiness and Education*. New York: Cambridge University Press. 2003. p. 1.

此创立了著名的"同情说"。在英文原著中，休谟所用的"同情"（sympathy）一词由 sym（with）和 pathy（passion）两部分组成，意即"与……有同感"。可见，同情伴随着情感，但它本身并不是一种情感，因此，不能与怜悯（pity，compassion）或仁慈（benevolence）相混淆。同情是情感的生气勃勃的起因，如果没有同情，情感仍然处于沉睡状态。同情是通过想象来复现他人的某种情感，并不特指某种具体的情感。

休谟认为，同情不是人的理性的产物，任何一个人的快乐和痛苦都毫无例外地会在"我"内心引起一种相应的情感反应。作为人性的自然的心理倾向，同情是人的一种与生俱来的能力，它不依人的意志为转移。在《人性论》第三卷"论道德"中，休谟把"同情原则"运用到伦理学领域，以它作为道德区别和道德判断的心理机制。"同情原则"是休谟由心理学向伦理学过渡的桥梁。同情是休谟的情感论伦理学的支柱。情感论伦理学把道德的根源和基础建立在人的情感基础上，以同情产生的情感作为道德判断的标准，区分道德的德与恶。休谟断定，"同情是道德区别的主要源泉"①。他认为，道德的区别决定于情感，而我们的情感又是建立在同情能力的基础之上。当旁观者同情于接受者的快乐时，旁观者就对行为者持肯定态度，并相应地给予善的评价；当旁观者同情于接受者的痛苦时，旁观者就对行为者持否定的态度，并相应地予以恶的评价。

休谟首先对人性进行心理学的剖析，描述人类本性的自然主义特征，然后进入伦理学领域，探讨人类社会的德性。休谟把道德分为人为之德和自然之德两大类，即正义（justice）与仁慈（benevolence）。正义是人为的德性，包括公正、忠顺、诚实、正直等；仁慈是自然的德性，包括和善、友好、慷慨、宽容、感恩等。仁慈之所以是自然的，是因为它是在个别的、单独的具体行为中显示出来的，就是"由所爱的人的快乐而发生的一种原始的快乐和由他的痛苦而发生的一种痛苦"②，它可以直接激起人们的愉悦或厌恶的情绪。休谟认为，由于人性中先天存在的对利益和愉快事物的赞许情感，必然要通过同情机制传到他人身上，同时希望他人愉快或得到利益。

在休谟之前，同情已被广泛运用到西方伦理学领域。从仅同情于他人

---

① 休谟.人性论.北京：商务印书馆.1997.661～662.

② 休谟.人性论.北京：商务印书馆.1997.425.

的困境到同情于他人的快乐,从人的自然的冲动到有意识的反思的同情,在之前及当时的思想家那里都有表述,但同情的功能仅仅限于道德行为动机的领域。休谟将同情进一步运用到道德判断领域,指出由同情产生的情感是判断德与恶的标准,以此来为他的情感论伦理学寻找道德共识的基础,这一点是前所未有的。① 这也成为诺丁斯继承的重要理论遗产。

诺丁斯曾经明确表示,她的关怀理论在道德动机方面采取休谟的立场。在道德动机方面,休谟以"仁爱论"取代"自爱论",主张"人道"是道德的原始动机或原则,相应地,"同情"则变成了人们道德情感的主要的甚或唯一的发生方式。关于理性与情感的关系,休谟一方面认可两者在道德规定和道德推论中的共同作用,另一方面却坚持认为,对道德做出最终裁决的是情感,即"依赖于大自然所普遍赋予整个人类的某种内在的感官或感受"②。在休谟看来,除情感之外,没有什么别的能够具有这种性质的影响力。

诺丁斯继承了休谟的情感原则,认为关怀从根本上是人的一种自然的、非智性的情感,并区分了基于自然情感的"直接关怀"("自然关怀")与"在意",这一观点与休谟关于"自然道德"与"人为道德"的区别有着内在的逻辑联系。在诺丁斯看来,"直接关怀"是一种自然的、直接的、个人化的情感状态,是关怀的最佳形式,是关怀者与被关怀者能够面对面的一种情形,没有什么能完全替代它;"在意"则是对他人的困境有所感触,并想做一些事情来改善之。尽管诺丁斯承认,明智的、有良知的"在意"有助于将关怀扩展至更多的接受者,并可能在关怀与正义之间架起桥梁,这种"在意"也由此具备了正义感的基础,但是,诺丁斯更欣赏休谟的"仁慈"概念,即"自然之德"。休谟认为,基于"仁慈"的"自然道德"先于基于"正义"的"人为道德"。诺丁斯也坚持"关怀"先于"在意",并指出"在意"隐含的内在缺陷,认为即便高度自觉的"在意"也可能自以为是,可能凌驾于关怀之上,扭曲关怀的自然顺序。与此同时,诺丁斯批判美国当代学者罗尔斯的正义感,她认为,罗尔斯的正义感是基于康德的传统,是一种剔除了情感的对他人的理性的责任。同情或慈爱在罗尔斯的理论架构中没有任何地位。

总之,休谟的"同情原则"与"仁慈之德"是诺丁斯构建关怀伦理学的情

---

① 张钦.休谟的同情原则探析.伦理学研究.2004(4).97~101.

② 休谟.道德原则研究.北京:商务印书馆.2001.24.

感立场。休谟认为,同情是人的天性;诺丁斯认为,自然关怀是伦理关怀的基础。诺丁斯非常重视休谟的道德感的培养,并在关怀教育理论中重点讨论了儿童如何学会关怀,希望通过实施关怀教育帮助儿童建构一个关怀型的自我。

(三)海德格尔的"操心"

从诺丁斯的著作《学会关心:教育的另一种模式》(The Challenge to Care in Schools:An Alternative Approach to Education)中的第二章可以看出,诺丁斯开篇就强调了海德格尔的"关心"概念及其现实意义。从英语字面上看,诺丁斯的"关心"(care)与海德格尔的"关心"(care)也是同一个词。但是,海德格尔在《存在与时间》中分别用德语的三个单词 Besorgen、Fuersorge、Sorge 来表达"关心"(care)的三个方面。Sorge 一词主要具有"忧虑、担心"和"操持、置办"两重含义,Besorgen 具有"忧虑、担心"和"操持、置办"的含义,只不过 Sorge 更突出"忧虑",而 Besorgen 更突出"置办",因为后者主要具有动词性,而且有个及物的词头。Fuersorge 以 Sorge 为词根,自然具有 Sorge 的意味,不过通用的含义主要是"照顾、帮助、救济"。从字面上看,Sorge 已经在 Besorgen 和 Fuersorge"之中"了。Sorge 是整体,Besorgen 和 Fuersorge 是它的两个方面。海德格尔试图通过字形上的联系来体现 Sorge 内在于此在对他物他人的行为举止,并因此是此在的整体存在。他想强调其主张,即人始终在世,人一刻也不能脱离与他者的关系而有个"我自己"。① 从本体意义上看,并非人先于关系,而是人由始至终总是保持一种与世界共在的关系。

在《存在与时间》的中译本中,根据上下文的意思,译者将 Sorge 分别译作"烦恼"、"操办"、"关心"。其实,海德格尔的 Sorge 一词既有"忧虑、担心"的含义又有"操持、置办"的含义。纵观西方哲学传统,在规定人的时候,多是突出人的理性和认识的一面,而海德格尔把人的本质理解为 Sorge(操心、关心),强调"操心、关心",而不是像康德以来的传统哲学那样重视理性,这标志着现代哲学的重大转向,即从"理想哲学"向"存在哲学"的转变。据此,海德格尔就将关心描述为人类的一种存在形式。可见,"关心不同于义务,

---

① 陈嘉映.从感觉开始.北京:华夏出版社.2005.192.

义务是把行动和某种理念联系起来,而关心则把行动和现世的情感联系起来"①。关心既是人对其他生命所表现的同情态度,也是人在做任何事情时严肃的考虑。在海德格尔看来,关心是人世间所有的担心、忧虑和苦痛。总之,根据海德格尔的理解,我们每时每刻都生活在关心之中,它是我们生命最真实的存在,而且人的"此在"始终是一种关系的存在。

诺丁斯直接借鉴了海德格尔对于"关心"所作的存在论意义的理解,并强调关心的关系性。在海德格尔的语境中,"关心"是"此在"的存在形式;在诺丁斯的语境中,"关心"是处于关系之中的一种生命状态。相较之作为哲学家的海德格尔,作为教育学家的诺丁斯则从具体而细微的角度阐述了关心的关系性特质,即关心最基本的表现形式是两个人之间的一种接触。在此基础上,诺丁斯更强调关心的教育学意义,即在教育实践过程中,教师既要努力关心学生,同时还要让学生感受到这种关心,否则,师生之间的关系就会遭到破坏。

(四)马丁·布伯的"相遇"与"我—你关系"

马丁·布伯是德国著名宗教哲学家,存在主义思想的先驱者之一,他以其著名的"关系本体论哲学"而在欧美学术界享誉甚高。"关系"是布伯哲学的本体,关系先于实体,实体由关系而出。布伯认为,个体同世界上各种存在物发生关系的方式有两种,分别由两个原初词"我—它"与"我—你"来表达。在"我—它"关系中,"它"(客体)只是"我"(主体)认识、利用的对象。在这种对立而不是交融的关系中,"我"不能发现自身的意义。"我—你"关系则是人类应有的一种真正的基本关系。"你"即是绝对存在者,是世界。当"我"与"你"相遇时,"我"以"我"的整个存在、"我"的全部生命、"我"的真本自性来接近"你","你"不再是"我"的经验物、利用物。"我不是为了满足我的任何需要,哪怕是最高尚的需要(如所谓'爱的需要')而与其建立'关系'。"②根据布伯的观点,"我—你"关系是"我"与"你"之间直接的、交互的、活生生的精神上的"相遇"关系,这种关系揭示了人生的意义深度。

"相遇"是马丁·布伯关系本体论的思想核心。布伯还阐述了"相遇"的接受特性。在"我—你"的关系中,"他不是'他'或'她',不是与其他的'他'

① 陈嘉映.从感觉开始.北京:华夏出版社.2005.196.
② 马丁·布伯.我与你.北京:生活·读书·新知三联书店.2002.6~7.

或'她'相待的有限物，不是世界网络中的一点一瞬，不是可被经验、被描述的本质，不是一有定名的属性，而是无待无垠、纯全无方之'你'，充溢穹苍之'你'"①。但是，这种纯粹的关系状态并非存在于每一次的人与人的相遇之中。对此，布伯也承认，我们不可能完全生活在"我—你"关系中，悲剧就在于我们可能完全生活在"我—它"关系中，我们可能完全忽视关注与接受的任务。所以，布伯提醒我们，要看到"我—你"的"相遇"关系所蕴含的教育力量，即"决定性的影响不是被归于本能的释放，而是归于与被释放的本能相遇的力量，即教育力量"②。布伯认为，教育的核心在于关系，每个孩子都渴望通过交流使得世界对自己"显现出来"。因此，必须有人随时乐于满足孩子的渴望。

事实上，布伯的关系哲学是诺丁斯关怀理论的重要基石。诺丁斯也坦言：其理论的出发点在于表现为"相遇"的关系，并且坚持布伯所谓的"教育的核心在于关系"的观点，强调"关怀性相遇"这一根本特征所具有的教育学意义。从"关怀性相遇"的视角理解师生关系或父母与孩子的关系，在教师或父母与孩子的"相遇"中，他们必须向孩子传递一个信息："我在这里，你可以呼唤我。"布伯认为，这个信息意味着成人乐于倾听、帮助、保护和引导孩子，这也是教育生活最内在的成就。由此，诺丁斯指出，家庭和学校教育的关键是成年人引导孩子学会关怀。

从教育学的视角看，诺丁斯不仅承认布伯所说的"关怀的相互性"，更强调关怀的可接受性，即关怀者要参照被关怀者的最初需要以及关怀者行为的效果来调节关怀行为。诺丁斯提醒我们思考关怀者的行为在被关怀者身上产生的影响。因为，成人的关怀被孩子接受才标志着这种关系是"关怀性相遇"。

（五）杜威的"教育即生长"

杜威作为美国本土哲学家和教育学家，其思想对美国后来的学者的影响无疑是巨大的。而诺丁斯作为美国当代著名教育学者，曾经担任过杜威研究协会的主席，她对杜威的教育哲学观点有着独特的理解与继承。在其专著《教育哲学》中，诺丁斯对杜威的教育思想做过系统的考察，并充分肯定

---

① 马丁·布伯.我与你.北京：生活·读书·新知三联书店.2002. 6.

② 马丁·布伯.人与人.北京：作家出版社.1992. 126.

了杜威在教育思想方面的贡献,即"杜威对教育思想所作出的贡献是值得仔细思考的,而不应该被忽视"①。

杜威在其名著《民主主义与教育》中重点论述的就是教育应适应民主社会的要求,引导儿童的生活生长和经验改造,从而使新生一代符合和满足民主社会的希望。杜威认为,生活就是发展;不断发展,不断生长,就是生活。从这个意义上理解教育,"教育的过程,在它自身以外没有目的,它就是它自己的目的。教育的过程是一个不断改组、不断改造和不断转化的过程"②。因此,杜威批评传统教育的最大失误在于把教育引向成人所固定的外在的教育目的。在杜威看来,这种错误的根源在于把生长看做有一个目的,而不是把生长本身看做目的。尽管杜威关于教育目的的理解在美国引起了很多争论,比如有学者指出其"生长"的概念模糊,难以付诸教育实践。但是,诺丁斯坚持吸取了杜威"生长"内涵中的精髓,即意识到生活就是生长,这就使得我们能避免将儿童理想化,因为其实这种做法无非是一种懒惰行为。她认为不要把生活和一切表面的行动和兴趣混为一谈,表面现象不是目的本身,可能只是生长的征兆。"对于家长和教师来说,重要的事情是注意儿童哪些冲动在向前发展,而不是注意他们已往的冲动。"③杜威的上述阐述为家长和教师的教育指明了方向,即教师和家长要为儿童的发展提供帮助,这也正是学校教育和家庭教育的价值所在——创造儿童继续生长的愿望。

杜威关于教育即生长的思想丰富了诺丁斯的关怀教育思想,即认为教育者必须关心孩子,满足明示出来的需要,无论是家长还是教师,必须使自己的关怀动机朝向被关怀者的需要。而要评价孩子明示的需要,教育者就必须付出时间和关心。根据杜威的意思,现实中的一些成年人可能错把一些肤浅的表示当做有关需要的表达。诺丁斯也认为,对这种情况的洞察有相当的教育难度。

这也由此引出了"生长"的标准问题,即什么才是令我们满意的生长。杜威的判断标准与道德有关。他认为,有些选择即使能够带来技能的增长,也不能算做生长。例如,一个盗贼的技术日益精通不能算做生长,因为这种技术的

---

① Nel • Noddings. *Philosophy of Education*. Colorado:Westivew Press. 1995. p.25.

② 杜威.民主主义与教育.北京:人民教育出版社.2001. 58.

③ 杜威.民主主义与教育.北京:人民教育出版社.2001. 60.

增强可能导致某种恶。所以，诺丁斯认为，家长或教师要从善的视角和关怀关系的维度去帮助孩子，尊重和理解孩子的需要；在关爱孩子的过程中，对孩子的需要保持一种开放的态度，并花心血帮助孩子作出合理的选择。

二、当代思潮的影响

诺丁斯的关怀教育理论是针对美国的现代社会问题所做的学理思考，无疑会受到各种学术思潮的影响。在诺丁斯的著作中，她在分析学校和家庭教育的各种问题的时候，明确提及三种主要社会思潮，即后现代思想、女性主义思想、社群主义思想。尽管诺丁斯也清醒地意识到这些思想存在的不足，但是，她还是从这些思想成果中借鉴了一些有价值的观点，以丰富其关怀理论的建构。

（一）后现代思潮的影响：反对理性，尊重差异

随着 20 世纪 60 年代西方资本主义世界进入后工业化时期，科学技术创造了发达的工业社会，提高了人们的生活水平，人们尽情享受着大工业生产、市场经济、城市化所带来的繁荣、舒适和便捷。但是，现代社会高度发展的同时也导致了诸多的社会问题，于是，西方理论家从不同的角度开始对现代社会进行全面而深刻的反思。后现代主义文化思潮的主要特征是反对理性，主张多元性。

反对理性，旨在打破以理性为中心的现代西方文明。自笛卡儿以来，西方哲学就认为理性是人的最高本质，具有至高无上的权威地位，是一种绝对的力量，是人类区别于其他动物的根本标志，也是人赖以安身立命的文化支柱。在现代社会里，理性主义不仅成为科学领域里的主宰，也成为社会领域的最高价值标准。一个以理性为中心的现代社会已经成为一个系统的客观世界，一个缺少人文关怀的世界，面临着一系列的危机：科学与人文的分离，人与自然的分离，人与人的分离。

后现代主义者反对一元性，提倡多元性。在后现代主义看来，传统的一元论是一种形而上学的积习，也是一种陈旧、封闭僵化的思维模式。一元性的思维方式把丰富多彩的复杂世界概括为苍白贫乏的单一世界，它不仅会导致所谓的"权威话语"的垄断统治，而且会导致以一取代多、以统一取代差异，从而造成独断论和思维霸权，扼杀人的创造性和想象力。

因此，后现代主义强调向实践和生活的回归，具体表现为更多关心人类

的日常生活,把目光投向边缘者、被忽略者、非中心者和被剥削者,希望使每一个人真正融入社会大家庭中。总之,作为一种文化思潮,后现代主义的目的就是打破工业文明对人类精神的统治,建立一种多元化的文化世界。

从后现代主义的视角来看,诺丁斯强调关怀教育和尊重个体的独特性,都有着鲜明的后现代思想的烙印。反对理性的观点丰富了诺丁斯的关怀理论,即关怀的态度是建构良好社会的情感纽带。因此,诺丁斯反对启蒙以来的理性传统,主张父母和教师从"关爱孩子"的角度来促进孩子的发展。诺丁斯指出,为了生存,孩子至少需要最起码的身体关怀。为了发展,孩子还需要更多的东西,其中包括来自成年人长期的非理性的关照。诺丁斯还认为,如果父母不能或不愿向孩子传递这种情感信息,最可能的替代者就是教师。伴随着美国社会中家庭解体严重的严峻现实,诺丁斯更加关注学校生活中教师作为关怀者的教育责任。

诺丁斯认为,就每一个独特的个体而言,其生活中充满了太多的偶然性,每个人都作为一个真实的自我存在于具体的关系之中,与他人相遇,与他事和他物相遇。在这些不同的相遇关系中,一个人又在建构自我观,即他与自己相遇。由于生活中充满各种偶然性,一个人可能由于种种原因被抛出惯性的轨道。因此,在诺丁斯看来,每个人在生活中的相遇都是起于一个偶然事件,而不是依赖抽象的思维和抽象的计划。

(二) 女性主义思潮的影响:强调"自然关怀"的独特地位

西方女性主义的历史经历了自由女性主义(liberal feminism)、激进女性主义(radical feminism)和后结构女性主义(post-structuralist feminism)三个历史发展时期。自由女性主义是西方女性主义的第一次浪潮,风行于第一次世界大战前后,其主要目标是争取女性在政治上和法律上的合法地位和合理权利。20世纪60年代,西方女性主义经历了以激进女性主义为主导的第二次浪潮。她们提炼出"父权社会"(patriarchy)的观念,认为女性生活的改善应该深入到生活各个方面。20世纪80年代后期,女性主义进入第三波,她们主要吸收了后现代主义的观点,放弃了男女二元对立的形态,尊重女性与男性的差异性。这一时期的主要理论特征是解构宏大理论体系,反对本质主义的社会结构论,注重关于话语即权力的理论,身体与性的思想,多元论、相对论的思想与个人主义政治等。

诺丁斯的关怀理论主要受到第三次女性主义思潮的影响。诺丁斯充分肯定了女性生活体验的伦理价值和教育价值,她认为女性体验中最大的善就是关怀,并以此为起点确立新型的善恶观,这也构成了关怀教育理论的基础。在其专著《关怀:伦理与道德教育的女性主义道路》(Caring:A Feminine Approach to Ethics and Moral Education)中,诺丁斯坦言,关怀即是出自女性主义的伦理与道德教育的道路。

诺丁斯认为,"女性经验对于界定关怀理论的关键概念是重要的根源"①。经验证据表明,女性在支持处境不利者和儿童问题等方面比男性更为开明。但是,诺丁斯反对传统上所谓女性具有道德优势的观点。基于关怀与女性经验之间的联系,诺丁斯提出了"自然关怀"的重要概念,并强调了"自然关怀"与"伦理关怀"之间的区别。在诺丁斯看来,"自然关怀"是或多或少由深情或内心愿望自发产生的一种关怀。"自然关怀"直接由于回应被关怀者的需要而产生,无需诉诸伦理努力。这里的"回应"是指对被关怀者的接受和动机移置。当然,"自然关怀"并非女性专有的能力或素养。在人们彼此亲近的关系圈内,如对子女、友人、邻居等,都可能发生自然关怀行为。从"伦理关怀"的视角出发,诺丁斯还主张关怀应该成为女性和男性共同的素养,并在此基础上形成关怀教育的现实生活。

(三)社群主义思潮的影响:主张社群公益优先于个人权利

当代的社群主义是 20 世纪 80 年代后产生的最有影响的西方政治思潮之一。社群的概念源于亚里士多德,在他的《政治学》中提到的"城邦"就可以理解为最初的社群概念。黑格尔和经院哲学家的著作也体现出对社群的关注。而"社群主义"的概念则是在近代才产生的,法国著名社会学家涂尔干在 1887 年首次正式使用了这一概念。"社群主义"的英文表达communitarianism 的词根是 community,后者通常译为"共同体"或"社区",其内涵是"在认同、自我意识和共同利益方面具有同感的社会群体"。早期的社群主义代表德国社会学家腾尼斯认为:"人们能有意识地建立、设置和加入各种各样的联合体,而共同体则是有机的,是一个人生于斯、长于斯的场所,它基于血缘、亲族、共居处和地域以及一系列共同的态度、经验、感情和气质。"②社群主义在一开始并未有系统的理论体系,它在某种程度上是作

---

① 诺丁斯.始于家庭:关怀与社会政策.北京:教育科学出版社.2006.26.

② 应奇.当代政治哲学的三足鼎立.国外社会科学.1999(3).28~33.

为对以罗尔斯和诺齐克为代表的自由主义的批判和回应而产生和发展的。

直到20世纪90年代,随着与自由主义争论的深入,社群主义出现了桑德尔、泰勒、麦金太尔、沃尔泽等一批代表人物及其著作,并使这一理论得以系统化。这些思想家的观点和理论体系可能存在一些差异,但是,他们具有共同的理论基础,即强调社群的价值,认为社群优先于个人,人们的公益优先于正义,即优先于个人权利,从而反对个人主义的自由主义。

就社群主义与教育理论的联系而言,其中的经典观点可能出自法国社会学家涂尔干,他强调学校教育为青年人提供现代生活中"道德社群"的基础,如归属感和忠诚感。尽管诺丁斯并不完全认同社群主义的观点,因为她担心起源于亚里士多德思想的社群主义可能导致集权主义①,但是,她在批评自由主义思想的时候,还是借鉴了社群主义的一些观点,即人皆为文化实体,人无可避免地都是相关文化传统孕育的产物。没有归属,没有爱,没有个性的人,这都是极端错误的。② 她也部分认同社群主义的如下观点:强调善优先于自由主义的正当;认为自我大于理性人,自我是由时代、文化及生活情境共同塑造的。与此同时,诺丁斯也指出社群主义存在的不足,认为自我的形成条件不仅包括人所生活的时代和文化,还包括人与人、人与事、人与物的相遇,而这种相遇关系在人的儿童期和家庭生活中有着重要的体验。所以,诺丁斯认为,社群主义的观点也许比较丰富,但是依旧存在总体化的倾向。

三、关爱理论的伦理学基础:吉利根的关怀伦理学

在西方第二次女性主义运动的影响下,20世纪70年代末80年代初的美国兴起了关怀伦理学。经过20多年的发展,它已成为汇聚众多学者和著作的重要伦理学流派。其中的奠基性人物是美国心理学家卡罗尔·吉利根,她在1982年提出关怀伦理(an ethic of care)概念。她在《不同的声音》一书中指出,传统以来的伦理属于正义伦理的范畴,它以个人权利、平等和公平为理论基点,从普遍抽象的道德原则出发,经过逻辑推理和分析,然后作

---

① Nel Noddings. *Philosophy of Education*. Colorado: Westivew Press. 1995. pp. 13~14.

② 诺丁斯. 始于家庭:关怀与社会政策. 北京:教育科学出版社. 2006. 73.

出决定。作为心理学家的吉利根首先对柯尔伯格的公正伦理观提出了质疑，并提出在女性的道德思维中存在着"关怀"的道德取向。

（一）柯尔伯格的道德发展研究对女性的忽视

吉利根认为，由于柯尔伯格的研究是遵循皮亚杰等人的研究成果，在理论建构初期采用的样本均为男性，这就可能忽视女性关注的道德主题，即没有女性关注道德问题的声音。对于吉利根来说，"问题不是道德发展是否可以沿着柯尔伯格理论结构上已经区分的水平来描述，而是柯尔伯格理论是否在所有人的道德认知发展中完全获得了阶段和序列"①。吉利根认为柯尔伯格的阶段理论仅描述了公正推理的发展，而她则关注女性考虑关怀的不同方式，并且试图追溯女性在关心推理中随着时间而变化发展的情况。吉利根在研究中发现，女性被试者的思考方式中存在着关怀的道德取向。②

对女性公正感的批评不仅再现于皮亚杰的著作中，而且再现于柯尔伯格的著作中。当皮亚杰对儿童的道德判断进行说明的时候，"孩子"被假定为男性，女孩子是局外人，而且他还把男孩指标中的四个重要条目应用到女孩子身上。柯尔伯格描述的从儿童期到成年期道德判断发展的六阶段理论基于对 84 个男孩的经验研究，并且对这些男孩的发展追溯研究了 20 多年。③ 如果以柯尔伯格的道德发展阶段理论来衡量女性的道德发展水平，判断似乎停留在六阶段序列的第三个阶段上，处于这个阶段的人们根据人际关系来看待道德。而且，柯尔伯格还暗示，只有女性进入到传统的男性活动的领域，她们才会意识到这种道德视角是不够的，女性像男性一样通向更高阶段——关系服从准则（第四阶段），准则服从于普遍的公正原则（第五、第六阶段）。因此，吉利根的心理学研究起源于已有的道德发展研究成果对女性的忽视。

---

① 唐纳德·里德.追随柯尔伯格.哈尔滨:黑龙江人民出版社.2003. 255.

② 为了说明关爱取向的存在,吉利根引述了一位女性被试者对柯尔伯格经典道德两难故事"海因兹偷药"的回答。被试者认为,海因兹不应当偷药,但她既没有考虑财产问题,也没有考虑法律问题,而是考虑海因兹偷窃的行为是否影响海因兹与妻子的关系,是否有助于他妻子的健康。吉利根认为被试者的反应就是一种关爱取向。Carol Gilligan. *In a Different Voice*. Cambridge:Harvard University press. 1982. p. 18.

③ Carol Gilligan. *In a Different Voice*. Cambridge:Harvard University Press. 1982. p. 19.

吉利根从研究中发现,"女性不仅在人际关系背景下定义自己,而且也根据关怀能力判断自己。妇女在男人生命周期的位置一直是养育者(nurture)、关怀者(caretaker)和帮助者(helpmate),是这些轮流依靠的关系网的编织者"①。传统观念中女性的"美德"被定义为关怀以及敏感对待他人需要的特性,但在柯尔伯格等人的理论中却把女性的美德特征视为一种道德发展不成熟的表现。在吉利根看来,当女性承担起对男性关怀的使命的时候,男人们的道德发展理论却倾向于对女性美德的贬低。

(二)以关怀为核心的女性道德发展问题

吉利根选择了不同于皮亚杰和柯尔伯格所描述的道德概念,并宣告了一种不同的发展描述。吉利根认为,在女性的道德发展过程中,充满了对他人的关怀和关切。对他人需要的敏感,承担关怀责任,导致她们以他人的观点作出判断。② 女性不仅在人际关系背景下定义自己,而且也根据关怀能力判断自己。因此,吉利根把女性的这一道德发展特征称之为"关怀"取向。

吉利根试图从发现和表达女性的声音入手,研究女性的道德发展。她着重描述了女性声音和道德发展是什么的问题。依照吉利根的观点,道德问题就是关系问题,"道德问题来自冲突着的责任而不是竞争着的权利,解决道德问题需要情境的以及描述性的思考方式,而不是形式的和抽象的思考方式"③。

吉利根有意地限定了自己的研究范围,即"我的问题是我们对于现实和真理的知觉:我们如何去认识,我们如何去听,我们如何去看以及我们如何去讲。我的问题是关于声音和关系的问题。我的问题关系到心理过程和理论,尤其关系到男性体验代表了整个人类体验的理论——使女性生活黯然失色以及使她们保持沉默的理论"④。

吉利根陈述了其研究中的一个重要假设,即"人们谈论自己生活方式是有

---

① Carol Gilligan. *In a Different Voice*. Cambridge:Harvard University Press. 1982. p. 17.

② Carol Gilligan. *In a Different Voice*. Cambriadge:Harvard University Press. 1982. p. 17.

③ Carol Gilligan. *In a Different Voice*. Cambriadge:Harvard University Press. 1982. p. 19.

④ 卡罗尔·吉利根. 不同的声音. 北京:中央编译出版社. 1999. 译者前言. 5.

意义的；他们使用语言以及所进行的联系揭示了自己所见到的并且在其中行为的那个世界"①。实际上，她的研究假设是在继续承认柯尔伯格理论假设的基础上进行了校正与补充。吉利根试图在道德发展理论的建构中增加女性的声音，以突破柯尔伯格理论体系对于理解女性道德发展特征的禁锢。

（三）关怀取向与公正取向的差异

根据吉利根的研究资料，有学者认为对于个体道德思维中的两种不同取向可以作如下比较②。

公正取向	关怀取向
△ 人与人之间的关系：各自独立的，各人有自己的责任和义务。人们彼此应该是平等而互惠的。	△ 人与人之间的关系：彼此联系和相互依存，人们有共同的利害关系，也都需要有积极的情感体验。人们彼此应该理解、关心、照顾、相爱。
△ 个体的道德品质与其自身的责任、义务或承诺有关。	△ 个人的道德品质与其维护和发展同别人积极良好的关系有关。
△ 道德生活重视：适应于客观的社会标准，追求平等和互惠；与人相处时，要求自己像别人对待自己那样对待别人，也希望别人像自己对待别人那样对待自己。	△ 道德生活重视：从别人自身所处的情境及其历史发展来理解别人；促进他人的福利或解除他人的痛苦和重负，至少不在身心两方面去伤害他人。
△ 道德问题表现为：就个体与他人、社会之间的冲突、对立所得出的看法、判断和抉择。	△ 道德问题表现为：处理个体与他人、社会的关系，即如何从个体自己特定的地位作出反应。
△ 道德问题的解决：有赖于社会客观存在的不偏不倚的原则、标准和规范。	△ 道德问题的解决：有赖于个体自身所表现的爱心、真情和关心，并从事这方面的活动。
△ 道德评价时考虑：做出了什么道德判断和抉择，其推理依据是什么，社会规范和价值观尤其是公正原则是否得到维护。	△ 道德评价时考虑：问题是怎样产生的，已经发生了什么，将会发生什么，个体之间积极良好的关系是否得到了维护、发展或重建。

67

① 唐纳德·里德.追随柯尔伯格.哈尔滨：黑龙江人民出版社.2003.255.
② 岑国桢.吉利根对道德认知发展理论的修正.心理科学.1992(4).31～35.

（四）女性道德发展的秩序

吉利根认为，女性视角所描述的自我概念、责任道德概念都偏离了被传统发展理论标明的成熟轨道。在女性的思考过程中，自我概念与道德概念紧密联系，最终扩展了发展理论的视野。吉利根根据对女性流产问题的研究，揭示了女性道德发展的秩序，即"从最初对生存的关切发展到集中于对善的关注，最后发展到把对关怀反省性的理解作为解决人际关系冲突的最有力的指导"①。吉利根也将称为三种视角的发展秩序②，认为每一种视角都代表着女性对自我与他人关系的更为复杂的理解，并包含着女性对自私与责任之间冲突的重新解释。

对应柯尔伯格的道德发展阶段理论，吉利根所谓"三种视角"可被理解为女性道德发展的三种阶段。第一是生存定向阶段，处在这一阶段的女性将关怀的焦点放在自己身上，首先关注自身的利益。第二是自我牺牲阶段，女性的"自利"转换成对自我和他人的责任，把善等同于关怀他人，在关怀自己的同时对他人产生依附性责任。第三是不伤害阶段，女性考虑到所有冲突的责任，不仅关怀他人，而且关心自己，并努力控制自己的生活。女性的道德责任感得到提升，由对自己和对他人负责提升到普遍的关怀。③

吉利根与诺丁斯是同时代的美国著名心理学家，她们的思想都受到西方女性主义思潮的影响。尽管诺丁斯侧重于从哲学和教育学的视角来构建其关怀教育理论，但是吉利根的研究为诺丁斯的关怀伦理学提供了重要的心理学基础。在道德教育领域，借助吉利根的研究成果，诺丁斯不仅向柯尔伯格所主张的道德认知教育提出了批判，而且也向整个道德发展模式提出了挑战。从关怀伦理的视角出发，诺丁斯认为，发展有利于维系关心关系的态度和技巧是第一位的，而道德推理能力的发展则是第二位的。为此，诺丁

---

① Carol Gilligan. *In a Different Voice*. Cambriadge：Harvard University Press. 1982. p. 108.

② 事实上，吉利根在其研究之初就已经摒弃了皮亚杰和柯尔伯格等人关于道德认知发展的阶段序列，也没有主张关怀取向的模式，而且她似乎放弃了任何已经组织好的发展序列。所以，她更愿意把女性道德发展中的不同称之为视角的不同，不明确进行阶段的划分。

③ 简成熙.教育哲学专论——当分析哲学遇上女性主义.台北：高等教育出版社. 2005.239.

斯提出了学校道德教育的四个组成部分:榜样、对话、实践和认可。这四个方面的内容构成了学校实施关怀教育模式的基础。

四、经典教育学思想的影响

诺丁斯的关怀教育不仅有哲学和伦理学的思考,更有教育学史的视角。在其理论阐述中,我们可以看到诺丁斯汲取了历史上著名的教育思想来丰富她对关爱教育的理解。下列三位著名教育家的思想成为诺丁斯关怀教育理论的重要来源。

(一)蒙台梭利的教育思想:关爱儿童

玛丽亚·蒙台梭利(Maria Montessori,1870—1952)是 20 世纪享誉全球的幼儿教育家。她总结了卢梭、裴斯泰洛齐、福禄培尔等的自然主义教育思想,吸取了生物学、心理学、人类学等学科的成果,通过创办"儿童之家",并通过对儿童仔细的观察,研究人类成长的过程、法则和其中的道理,逐步制定了整套的教材、教具和方法,创立了蒙台梭利教育体系。

蒙台梭利认为,儿童教育的一个重要原则就是给予儿童自由,而这并不意味着任其自生自灭或者忽视他。"我们给予儿童心灵的帮助,绝不是对他发展中的困难漠不关心,与之相反,我们必须小心谨慎和精心爱护,给予支持。"[1]在蒙台梭利为儿童准备的环境里,物质世界的秩序用来引导儿童灵魂深处的宁静与优雅。

蒙台梭利让儿童生活的环境成为儿童的"家",让孩子们使用的物品成为孩子的"朋友"。为此,在蒙台梭利的"儿童之家"里,所有的器物都是吸引人的。明亮的器物,从每个角落呼唤着儿童,它们几乎开始成为他心灵的一部分,他存在的一部分,他本性的一部分。孩子在使用物品的时候,体验"物尽其用"的道理,并有意识地控制自己的行动,避免无序的活动导致物品受损。蒙台梭利通过精心设计的物品为孩子营造了一个可爱的有序的生活环境。她相信,孩子在这样的环境中生活会逐步形成对秩序的热爱。

诺丁斯充分肯定了蒙台梭利的上述观点,并以此为依据批评学校单纯强调秩序的弊端。她主张像蒙台梭利的"儿童之家"那样,通过物品设施的

---

[1] 华东师范大学教育系、杭州大学教育系.现代西方资产阶级教育思想流派论著选.北京:人民教育出版社.1980.92.

秩序让儿童体验到秩序感,培养儿童宁静和优雅的品质。

(二) 裴斯泰洛齐的教育思想:爱的教育

裴斯泰洛齐(Johann Heinrich Pestalozzi,1746—1827),瑞士伟大的民主主义教育家。裴斯泰洛齐童年不幸,5 岁丧父(1751 年)。其父一生清廉,未留下半点儿遗产,以致他们母子的生活陷入困境。幸亏母亲忘我工作,女仆勤俭持家,才使得五口之家得以生存。这样的家庭环境,在他幼小的心灵上打上深刻的烙印,对其发展起着重要作用。母亲的勤劳,女仆巴贝丽的奉献精神,使裴斯泰洛齐幼小的心灵受到陶冶。她们高尚的人格、坚强的意志起到了潜移默化的作用,使裴斯泰洛齐从小就具有慈爱、信任、克己、无私等良好的品质。

裴斯泰洛齐将其毕生心血致力于孤儿教育。他像慈父一样,以极大的耐心和高度的责任感,把整个心灵献给孤儿。他说:"从早到晚我一直生活在他们中间……我的手牵着他们的手,我的眼睛注视着他们的眼睛,我随着他们流泪而流泪,随着他们微笑而微笑,他们不知有世界,有斯坦兹,只知道跟我形影不离。他们的饮食就是我的饮食。我没有家园,没有朋友,没有仆人,只有他们……晚上我最后一个就寝,睡在他们中间,陪他们祈祷、读书,一直到他们睡着;早上我最早起床,替他们换洗脏衣服,并给他们洗涤身上的污垢。"①

裴斯泰洛齐教育思想中最突出的一点就是强调情感教育,爱的教育。他强调教育者首先必须具有一颗慈爱之心,以慈爱赢得学生们的爱和信赖。因此,教师要精心照顾儿童,注意儿童的需要,对儿童的进步和成长报以慈爱的微笑。教师要用亲切的话语、情感、面部表情及眼神打动儿童。当爱和信赖在儿童心中扎下根以后,教师要尽力激励它,增强它,使之不断升华。

诺丁斯认为,裴斯泰洛齐是最早开创关心教育形式的教育家。她明确表示自己的教育主张与裴斯泰洛齐的主张相似。从关怀教育的视角看,她认为教学可以从任何一个实物开始,让孩子关心客观环境以及环境里的各种物体。这种关心教育不仅是让孩子了解物品的功用,还要培养孩子对人类创造的物质世界怀有真诚的感激之情。她不仅吸取了裴斯泰洛齐的教育思想,还亲身履行爱的教育。他们夫妇有 5 个孩子,还收养了 6 个孤儿。

①张焕庭.西方资产阶级教育论著选.北京:人民教育出版社.1999.196~199.

（三）弗莱雷的被压迫者教育学：爱是对话的基础

保罗·弗莱雷（Paulo Freire,1921—1997）是具有世界影响的巴西教育家。1986年,弗莱雷获得联合国教科文组织颁发的"教育和平奖"。他的代表性著作《被压迫者的教育学》（1970年出版）不仅具有时代特征,而且产生了广泛的国际影响。该书尖锐地提出了教育的政治性问题,从而在理论上阐述了他的解放教育的思想。弗莱雷认为,要获得解放,就要通过教育。然而,传统教育是要驯化人,为统治阶级服务。为此,他尖锐地揭示出传统教育是统治阶级的压迫工具,并把教育与政治联系起来,提出了"教育即政治"观点,从而构建了他的解放教育理论基础。

弗莱雷以其深刻的洞察力和理解力批判了长期存在的非人性化教育,即学生是消极被动的,只是接收经过压迫者选择和认可的知识,是一个知识的容器或存储器。在这种封闭的教育过程中,受教育者被客体化和物化了,不要求理解,只要求记忆。这是一种培养顺民的奴化教育。在这种教育模式下,师生之间的对话是不平等的,是自上而下的,是强者对弱者的,是通过压制来抑制受压迫者的创造力。

为了创立新型的解放者教育学,弗莱雷提出了著名的"对话式教育观",认为没有对话,就没有交流,也就没有真正的教育。在教学中,师生间的交流是一种平行的、平等的、民主的、真实的、积极的交流。在这种交流中,师生双方都是主体,为了共同的目的进行交流。这种交流对话是教育的主要途径之一。弗莱雷还强调"爱"与"对话"的关系。他认为,"爱是对话的基础和对话本身","缺乏对世界、对人的挚爱,对话就不存在"①。

诺丁斯从关怀角度强调对话是道德教育的重要组成部分,认同弗莱雷关于对话的理解。诺丁斯认为,真实的对话是开放性的,是对话双方共同追求理解、同情和欣赏的过程。因此,她提醒父母或教师,不能先作出了决定,再与孩子对话。在弗莱雷那里,对话是人与人之间的接触,是倾注爱的创造行为。诺丁斯也认为,对话在道德教育中具有重要功能,它把人们联系在一起,建立一种充满关心的人际关系。

---

① 保罗·弗莱雷.被压迫者教育学.上海：华东师范大学出版社.2001.38～39.

第三节　关怀教育的目的:培养儿童的
关怀素养与关怀能力

诺丁斯强调关怀教育的目的是培养儿童的关怀素养与关怀能力。从这样的教育目的出发,她建构了一个以关怀为主题的新的教育模式,即"教育最好围绕关心来组织:关心自己,关心身边的最亲近的人,关心与自己有各种关系的人,关心与自己没有关系的人,关心动物、植物和自然环境,关心人类制造出来的物品,以及关心知识和学问"①。

一、重新理解关怀

诺丁斯的关怀教育理论是基于她对关怀的重新理解。诺丁斯的关怀不是一种个人德性,而是一种关系性的状态,这是对关怀的一种本体论理解。在诺丁斯的关怀视角中,关怀首先是人的基本需要;其次,人对关怀的一种自然反应是无需道德努力的,但它又构成伦理关怀的基础。人的道德发展需要从自然关怀拓展到伦理关怀。从关系的视角看人与人之间的关怀,它构成了一个以自我为中心的关系圈,自我与他人在这个关系圈相遇。

（一）关怀是人的基本需要

在人生的各个时期,我们都需要他人的理解、接纳、尊重和认同。诺丁斯认为:"关怀与被关怀是人类的基本需要。"②诺丁斯从关怀的获取与给予两个方面进行了论述。一方面,每个人需要被他人关怀。当一个人处于婴儿期,或者病痛和衰老之际,对关怀的需要显得十分迫切。如果获得了期望中的关怀,他就生活在一种和谐的氛围中,否则,他将无法生存下去,即使活着,也不是一个完整的人。另一方面,我们也需要给予他人关心。关怀可以理解为对他人的一种渴望或倾向。如果一个人关注到他人的想法和利益,他就是在关怀;关怀与分担是等同的,如果一个人分担或者操心某种事态,并且为之烦恼,他就是在关怀这些事情。

---

① 诺丁斯.学会关心——教育的另一种模式.北京:教育科学出版社.2003.3.
② 诺丁斯.学会关心——教育的另一种模式.北京:教育科学出版社.2003.1.

总之，人与人之间关怀关系的形成，首先需要被关怀者有某种需要；其次，关怀者能够辨认对方的需要，并作出相应的反应；最后，被关怀者对关怀者的关怀行为表示认可和接纳。诺丁斯认为，这样的关怀关系才是有效的，并能维持和巩固下去，形成良性循环。另外，诺丁斯还主张关怀自己和他人，既有向内对自己的关怀（这不是收敛性的向内，而是发展性的、关怀性的向内），也有向外对他人的关怀。

（二）"自然关怀"优先于"伦理关怀"

诺丁斯将关怀分为两种：一种是自然关怀，一种是伦理关怀。自然性的关怀也称为直接关怀，即我们体验到别人的需要并作出关怀的反应，这可能是因为我们想这么做，可能是我们喜欢这个人或者对他或她抱有好的看法，或者帮助他们对自己没有损失。这是所有人都具有的情感的反应，无需做出道德努力就能做出自然关怀行为。这种自然关怀是一种自然反应，不需要伦理上的努力。这种自然关怀又构成道德关怀的生物学基础。

在另外的时候，我们虽然看到了他人的需要，却因种种原因不愿予以关怀，这时就必须借助伦理观念。立足于心理学的角度，诺丁斯认为，伦理观念是一系列关于关怀和被关怀的记忆，体现了自我和人际关系中最好的一面。因为我们珍视自然关怀中的关系，所以伦理观念就能激励我们维持最初的"我必需"，对他人的需要作出反应，这种关怀就是伦理关怀。它源于对自然关怀的记忆，需要做出伦理努力来担负"我必需"的责任。

然而，自然关怀的范围是有限的，因此，道德的发展就需要通过发展伦理关怀来扩大关怀的范围，而且诺丁斯希望最终伦理关怀也能发展得像自然关怀那样，成为一种自然反应和本能的需要。[①]

（三）关怀的圈层说：关怀者与被关怀者的关系构成远近不同的同心圆

诺丁斯还把关怀者和被关怀者的关系理解为一个同心圆，其共有的圆心是关怀者——"我"。在最靠近这个圆心的内圈，我们因爱而关怀，如对父母、子女和友人。越对内圈，我们越容易做到充分的动机移置。在较外的圈层，被关怀者是与"我"有个人联系的人，如同事、学生等。这里"我"有三点考虑，即"我"的感受，他人对"我"的期待和要求于我们的情境性关系。外圈

73

[①] 何艺、檀传宝.诺丁斯的关怀伦理学与关怀教育思想.伦理学研究.2004(1).81～84.

人士对我们的期待和要求当然不会等同于家人的要求。情境的关系确有一些指导性规则,如待人友善,但它们对关怀者只有指导意义,关怀者并不是迫于这些规则而行事,其行为具有自主性。而且,关怀者对既定规则可能具有的破坏性作用保持警觉。更外圈层中有"我"尚未与之相遇者,如未来的家庭成员和学生等,对于他们,"我"处于"准备关怀"的状态。对于尚未与"我"已有的关怀圈层建立联结的陌生人,"我"保持着接受性。

二、关怀视角中的学校教育

诺丁斯从关怀伦理学的视角看待学校教育,并没有像吉利根那样仅仅把注意力放在个体的关怀素养发展上,而是把关怀伦理学应用于学校教育过程中,即把学校实施关怀教育的内容和对策具体化,使其在现实中更具有可操作性。

(一) 关怀教育的特点

诺丁斯从关怀、关系性关怀的视角引出对教育关怀的思考,认为教育关怀的特点主要取决于受教育者关怀需要的特点。她归纳出以下三个特点。

首先,关怀每一位儿童的多种发展可能性。作为受教育者的儿童具有未完成性特征,即发展的多种可能性,因此教育者作为关怀者的一个最大特点是要了解每一个儿童的各种发展可能性,并关怀其最佳发展可能性。

其次,关怀具有非选择性特点。由于教师与学生之间是一对多的相处关系,每个学生都需要来自教师的关怀,因此,非选择性构成关怀教育的第一个特点,即教师应该把对学生做出回应的速度和质量的期待域限作为关怀性的界定,尽量超越个人好恶,同样充分地关注每个学生的最佳发展可能。

第三,教育关怀具有连续性特点。诺丁斯认为,教育中的关怀不同于日常生活中一些简单的关怀关系,它建立在一种牢固的信任关系基础之上。这种关系不是一朝一夕就能建立的,它在时间和空间上都需要一种连续性。诺丁斯将这种连续性关怀归纳为四种表现形式,即地点的连续性、人的连续性、目的的连续性和课程的连续性。

(二) 关怀教育的道德意义

学校教育需要整合知识与关爱,这就是说知晓的行为同时也是爱的行为。成熟的精神既不是盲目的,也不是无情的。关爱源于对生命的敬畏,关爱给生命留出适当的空间。过度的仁慈会使生命窒息,这种仁慈的目的在于控制。真正的仁慈并不追求其自身的目的，不以控制为其意愿。真正的仁慈是耐心与亲切。仁慈即宽恕，它对生命如此敬畏，以至于允许生活重新开始。仁慈并不是一种柔弱的和善，而是拯救生命的力量。① 关怀教育将使学校变成关怀的中心，使学校变成更为开放的地方。诺丁斯承认，学校具有多重目的，学校也有理由追求学术目标。但是，学校应该允许所有学生确定自己真正关心的领域，强调关心学生，并教育学生学会关心他人。这样，道德目的也能成为学校的首要目的。

围绕关怀主题重新构建学校生活，诺丁斯强调在课程中体现关怀的连续性。这些关怀的主题包括：关怀自我，关怀周围的人，关怀陌生人，关怀动植物和自然环境，关怀非生命的物品和器具，以及关怀意识形态领域的知识。诺丁斯指出，关怀教育的课程与传统课程并不存在完全的冲突，上述的很多关怀主题将会从现存的课程中引出。如学生可以从文学和历史领域中选择自己真正感兴趣的问题进行研究，可能是老年问题、幼儿问题、宗教问题、道德问题等等。

总之，诺丁斯以其关怀伦理学为指导提出了关怀教育理论。关怀教育的思想涉及整个教育系统。其实，在诺丁斯看来，学校的关怀教育不论是在目标、课程内容上，还是在学校具体生活实践中，都体现出很强的道德性。关怀教育的道德意义在于关心学生的幸福②，最佳的家庭教育和学校教育都必须关注孩子体验幸福的能力。

三、关怀教育的内容与实施方法

诺丁斯从其关怀教育理论出发，思考学校教育应该怎样围绕关怀主题来进行具体的教育实践。她在课程内容与教育方法等方面都提出了具体的建议。

（一）学校实施以关怀为主题的教育课程

诺丁斯将关心作为学校的首要目标，为此，她提出通过课程的连续性来落实关心教育，并希望完全围绕关心主题来重新组织学校课程。诺丁斯认

75

① Romano Guardini. *The Virtues*：*On Forms of Moral Life*, tr. Stella Lange. Chicago：Henry Regnery. 1967. pp. 88～93.

② Nel Noddings. *Happiness and Education*. New York：Cambridge University Press. 2003. p. 74.

为,通过课程的连续性可以显示我们对人类不同能力的关心与尊重。她提出了六个领域的关心教育,即关心自我,关心身边的人,关心陌生者和远离自己的人,关心动物、植物和地球,关心人类创造的物质世界,关心知识。在每一个领域中,又有许多题目作为主题单元。

诺丁斯反对学校仅仅将强身健体作为提高智力的途径。她认为,身体是独立的存在。"物质形态的身体与精神和思想相互作用而使我们拥有完美的自我。"①诺丁斯建议以关心为主题,有机整合互不关联的一些教学内容,即将体育课、家政课、驾驶教育、性教育、毒品教育、健康与卫生教育以及父母准备教育结合起来,教这些课的教师应该组成一个教学集体一起工作,共同探讨教育孩子关心自我的问题。

（二）实施关怀教育的方法

诺丁斯从长期的以关怀为核心的道德教育实践中提炼出四种方法:榜样(以身作则)、对话、实践和认可。

1. 榜样

首先,教师必须是一个关怀者,是一个并非以教育者身份出现的关怀者。做母亲,做教师,不是承担一种"角色",而是进入一种特殊的关怀关系,以一种共同的人类之爱参与到与被关怀者的关系之中。教师不是在"讲"道德,而是在"行"道德,不是在履行什么准则,而是在与学生建立的特有的关怀关系中率先垂范地揭示这些准则的关怀基础。而且,关怀的能力来源于被关怀关系中所获得的足够的体验,即便一个孩子太小而不能成为关怀者,他也能够学习如何做一个有反应的被关怀方。因此,教师的关怀者角色比其榜样角色更为重要,但他们必须同时完成两种任务。

2. 对话

对话是建立和保持对他人关怀关系的基础。诺丁斯认为,对话并不只是交谈,也不是只允许对方提出偶然问题的口头争论。对话是随意的,在真正的对话中,任何一方在最初都不知道会有什么样的结果和决定。作为父母和教师,当人们知道自己已经作出决定时,他们就无法与孩子进行真正的对话。对话共同寻求的是理解、移情或者赞赏。它能够是愉快的、严肃的、逻

---

① 诺丁斯.学会关心——教育的另一种模式.北京:教育科学出版社.2003.98.

辑的、有想象力的以及过程性的,但它总是始于对某种不确定东西的探讨。

3. 实践

关怀教育要在实践中培养学生的关怀能力。教育是每一个人都必须参与的事业。学校要尽可能地让学生参与校内外的公益活动,在活动中注重的不是工作技能,而是关怀的能力。诺丁斯强调,实践的目的是积累经验,因为关怀的态度和观念是由于经验而形成的。目前的各学科都有自己的训练方案,不仅用来教会特殊的技能,也用来"形成思想",即教导某种态度和看待世界的方法。如果我们希望学生为关怀的道德生活作准备,就必须在关怀的给予中为他们提供获得技能和培养态度的机会。关怀的经验不会自动出现,必须由学校作出安排。诺丁斯还讨论了是否为学生的这种关怀实践记学分的问题。如果学校为关怀记成绩,学生有可能在关怀中竞争荣誉,这可能使他们把注意力从被关怀方转到自己。反之,如果我们不给关怀记学分,在学校教育中关怀就可能会被摆在次要的位置上。这是一个矛盾,但有一点是肯定的,如果学校按照目前的奖惩等级制来管理,提供关怀的经验就是非常困难的。

4. 认可

认可指的是对优秀者的肯定和鼓励。当人们认可某人时,就为他指明了一个更好的自我,并鼓励其发展。只有在了解其他人,并足以看出他本人试图成为什么人时,教育者才能做到这一点。认可并不需要公式和口号,也不必建立一个理想,或者提出一系列期望,让每个人去满足。但是,教育者必须承认某种欣赏的东西,或至少是能够接受的东西,并为它能在每个人身上实现而奋斗。认可的基础是现实的关系,它也要求连续性,因为关怀方的认可行为必须建立在了解被关怀方,以便能够说明与此相应的动机这一基础上。

第四节　评析

在当今的英语世界里,诺丁斯无疑是一位重要的道德教育哲学家。尽管她置身于主流理论研究、认知发展理论的实践传统以及品格教育实践之外,但是她的主要著作在视角的新奇、全面和一致性方面保持着学术上的竞争实力。她的理论与吉利根的《不同的声音》同时进入关心伦理的学术领域,勾画出了女性在道德教育领域的特殊图景。① 诺丁斯的理论聚焦于道德自身或道德理想,而且影响扩展到教育实践领域。

作为教过多年中学数学的教师、文学艺术爱好者和教育哲学教授,诺丁斯有着得天独厚的将理性与情感较好地融入关怀教育的条件。诺丁斯对美国道德教育理论的重大贡献在于打通了关怀伦理学与道德教育的关口,将吉利根等人倡导的关怀伦理发展为内涵丰富、具有很强实践性的关怀教育理论。与吉利根相比较,诺丁斯更是立足于教育学的立场论述关怀对于儿童成长的道德影响。

一、诺丁斯的理论贡献与影响

现代社会里,随着科学技术的发展和物质文明的丰富,物质挤压精神,科技侵占人文,整个人类社会陷入冰冷的利益关系之中。在物质文明发达的今天,学校也是在劫难逃,教育也渐渐失去了人间温情。诺丁斯的关怀教育理论给日渐冰冷的学校教育送来爱的温暖,由此开辟了一个思考学校德育问题的新视角。她的关怀理论建立在哲学与伦理学的强大理论基础之上,给德育理论发展注入了新的生机,而且,这种生命的力量正在从美国扩展到世界各地。

(一)关怀伦理学与关怀教育思想的关系

诺丁斯的关怀教育思想和关怀伦理学是相辅相成的。关怀伦理学是关怀教育思想的基础,而关怀教育思想是关怀伦理在学校领域的具体应用。两者很好地体现了基础理论对实践理论的指导作用。

首先,关怀伦理学是关怀教育思想的基础。关怀伦理学突破了传统的以逻辑判断为特征的伦理道德观,强调关怀不仅是女性生活体验的特征,更是人的最基本的需要。关怀伦理学也是对西方以男性为中心建立起来的伦理道德观的挑战,是对资本主义经济制度本身决定的公正伦理道德布满天

---

① B. Edward McClellan. *Moral Education in America: Schools and the Shaping of Character from Colonial Times to the Present*. New York: Teachers College Press. 1999. p. 104.

下所造成的紧张的人际关系的缓和,是对西方道德理论中仅强调自我和个人权利,忽视人们之间的关系、关心和情感并贬低女性价值的批评、纠正和补充。在关怀教育思想中,不论是教育目的的证明,还是学校里关怀教育课程的组织,都以关怀伦理学为基本出发点。正是因为关怀是人的基本需要,关怀的态度、能力和倾向需要培养,所以诺丁斯认为,学校教育要以关怀学生为首要任务,并以培养学生成为具有关怀品质的人为目标,而整个课程也都围绕着关怀加以组织。关怀伦理重视情感性、情境性和关系性,因此,在教育实践中,诺丁斯的关怀教育思想也强调培养学生的道德情感,营造良好的学校氛围,以及建立师生之间的关怀和信任关系。关怀教育思想处处都以关怀伦理学的观点为指导,是一种在伦理学说指导下的教育实践和德育实践。

其次,关怀教育思想是关怀伦理学在学校领域的具体应用。关怀伦理推崇关怀关系,认为关怀关系体现了人生存在的意义。要建立、加强和巩固人与人之间的关怀关系,就要求人们有愿意关怀他人和接受他人关怀的倾向,以及关怀必需的态度、知识和能力,其中一个重要的途径就是通过教育培养有能力的、会关怀的、富于爱心的并且受人喜爱的人。要实现自己的理想,对实际生活产生影响,就必须将理论具体运用到关怀教育的实践之中。

（二）重视关怀教育的课程建设

在关怀伦理的指导下,诺丁斯形成了自己的关怀教育理论体系。这是一种重视情感的道德教育理论。如果把它和其他道德教育理论如柯尔伯格的认知模式,拉思斯的价值澄清模式,以及当前的品格教育运动等相比较,我们能够看到它有很多独特的地方,例如以关怀学生为首要任务,关怀学生的需要和生活,重视道德情感的培养,重视学校环境的营造以及建立信任和关怀的师生关系等。

相对于其他道德教育理论家而言,诺丁斯主张把关心主题引入学校的正规课程,认为这样做有很多好处,既有学术上的,也有人文方面的。

首先,把关心主题引入正规的课程,可以扩展学生的文化视野。学生可从中听到标准课程中所没有的思想和语言。虽然这种附带的学习无法取代那些谋生所需要的系统的、连续的学习,它在扩展学生的文化视野及促进学习方面却能起到强有力的作用。

其次,关心主题帮助我们把标准学科联系起来。数学课中文学的使用,科学课中历史的使用,所有课程中艺术和音乐的使用,能使学生在受教育的过程中有一种完整的感觉。关心主题把学生和科目与重大的现存问题联系起来。如:生命的意义是什么?有上帝吗?我们在多大程度上能掌握我们的命运?是否有来生?我们应该怎样生活?

再次,关心主题的运用可使我们建立人与人之间的关系。当老师讨论关心主题时,他会成为学生面前活生生的人,成为一个有自己的观点、想法和情感的真实的人。另外,关心主题还可提高学生的能力,关心暗含着对能力的持续追求。当我们关心时,我们会为关心的对象尽最大的努力,并发展一种关心所必备的能力。

(三)关怀教育理论的影响

1989年,联合国科教文组织在北京召开"面向21世纪教育国际研讨会",作了题为"学会关心"的圆桌会议报告。该报告指出,世界变得越来越小,正在走向一体化、全球化,面临着一系列新的威胁,如严重的生态问题,人口增长、战争以及贫富差距扩大等问题,人类只有变得更加关心,这些问题才能被提出来并加以解决。[①] 我们不仅需要学会关心自己,关心自己的身体健康,还要学会关心他人,关心国家的经济利益和生态利益,关心人权,关心其他物种,关心地球上的自然环境,关心真理,关心知识和学习。学校道德教育如何应对全球化的挑战,如何培养具有关怀品质的人,成为教育理论工作者普遍关心的问题。诺丁斯的关怀教育理论就是在这种背景下产生的。

诺丁斯的关怀教育理论出现于20世纪80年代中期,它随着20世纪80年代末90年代初兴起的"学会关怀"这一具有国际意义的教育思潮而备受关注,成为西方德育理论的强音之一。诺丁斯围绕"教育学生学会关怀"这一主旨,对教育整个领域的改革提出了建设性的主张。如今,"教育学生学会关怀"这一主题已经成为一种教育思潮。诺丁斯关怀教育理论的专著已被翻译成多种语言,被介绍到许多国家。

二、诺丁斯的生活经历与其理论的关系

诺丁斯注重关怀教育的实践,深深地打上了她生活的烙印。她从中学

---

① 联合国科教文组织.学会关心,21世纪的教育——圆桌会议报告.教育研究.1990(7).73~74.

教师到管理者，再到大学教授，其学术领域从数学教育扩展到教育哲学。她也是 11 位孩子的母亲（自己五个孩子，收养了有不同文化背景的六个孩子）。从诺丁斯的家庭情况和职业生活经历中，我们可以发现其个人生活与其理论形成之间的内在联系。

（一）一位博爱的母亲

诺丁斯夫妇拥有五个亲生孩子，领养了不同种族的六个孩子。和这么多孩子共同生活，她的生活世界变得五彩缤纷，孩子们的异质性使她学到了许多东西。这种家庭生活使得她有机会对关怀教育的进行实践与反思，从而形成关怀理论的基本内容。首先是保全孩子的生命，让孩子拥有健康的身体。因此，她每天都花一定的时间关心孩子们的营养、卫生和锻炼。其次是性教育的必要性，经常与孩子们讨论困扰他们的青春期问题。三是关心孩子的精神成长。诺丁斯是一个无神论者，但是，她希望孩子们就人类对上帝和神的追求有所了解。四是考虑孩子的职业。她总是在家庭生活中创造机会展示孩子们的各种才能，如修理洗衣机、维护家具等等。总之，作为一个大家庭的母亲，诺丁斯实践并勾画了关怀教育的蓝图。

（二）一位充满爱心的教师

诺丁斯在教学生涯之初就曾经连续三年带教一个班级。这是深刻地影响了她的理论观点的一个重要的职业事件。她没有像一般的教师那样教一年就离开，而是和他们共处了三年。后两年这个班级除了原来的学生外，还有其他学生被吸引进来。这一连续教学过程对她的教育生涯具有塑形的作用。她开始坚定地相信教育时间的连续性对于教师有效地影响和教导学生是至关重要的。因为到第二个学年，教师就可以与学生谈许多第一年不便交谈的问题。第一年教师还是个陌生人，谈某些问题学生会觉得唐突。所以，后来她坚持连续带一个班。这对师生同样重要，因为只有从熟悉的学生那里，教师才能得到满意的关怀回应。反过来，教师才能有取之不竭的关怀动力。

三、诺丁斯的关怀教育理论与麦克菲尔等人的"体谅模式"的差异

在诺丁斯之前，英国的教育学家麦克菲尔（Peter Mcphail）在 20 世纪

60～70 年代提出了著名的"体谅模式"(the consideration model)。① 时隔十多年以后,诺丁斯所倡导的关怀教育与它在时代背景和理论基础上都存在明显的差异。

（一）麦克菲尔在大量的实证调查的基础上提出其理论假设

麦克菲尔等人在 1964～1971 年对 13～18 岁的男女学生进行过三次大规模的调查,要求他们分别记述一件别人对自己好、对自己不好、对自己既谈不上好也谈不上不好的事件。通过对这些"好事"和"坏事"的分析,他们得出了关于学校德育的一些基本假设。调查显示,青少年对于"好事"的意见非常接近,好的事例反映出体谅人、幽默和愿做让步的特性:共享关系为好,支配与被支配关系为坏,即"对人好"表现为体谅人的需要、情感和兴趣,"对人坏"则表现相反。可见,青少年学生对于人际关系中奉行坦率、互惠和关怀等处世原则的反响相当积极。与人友好相处,爱和被爱,是人的基本需要,帮助学生满足这种需要乃是教育的首要职责。

麦克菲尔在调查的基础上总结道:人与人之间,差异是表面的,相似性是深层的。他还认为,以关怀和体谅为核心的道德行为,是一种自我强化。就是说,关怀和体谅他人,不仅使他人快乐和满意,也使自己快乐和满意;不仅是一种利他行为,还是一种自利行为,即一种自我鼓励的行为。麦克菲尔认为,人与人之间的差异是表面的,相似性是深层的,即相互理解、相互体谅、相互关怀是人的基本需要。关怀和体谅是人的品性,是道德的基础与核心。因此,道德教育应该以"体谅"(consideration)为核心。② 尽管麦克菲尔的道德教育模式在英国和北美地区的影响比较广泛,但是其理论假设建立实践经验的基础上,缺乏系统的理论基础。总之,麦克菲尔从喜欢被关怀的调查结果中直接推出喜欢关怀的人性假设,这在逻辑上是不充分的。

（二）诺丁斯的理论假设基于个人实践经验与哲学思考

与麦克菲尔不同,诺丁斯的关怀教育理论不仅有其个人实践经验的基础,更是建立在一系列的理论推理与论证的基础上,有深厚的哲学、伦理学和心理学理论为支撑。因此,诺丁斯对关怀动机的阐述与麦克菲尔有着明

---

① Richard H. Hersh, John P. Miller, Glen D. Fielding. *Models of Moral Education: An Appraisal.* New York: Longman Inc. 1980. pp. 51～73.

② 黄向阳. 德育原理. 上海:华东师范大学出版社. 2000. 238～256.

显的不同。麦克菲尔的关怀动机有着明显的互惠倾向。诺丁斯将关怀区分为自然关怀与伦理关怀，她对关怀动机的考虑也分为两个方面。自然关怀的动机具有生理基础，例如"移情"就是自然关怀的生理根源。而以自然关怀为基础的伦理关怀的直接动机在于消除本能恐惧的自然关怀行为引发的被关怀的记忆。例如，小孩子依偎在母亲怀里，其本能的恐惧就会消失，而孩子也会对玩具娃娃表现出类似的关怀行为。诺丁斯认为，孩子的表现正是个体最早的伦理关切。①

由于关怀行为的连续性，诺丁斯又提出了关怀的圈层说，即关怀者与被关怀者构成远近不同的同心圆。尽管这个同心圆是"以我为圆心"，但它与外界有一个相遇、交往的自然过程，不是从"我"出发，也不是以"我"的利益画线。相对于诺丁斯的理论，麦克菲尔的观点没有注意到伦理关怀所需要付出的努力，即伦理关怀并非人的本性而需要后天的环境影响，因此，诺丁斯强调关怀教育的必要性。

四、关怀教育理论的局限性

诺丁斯的关怀教育理论既有优势，也有不足。其理论的局限性主要表现为两个方面：一是关怀的标准，二是关怀的理想化。情感性的"关怀"或"关心"仅是伦理道德的一个取向，尽管它很重要，但不能代表伦理道德的全部。

（一）关怀的标准难以判断

诺丁斯关怀教育理论受到质疑较多的问题是判断关怀的标准。关怀教育理论一般认为，关心就是关心者与被关心者之间的关系，它始于关心者，终止于被关心者。基于关心之上的道德是一个具体的过程而不是抽象的过程，不是坐在屋子里空谈理论，而应在广阔的社会背景下，在应该得到关心的人面前对他加以真情实意的关心。然而，关心不仅非常复杂，而且具有很大的主观性，在很多情况下无法判断一种行为是不是关心。

当然，从内部来判断相对来讲比较容易，如果关心者的意识状态具有投注、动机替代两个特点，其行为获得被关心者的反应，就是关心。但从第三者的角度看，从外部对关心进行判断，难度就非常大了。在一般情况下，当

---

① 侯晶晶.关怀德育论.北京：人民教育出版社.2005.68.

我们想知道一个人是否关心时，会以这个人是否有代表被关心者利益的行为为判断标准。这时就会有很多问题出现：有了代表被关心者利益的行为，就一定是关心吗？关心必须有直接的、外显的行为吗？如果没有代表被关心者利益的行为，关心就不存在吗？关心如果没有终止于被关心者，就不是关心吗？间接的关心如何判断？

总之，要想使德育取得理想的效果，就应在德育的过程中把带有明显情感性的"关怀"或"关心"这一伦理道德取向与科学气息浓厚的、认知性的"公正"这一伦理道德取向真正有机地结合起来。

（二）关怀理论过于理想化

关怀教育理论有着浓厚的理想主义色彩。例如，诺丁斯认为关怀素养的培养和知识的学习是不冲突的，但她并没有解决在有限的教育资源中协调两者矛盾的问题。又如关怀虽是一种互惠关系，但关怀方的确要有无私的付出，那么，在师生关系中如何保持教师关怀的持续性，诺丁斯也没有相应的对策。因此，我们在借鉴这种关怀伦理和关怀教育思想的同时，还要对其中的很多问题保持清楚的认识和反思。

此外，尽管关心理论在 20 世纪 80 年代末 90 年代初就已经受到西方世界的关注，但它真正被运用到学校道德教育实践还是近几年的事情，它仍处于经验阶段，在实践中尚未作出全面的回答。要做到理论的完善，还需要漫长的时间。诺丁斯提出的一系列关心主题，至今仍未取得在学校课程中的合法地位。不是学生不需要，也不是教师注意不到，而是现行的过于注重科技知识的教育方式使它无法立足。但是，我们愿意相信，随着时间的推移，学校教育实践的不断深入，这一理论将更加完善，它对于学校培养道德的人这一巨大使命所起的作用将更加重大。

第三章

道德发展的领域理论
——柯尔伯格之后道德发展理论研究的新变化

在美国的道德教育理论界,一直存在"道德教育"(moral education)和"道德发展"(moral development)两种视角来研究学校的道德教育问题。"道德教育"是从教育学的视角关注道德教育问题,而"道德发展"是从道德认知发展的视角关注道德教育的问题。柯尔伯格是道德认知发展领域的重要代表人物,他的道德认知发展阶段理论不仅在美国本土有着广泛的影响力,而且传播到世界各地。由于其著作在我国的翻译出版,柯尔伯格的道德发展理论被我国学术界所熟悉。本章重点介绍柯尔伯格之后美国道德发展理论研究的重要流派——道德领域理论(moral domain theory)。这一理论的主要代表是美国伊利诺伊大学的拉瑞·P. 纳希(Larry P. Nucci)教授,他是美国当代著名的教育与心理学家。①

第一节 道德领域理论产生的前提

回顾整个 20 世纪,道德教育的理论之争从未中止过,主要是皮亚杰理论

---

① 拉瑞·纳希(Larry P. Nucci)是伊利诺伊大学的教育心理学教授,同时担任道德发展与品格形成研究所主任。他还是《对话:道德发展与品格教育》杂志的编辑,同时与艾略特·特里尔(Elliot Turiel)等人一起编辑《文化、思想和发展》杂志。纳希一直致力于道德教育的理论研究与教学,在中小学进行理论推广工作。纳希的代表作 *Education in the Moral Domain* 的中文译本《道德领域中的教育》,由刘春琼和解光夫翻译,黑龙江人民出版社 2003 年出版。本章在写作过程中,参考了其中文译本中的部分内容,在此向译者表示感谢。

和涂尔干理论之争。20世纪80年代以后,这种争论中又加入了品格教育论者的声音。在此背景下,拉瑞·P.纳希教授借助社会发展领域中的"领域理论"对儿童道德发展中的相关问题进行了深入的理论研究,在继承柯尔伯格道德认知发展理论的基础上,试图构建一种新的道德发展理论。

一、反思涂尔干、皮亚杰的理论之争

不管道德教育发生在哪里,人们总希望把孩子教育成一个有道德的人,这几乎成为所有人的共识。如何进行道德教育,学术界一直存在分歧与争论。20世纪的前叶,一些有代表性的争论体现在两位杰出的学者的观点上,一是涂尔干的观点,一是皮亚杰的观点。这两种观点都成为拉瑞·P.纳希反思道德发展理论的重要理论前提。

（一）涂尔干通过纪律与集体教育将儿童个体行为纳入社会期待范围

在涂尔干所处的时代（19世纪末20世纪初）,社会发生着飞速的变化,随着技术革新带来的工业化发展,经济发生了巨大变革,从以生产为基础转变成了以消费市场为基础。这是一个洛克菲勒和卡耐基等大公司成为主角的时代,也是铁路和制造业、电话和电报统治的时代。为了适应生产力的发展速度,社会生活也在快速调整,以跟上时代的步伐:工人涌向城镇和都市,引人注目的移民潮改变着欧洲和美国的社会风貌。这种变化导致了机械主义和个人主义的视角,其复杂性在于这种社会变化深刻地改变着社会的道德与市民在公共生活中的集体认同感。因此,涂尔干看到了教育作为应对社会变化的促进力量,学校能够提供社会凝聚力和分享共同体的经验,而这正是碎片化和机器化的世界所缺乏的。①

涂尔干作为那个时代最伟大的思想家之一,他意识到教育在法国社会转型过程中能够发挥的作用,即教育承担着社会延续发展的责任。他强调指出:"我们必须把道德教育融合在整个学校生活之中,就像道德本身卷入集体生活的整张网中一样。"②在涂尔干生活的法国,宗教社会正在被世俗社会所取代,人们心目中传统的道德权威正在逐步解体,而新的道德权威尚未

---

① Jeffrey S. Dill. Durkheim and Dewey and the Challenge of Contemporary Moral Education. *Journal of Moral Education*. Vol. 36, No. 2, June 2007. pp. 221~237.

② 涂尔干. 道德教育. 上海:上海人民出版社. 2001. 123.

形成。因此,涂尔干希望通过学校道德教育培养孩子形成一种理性的世俗的道德素养。涂尔干认为,学校在儿童道德教育中所负有的任务是最重要的工作,因为学校通过集体活动可以培养孩子的纪律精神(spirit of discipline),用它可能控制儿童的行为,并将他们引入社会期望的范围。同时,通过集体活动还可以培养孩子对社会群体的依恋情绪,并尊重社会规则、标准和权威,与社会结合为一体。

涂尔干的理论将基本的道德元素确定为纪律(discipline)、利他(altruism)和理性的自主(rational autonomy)。涂尔干在其名著《道德教育》中的一个重要观点,即公共生活的习惯在班级中,并且附属于班级甚至学校,对于培养孩子具有我们希望的更高级的情感而言,这一切构成了一种自然的准备。柯尔伯格学派非常赞同涂尔干关于发展儿童的公共生活习惯的观点。① 相对于"美德袋"的教育方法而言,涂尔干的教育方法要求发展具有道德功能的纪律精神。涂尔干认为:"若从道德的角度影响儿童,并不是在他身上培养出一个接一个特殊的道德,而是采用适当的方法培育,甚至全面构造那些一般意义上的性情。它们一旦被创造出来,就会使自己轻而易举地适应特殊的人类生活的环境。"②也正是在这个意义上,他把道德教育视为社会教育的理论与应用。当然,涂尔干的努力为理性主义教育提供了哲学和社会的基础,也在一定程度上规定了法国学校道德教育的基本框架,进而影响到欧洲各国在工业化进程中对学校道德教育的思考方向。但是,在更倾向于社会还是更倾向于道德责任方面,涂尔干的理论是有失公正的,其理论没有确保对道德基础和社会生活基础的理性质疑。

追随着涂尔干的理论,许多社会学家倾向于把教育目标视为文化的传承,整体理解其理论就是让个人通过调整自身的非遗传性机制,使个体能够适应所生存于其中的社会环境。因此,学校的基本任务就是劝说经验较少的社会成员接受并保存更多的已经被检验的社会经验。

(二) 皮亚杰认为儿童在协作生活中逐步建构其对社会的认知

皮亚杰首先是一个发生认识者,他长期致力于解决认识论上人类知识

---

① Larry P. Nucci. *Moral Development and Character Eduation: A Dialogue*. Berkeley: McCutchan Publishing Corporation. 1989. 137.

② 涂尔干. 道德教育. 上海:上海人民出版社. 2001. 23.

的发生与发展的问题,儿童的认识问题是其研究的切入点,他也因此成为著名的儿童心理学家。在皮亚杰研究儿童认知问题的时候,儿童的道德判断力问题进入他的研究视野。皮亚杰认为,儿童的游戏构成了一个最好的社会制度,心理学家的责任就是发现其中的道德意义。为此,他从分析儿童游戏的事实入手,了解儿童是如何学会遵守游戏规则的。皮亚杰相信,一切道德都是包括有许多规则的系统,而一切道德的实质就在于让个人学会遵守这些规则。他希望通过研究儿童的游戏规则来理解儿童的道德发展。

皮亚杰对儿童"公正"观念发展的研究表明,儿童公正观念的发展经历了一个从服从到平等、从平等到公道的过程,而促成儿童公正观念变化的主要原因是儿童之间的协作活动。在协作活动过程中,儿童随着年龄的增长而逐步从他律阶段过渡到自律阶段。正是基于上述儿童心理学的研究成果,皮亚杰将其理论关注的焦点转向社会学方面的讨论,并对涂尔干的道德社会学观点进行了批判。皮亚杰认为:"涂尔干的教诲既是乐观主义的,也是悲观主义的。诚然,道德事实是社会性的,是与集体的结构和机能发展相联结的,但是它忽视了协作与约束之间存在的本质差别。因此,涂尔干就陷入这样一种幻觉,他以为仅仅利用单方面尊重教育就可以产生互相尊重的道德所特有的结果。因此,在他的道德心理学方面,他就在纯粹义务所特有的他律性与属于良善的根本自主性之间混淆不清。最后,在他的普通社会学中,他把由约束组成的事实平衡同其他的理想的平衡未加证实地等同起来,这样,其他的理想的平衡虽然是社会性质,但是从这个词的另一种意义来说,它是由协作所组成的,自从有人类的集团产生以来,这种协作就是每一个人类集团的限度和标准。"①

总之,皮亚杰肯定了涂尔干关于道德的社会性观点,也指出了涂尔干的社会学观点存在的缺陷,一是将约束和协作不适当地等同了起来,在道德领域里,这就意味着善与义务的等同;二是使道德从属于社会的服从。另外,涂尔干的道德教育理论也存在两个方面的不足:一方面,涂尔干从社会的观点来研究儿童,这是十分保守的,我们必须根据儿童道德的具体事实来研究儿童道德意识产生的根源;另一方面,涂尔干的教育理论虽然强调道德教育在社会化方面的重要作用,但是,他那些有关道德相对主义的理论假设很可

---

① 皮亚杰.儿童的道德判断.济南:山东教育出版社.1984.450~451.

能限制了教育在传承人类社会共同体价值方面的有效性。因此,建立在涂尔干理论基础上的教育过程既不能对道德和社会生活基础进行理性质疑,也不能帮助青年人应对快速发展的社会对传统价值提出的挑战。

皮亚杰主张,儿童的道德意识包含对他人的尊重和公正平等的判断。通过协作与交往,儿童逐渐建构一种对世界的理解方式,而不仅仅是对社会环境的适应。尽管皮亚杰是从心理学家的角度来讨论儿童道德发展的问题,但是,其研究成果影响着道德教育方法的改变,即强调集体活动和儿童的自治管理等方法。尤其值得指出的是,皮亚杰的儿童道德判断发展学说对于柯尔伯格道德发展理论的形成奠定了重要的心理学研究基础。

(三) 关注儿童道德认知发展与社会习俗认知之间的关系

围绕涂尔干与皮亚杰的争论,整个 20 世纪表现出两种主要的理论分歧:一是认为儿童获得道德涉及其对社会规则的接受,二是认为儿童道德的发展涉及其在善恶和公正方面所表现出的思维方式的发展。随着社会的变化,儿童置身于社会关系、文化和个人生活都变得越来越复杂的社会环境中,单纯从涂尔干或皮亚杰的理论观点出发,都无法解释儿童道德发展和道德教育所涉及的日益复杂的诸多社会因素。

纳希深刻地洞察到当代社会里学校教育和个人生活的复杂关系,他的理论试图超越上述两种观点的分歧,既关注道德领域的教育,也关注个人生活领域的教育。因此,纳希的道德领域理论(moral domain theory)重点讨论了道德、社会习俗和个人生活三个领域相互作用对儿童判断力发展的影响,并且将儿童道德发展的研究纳入个人领域和习俗领域中进行考虑。纳希认为,习俗是社会系统的构成要素,习俗对于儿童个体社会化的教育作用也是不可忽视的。正如道德是人与人相互作用的基本,习俗也是社会运转的基本。因此,儿童和青少年对社会习俗目的和功能的理解力的发展,在他们的道德健康成长方面也具有教育价值①。

纳希在 20 世纪 80 年代初的研究表明,公众关于道德的不同意见在于,道德的行为举止(morality)不是有关道德(moral)的定义,而是关于什么是"适当的"(proper)。孩子们和成年人在判断道德行为事件方面存在着很大

---

① Nucci L. *Moral Development and Character Education*: *A Dialogue*. Berkeley: McCutchan Publishing Corporation. 1989. p. xiii.

的一致性,这种一致性也表明道德事件与社会习俗事件的明显不同。这就促使纳希进一步思考价值观教育方面的"领域适当性"问题。价值观教育方法的基本原则在于能够区分道德行为与社会习俗行为。① 但是,纳希的这些思考在 20 世纪 80 年代初还仅限于推理层次上的讨论,缺乏足够的发展心理学方面的研究数据为教育实践提供支持。因此,在其后续的研究过程中,纳希通过大量的调查与访谈,重点关注儿童的道德概念与习俗概念、宗教概念之间的关系。

考虑到儿童的道德观念与其在生活中形成的习俗观念和宗教观念既存在联系又存在区别,纳希认为,在不妨碍教会与政府单独规定的情况下,公立学校也能够促进儿童的道德发展。② 其研究成果显示了儿童在不同领域活动的判断水平是相互影响的,在儿童个人选择的权限中,道德、习俗和宗教生活同时存在于他们的思考领域中。总之,纳希试图发现儿童的道德认知与社会认知的区别与联系,及其在儿童道德发展中的不同作用,这也将在一定程度调解上述两种理论的分歧。

二、反思当代美国道德教育中的争论:道德发展与品格教育

上述两种理论的争论直接影响了整个 20 世纪道德教育理论的发展,形成了两种有代表性的理论研究走向,一种理论认为儿童道德的发展涉及对社会准则的接受,另一种理论认为儿童的道德发展与其判断善恶的思维发展水平有关。到了 20 世纪后半叶,道德教育理论的争论又以不同的声音出现。一种声音来自品格教育的拥护者,他们认为一个人的道德行为来自于社会和长期的传统所认可的品质特质的形成,学校教育在于通过纪律、良好行为的示范及讲述具有传统价值的故事向学生输送这些价值观的特质。另一种声音来自柯尔伯格等人的研究成果,他们强调儿童的选择、决定、熟思和判断。在最近的 20 多年时间里,道德发展与品格教育的争论愈加激烈,而且到目前为止,争论双方也并未表现出缓和的趋势。

---

① Nucci L. *Moral Development and Character Education*:*A Dialogue*. Berkeley: McCutchan Publishing Corporation. 1989. pp. 183~184.

② Nucci L. *Moral Development and Character Education*:*A Dialogue*. Berkeley: McCutchan Publishing Corporation. 1989. p. 184.

（一）柯尔伯格的道德推理教育：没有引向真实的社会环境

在真实的社会生活中，儿童的道德发展面临的问题要复杂得多。上述争论的焦点是，道德的获得是根植于社会，包括传统知识的输入，还是涉及与他人有关的行为方式的发展，即根植于对公正、权力、人的平等的思考和人类福利的理解。皮亚杰和柯尔伯格等人的理论研究与应用研究并没有重视社会生活的复杂性，他们关注的仅仅是儿童道德发展本身。

在柯尔伯格早期的研究中，他参考了亚里士多德的观点，主要关注亚里士多德在《尼各马可伦理学》（Nicomachean Ethics）中的一个著名章节。在那里，亚里士多德区分了理智德性和伦理德性，并阐明了教授理智德性是必要的，习惯则是针对伦理德性而言的。1958年，柯尔伯格完成了他的博士论文。基于对芝加哥72个白人男孩子的研究，他超越了皮亚杰的两个发展阶段的理论，揭示了道德发展的六个阶段。① 柯尔伯格提出的道德发展六个阶段理论以及"儿童是道德哲学家"的概念，从根本上粉碎了早先有关道德的心理学方法，这也使得他成为心理学界一颗耀眼的新星。

1968年，柯尔伯格来到哈佛大学工作。在当时的社会氛围中，争取公民权利与妇女运动是主要事件。根据大学生的要求，哈佛大学也开设了有关政治与道德问题的课程，柯尔伯格则讲授有关道德和政治的选择方面的课程。学生面对社会现实而产生的道德苦恼无法从柯尔伯格的理论中寻求解决的方案，因此，一些学生拒绝回答柯尔伯格设计出来的道德两难问题。柯尔伯格的学术研究也因此出现了转型。他逐步成为积极的学术活动家，致力于将人类发展的理论付诸实践，以促进民主政治的形成及学校和监狱里的"公正集体"的形成。他相信，道德教育将促进环境的改善，在道德氛围中的每个人都有能力作出决定。他也认为，应该尊重学生的知识建构活动。②

1969年夏，柯尔伯格参观以色列的集体农庄（Kibbutz Sassa）。这次研

---

① 柯尔伯格关于儿童道德发展的三个水平：前习俗水平，习俗水平，后习俗水平。每个水平都包含两个阶段。前习俗水平包括他律阶段和个人主义、实用目标及交换阶段；习俗水平包括双边的人际期望、人际关系及人际顺从阶段和社会系统与良心阶段；后习俗水平包括社会契约与个人权利阶段、普遍性伦理学原则阶段。参见：柯尔伯格.道德教育的哲学.杭州：浙江教育出版社.2000.98～101.

② Catherine Welsh. The Life and Legacy of Lawrence Kohlberg. *Society*. January 2000. pp.36～41.

究性访问促使他进一步完善其道德发展理论并在学校环境中付诸实施。从1973年开始,柯尔伯格先后在一些中学里建立了"校中校"(school within a school,即选取一些教师和学生组成一个实验学校,师生每天一起共同生活6个小时),开展了"公正团体"与"参与性民主"的教育实验。实验校的师生有机会参加柯尔伯格组成的专题讨论会,制订了一些使该校变得更加公正的社团的措施。教师们同意让学生们充分地分享权力,并赞成必须通过民主过程来制订和实施规则,而不是凭借非正规的教师权威来处理问题。学生们一致认为应该执行规则,并投票通过集体讨论的规则,但实际情况是,还是有一部分学生违反了集体讨论定下来的规则。

柯尔伯格在理论研究的后期试图从"苏格拉底"转向"柏拉图",他在1984年再版的论文《为了公正的教育:柏拉图观点的现代阐述》中表达了其理论的转变。这一时期,他在道德教育方面的工作也许更接近柏拉图在《理想国》中的观点,而不是苏格拉底在《美诺》中的观点。但是,柯尔伯格关于公正团体的实验所选择的对象是"校中校"的学生,并没有把学校的道德教育真正引向学生生活的真实社会环境。而真实的生活情境是相当复杂的,主要表现为两个方面:一是学生之间无法排除价值相对主义的干扰,即坚持规则的学生不愿去干预违规的学生;二是公正道德的唯一结构核心来自白人男性被试者,而女性的声音被忽略了。

总之,柯尔伯格雄心勃勃地致力于发展道德理论事业,其目标就是立足于理性方法论,建立一个新的道德教育框架,以解释公正、学习心理学的发展途径,教育社会学的普遍和相互影响的观点,以及教育学中的实效性方法,整合哲学、心理学、社会学和教育学。柯尔伯格对于教育实践确实提出了很多有价值的建议,并在教育实践中取得了一定的影响力。在道德发展领域被广泛理解的理论应该是柯尔伯格后期的理论,他的研究工作在世界范围内引起了深入的研究与对话,但是,他的哲学分析存在严重的缺陷。尽管柯尔伯格说他的哲学理论继承了苏格拉底、柏拉图、康德和卢梭的思想,但是,他并没有很好地区分这些哲学家之间的不同。① 尽管柯尔伯格的理论具有重要的学术价值,但是,其理论在心理和发展方面的假设不足以支持道

---

① Robert T. Sandin. *The Rehabilitation of Virtue: Foundations of Moral Education*. New York: Praeger Publishers. 1992. p. 73.

德教育的广泛开展。

一般来说,传统伦理学理论至少存在三个维度:善的理论,权利、责任和义务的理论,德性的理论。这三种理论维度可以为道德教育的广泛计划提供解释。然而,柯尔伯格的形式主义仅从上述三种理论的第二个维度来解释道德发展。正是这种局限性妨碍了他的理论发展,使道德教育框架存在严重的不足。柯尔伯格把他的理解限制在一元论的视角内,他不愿接受一些伦理直觉主义者的严肃论点。事实上,存在着复数的道德义务,而且道德决定总是复杂的,一个人总是从多种道德考虑中采取最好的道德行动或者最佳的道德决策,而这些考虑恰恰依据于环境中所面临的基本价值冲突。①而柯尔伯格的理论不能处理伦理实践中面临的各种真实的道德问题。

在最近的 30 多年时间里,柯尔伯格的道德认知发展理论遭遇广泛的学术批判,其中一部分是教育哲学家和教育心理学研究领域学者的学术批评,这些批评在相当大的程度上冲击着柯尔伯格及其继承者对该理论正在进行的修订工作。一些批评聚焦于柯尔伯格公开宣称的伦理上的形式主义。他试图在道德发展的最高阶段弱化道德而强调单一性的原则即公正原则,而且他将功利主义表述为不完善的道德哲学。当然,这些批判促使柯尔伯格对其理论进行了重大的修订,即弱化了他所强调的道德第六阶段的经验性证据,而通过大量的元伦理学和心理学研究工作强调不同。但是,这些批判没有使柯尔伯格放弃其理论的首要概念——公正。② 针对来自各方面的批判,柯尔伯格对其理论进行了小范围的修订,但依旧坚持其观点,即道德发展的阶段理论具有普遍性,而且其研究也不存在大量的偏见。当然,他也承认其心理学研究成果有必要扩展到对关心的研究,并在道德发展中丰富认知有效性、行为的和社会的因素等,进一步确定成人道德发展阶段的可能性。

(二)品格形成的教育:传授美德的知识,养成好的习惯

最近 20 多年的时间里,关于道德教育的学术讨论已经转向亚里士多德学派的观点。发展道德理性和价值澄清已经逐步淡化甚至退却,教导习惯

---

① Robert T. Sandin. *The Rehabilitation of Virtue: Foundations of Moral Education*. New York: Praeger Publishers. 1992. p.79.

② Robert T. Sandin. *The Rehabilitation of Virtue: Foundations of Moral Education*. New York: Praeger Publishers. 1992. p.78.

和养成品格正在进入道德教育讨论的视野。曾任教育部长的威廉·贝内特是新亚里士多德学派的重要人物之一,他批评目前的道德推理教育者是单纯为了"智力化的道德价值"(intellectualizing moral value),并主张通过习惯发展美德。"最近几年里,尽管我们没有在课程方面过度理智化,具有讽刺意味的是,我们努力使道德发展理智化……亚里士多德早已知道,而且今天的心理学家也强调,正是习惯发展成美德,习惯不仅通过接受来形成而且通过榜样来形成。"①除了培养儿童形成良好的习惯之外,贝内特等人还主张通过学校的道德教育形成儿童好的品格。品格教育关心儿童的品格形成或者培养儿童的美德习惯。品格教育者倾向于传统的或保守的教育观,主张传递具有普适价值的智慧,强调成年人在培养孩子美德习惯方面的权威作用。

在一些提倡品格教育的学校里,也像 20 世纪早期的品格教育所实施的那样,教师不加批判地向学生灌输自制力、责任、勤奋、协作、遵守和忠诚等美德,并进行一些确定性的教条式的训练,在很大程度上依赖外在的奖励或惩罚来形成孩子们的思想和行为,并且实施高度的直接操纵性的和心理上的控制。品格教育所表现出的传统视角倾向于形成保守的社会意识形态来巩固社会秩序的稳定,更着眼于培养年轻人的定力,而不是那些导致社会结构不公正的不良行为举止。因此,一位成功地实施品格教育的教师,由于要在成就和自控力培养方面与尊重孩子个人需要方面求得一种平衡,他在方法上可能是更"权威的或专断的"(authoritative),而不是像他们说的那样——"为了品格"(for-character)。

里克纳把品格教育理解为一种意图明确的主动性的努力,旨在促使孩子形成具有美德品质的品格,因此他提出价值教育计划的三个组成部分——道德知识、道德情感和道德行为,并围绕学校整体道德生活的形成而提出了一些建设性的教育策略,即教师要成为关心者、道德榜样和道德监督者,形成一个充满关怀氛围的班集体,并以纪律为手段发展学生的自我约束、道德推理和尊重的品质,提供机会向学生灌输美德,在教室里促进围绕价值讨论的伦理反馈,指导学生解决非敌意的冲突。父母与社区领导者也要成为教室外的成员,参与关心学生的活动。总之,里克纳提出的针对品格

---

① Bennett William. *Address to the National Press Club*. Washington, D. C. 1985. 27 March.

教育的综合方法也许比其所强调的权威还要专断一些，并且依旧是在传统道德观念的框架之内。

其实，具有保守思想的品格教育者倾向于亚里士多德的传统，也是一种行为主义者的观点，通过控制行为、外在动机、劝告和严格强制的行为规则，以及慢慢灌输一些诸如遵守、忠诚、勤奋等美德观念来使学生形成一些好的行为习惯。品格教育所强调的美德价值在于促进社会秩序的稳定，与此同时，品格教育者也希望通过一些值得肯定的美德来促进社会的转型。在这一点上，当代的品格教育者例如贝内特和温（Wynne）所欣赏的美德，与他们的前辈在 20 世纪初期所提倡的美德十分相似。事实上，品格教育者的上述主张在美国教育史上曾遭遇批评，已经出现的进步主义教育和自由主义教育都是直接道德教育的反对者。他们认为，学校的道德氛围和老师对待学生的方式比让学生背诵正确的答案更能提升学生道德发展的水平。自由主义教育者更倾向于柏拉图－柯尔伯格的传统，也与建构主义者的观点一致，即在教育方法上都拒绝道德灌输。①

（三）两种道德教育理论在哲学观上存在的分歧：康德传统与亚里士多德传统

从历史的视角看，上述两种道德教育理论在儿童的道德发展与社会化方面有着不同的理论假设和研究焦点。一方面，传统的品格教育者重视那些导致美德行为的主观内化以及自控力培养的过程；另一方面，认知发展学者强调道德理性的发展是行为选择的基础。在这两种观点中，品格教育强调自控的非理性和行为实现，认知发展学派则强调道德判断，两者在哲学观上存在着根本的分歧。

德性（或美德）问题的讨论一直是西方哲学的传统。早在古希腊时代，

---

① Larry Nucci. *Conflict, Contradiction, and Contrarian Elements in Moral Development and Education*. Mahwah：Lawrence Erlbaum Associates. 2005. p. 33.

苏格拉底就开始追问什么是德性了。① 柯尔伯格的道德认知发展理论具有康德主义的根源。它强调道德推理,并赋予一个单一原则(罗尔斯的公正)以首要地位,并把"道德"(moral)等同于正确(right)而不是善(good),而所有这一切都与康德主义相一致。② 的确,柯尔伯格的理论在深层的哲学亲和力中与罗尔斯有同感。事实上,康德对道德认知发展理论的影响早就体现在 20 世纪 50 年代皮亚杰理论和 20 世纪 60 年代罗尔斯理论以及新康德主义的分析道德哲学之中。"康德认为,自然赋予我们以理性的目的必定是为了产生一个善良意志。假如我们想要拥有一个意志,那个意志热衷于实践理性的原理,那么,拥有推理能力和理解理性原理的能力显然是必要的。"③其实,正是受到亚里士多德思想强有力的影响,康德提出意义广泛的德性概念。康德的德性要领体现在《道德形而上学》(1797 年)的具体阐述中,此时他已是 73 岁的高龄了。而在此之前出版的《道德形而学原则》(1785 年)中,康德只是论述了德性论的基本原则与基础理论。

英语中的 Virtue(德性、美德)是从拉丁语 Virtus 派生出来的。在拉丁语中,Vir 意为男子,Virtus 则是指有力量和丈夫气概。康德的德性概念完全继承了西方的哲学传统。在康德看来,"德性"就是力量、坚强的意思。但是,康德并不完全接受亚里士多德的"中道"原则。康德指出,亚里士多德的"中道"原则只是强调程度上的差异,而并没有表明不同德性在质上的根本差别。康德强调,德性是在责任的恪守中人的意志的道德力量。

---

① 柏拉图在《理想国》中提出了著名的四德说,即正义、智慧、勇敢和节制。其中正义是四种德性之一,但又是基础德性,它表现在伦理共同体的生活之中,也表现在其他美德之中。柏拉图认为国家里每一个阶层都有其独特的品质和特长,都有其善于做的事情。国家的统治者能够善于统筹全局、明智决策和治理有方,就能确立普遍的合适的共同体生活原则,他的德性就是智慧;国家的保卫者善于战斗,坚持正当的合理的意见,同时具有不为情欲、享乐所动摇的坚定精神,他的德性就是勇敢;普通劳动者能够安分守己,克制自己的欲望,他的德性就是节制。亚里士多德的德性概念,也基本上保持了上述内涵。但是,亚里士多德更强调每一种具体的德性的卓越实现基于"中道"原则,"过分"和"不及"都不是德性。如"勇敢"的德性在"过分"中就是"鲁莽",而"不及"则是"怯懦"。真正的德性选择行为和情感的中道,这也正体现出人的实践智慧。参见:苗力田. 德性就是力量,见康德. 道德形而上学原理. 上海:上海人民出版社. 2002. 序. 2.

② Nel Noddings. *Philosophy of Education*. Colorado:Westview Press. 1995. pp. 151~152.

③ 罗尔斯. 道德哲学史讲义. 上海:三联书店. 2003. 213.

在康德的影响下,道德已经变得高度依赖于个人的理性了,每一道德主体将依据绝对命令来决定他应该做什么。原有的极其丰富而复杂的社会存在的个体变成了一种逻辑推理的知者。罗尔斯置身于康德主义的传统之中,极其强调程序的公正,即公正生活依赖于理性和产生于纯粹逻辑过程的程序。当然,柯尔伯格也引用苏格拉底和柏拉图的观点来论证他对道德推理的重视,而不看重道德行为。苏格拉底的辩证法和柏拉图关于善的概念都成为柯尔伯格制定公正团体学校教育计划的出发点,而且,他借助杜威的思想来支撑其对公正团体学校(just community school)的建议。对于杜威来说,"倘若有一个社会,它的全体成员都能以同等条件,共同享受社会的利益,并通过各种形式的联合生活的相互影响,使社会各种制度得到灵活机动的重新调整,在这个范围内,这个社会就是民主主义的社会"①。在柯尔伯格看来,公正团体学校的真正目的就是培养学生具有杜威所说的民主生活习惯。

品格教育的哲学根源可以追溯到亚里士多德思想和圣经的传统。② 亚里士多德并不想像他的老师柏拉图那样试图创造一个理想国,他的思想的伟大遗产是从现实世界出发开始他的研究工作。亚里士多德在其名著《尼各马可伦理学》中描述了那些最好的代表雅典社会公民的美德行为,强调人必须拥有完美德性生活的标准,而善是判别的核心,并把真正的善与表面的善相区别。③ 总之,亚里士多德的伦理学思想着眼于人的活动的特殊性质及其目的,切中实践事务的本质。这也正是他对当代品格教育倡导者具有强烈实践吸引力的原因所在。亚里士多德的道德思想影响了后来的道德教育模式,即以各种合适的道德行为来训练学生,并且成年人要向未成年人灌输集体生活的价值观和监督孩子的行为。总之,他并不关注培养孩子的道德推理能力,而是强调养成良好性格和习惯。这些道德教育思想都深受当今品格教育者的钟爱。在美国社会的道德教育传统中,亚里士多德的传统思想不仅具有常识性,而且也与圣经训诫中的希伯来传统相一致。宗教教育的出发点是人的"原罪说",因此,特别强调通过对儿童的训育而使之养成好的行为习惯。

---

① 杜威.民主主义与教育.北京:人民教育出版社.2001.109~110.

② Nel Noddings. *Philosophy of Education*. Colorado:Westview Press. 1995. p. 151.

③ 亚里士多德.尼各马可伦理学.北京:商务印书馆.2006.15~24.

另外,在过去的 30 年里,这两种德育观对于教育实践者注意力的影响出现了一些转变,即正在从培养道德推理能力向培养学生社会化方面转变。但是,没有一种观点为教育政策提供了足够的理论基础。对道德判断力的培养并没有导致特殊的道德行为过程,而在道德教育领域里,忽视道德认知发展的品格教育的支持者通常缺乏柯尔伯格那样的严谨研究成果作为支撑。事实上,道德认知发展和道德品格形成在促进孩子的道德成长方面可能出现相反的目标。因此,纳希的道德领域理论(moral domain theory)试图寻求两种理论的和解之路,他敏感地意识到道德生活与人的其他生活领域密切相关,使儿童道德健康发展的理论研究不是简单的学术争论。

第二节　领域理论的直接理论基础

20 世纪 70 年代,柯尔伯格的道德发展阶段理论获得了极大的成功,成为发展心理学教科书中的经典理论。20 世纪 80 年代之后,面对青少年遭遇的道德困境,柯尔伯格理论的不足开始受到学院心理学家和社会学家的质疑和批评。柯尔伯格于 1987 年去世之后,其追随者在道德认知领域的理论研究进一步发展,一些心理学家在柯尔伯格思想的基础上继续研究儿童的道德发展与社会认知、文化、习俗之间的关系,并对柯尔伯格的理论进行了不同程度的修正,这些都构成了领域理论发展的理论基础。

一、社会认知发展的领域理论(the domain theory of social cognitive development)

美国 20 世纪 80 年代之后的社会认知发展理论的研究成果,主要关注人的社会行为与道德、习俗和文化等多方面因素的关系。社会认知心理学的一个重要贡献就是区分了道德价值与习俗价值的概念,以及人们根据不同领域的判断标准对行动作出的选择。在这方面作出重要理论贡献的研究者是加利福尼亚大学伯克利分校的艾略特·特里尔教授(Elliot Turiel,曾是柯尔伯格的学生),他也因此成为柯尔伯格之后道德认知研究的领军人物。纳希也正是在特里尔理论研究的基础上,进一步思考道德领域与习俗领域对于儿童个体社会认知发展的影响。

（一）社会认知发展理论对道德行为与习俗行为的理解

美国当代著名心理学家艾略特·特里尔认为，柯尔伯格的理论研究比较重视儿童道德判断力的发展变化，与此相关的学校教育实验也比较关注那些有助于发展学生道德推理能力的教育方法，对社会、文化、社会关系和个人生活的复杂性则缺乏深度思考。事实上，人们所面临的社会生活是十分复杂的，一个人的道德判断受到来自文化、社会和个人等多种因素的影响，这也恰恰是道德发展理论和学校道德教育所面临的社会生活的复杂性。特里尔在其 20 多年的研究过程中表明，个人把一些社会行为方式看做具有一定的道德普遍性，同时把另一些社会行为方式视为地方文化或社会习俗的影响，还有其他行为受到一些个人的选择的影响。

特里尔的研究结果也表明，道德概念建立在公正与幸福的基础上，道德可被定义为与人的观念、理性和行为有关，适合于对待他人的幸福、权利和公正。道德的概念有别于社会习俗的概念。社会习俗是双方愿意的情况下，针对特定社会群体的处理特殊事件的确定性标准，是通过社会系统建立的，例如人们衣着的标准或规范，人们如何向他人致辞，餐桌礼仪等，都源自于他们的身份，对与错都来自于特定社会相互分享的内在意义。[1] 在此，道德概念与习俗概念之间存在明显的不同。当人们用道德的正式标准理解个人之间行为的时候，这些独立于社会支配的规则，维持着一种普遍性的约束。这些标准性的规定与下列一些行为有关，如打人和伤害人，偷窃和诽谤，这些行为都影响其他人的安宁或幸福。与之相对立的规范方面（如男人的衣着，女人的裤子），则不存在强制性的说明。习俗的重要性在于它服务于下列功能，即在社会系统内部调整社会相互作用，社会习俗的概念建立在社会组织的概念的基础上。[2]

特里尔还认为，儿童对于社会习俗事件的理解和建构存在一个相当长的过程，关于习俗的作用，这里面不存在像道德那样明显的直观。即使许多孩子在小学阶段已经了解社会习俗的内容，但是，他们并没有很早就理解这

---

① Turiel E. *The Development of Social Knowledge：Morality and Convention.* Cambridge，Mass：Cambridge University Press. 1983. p. 53.

② Turiel E. *The Development of Social Knowledge：Morality and Convention.* Cambridge，Mass：Cambridge University Press. 1983. p. 58.

类习俗规则的目的。事实上,直到初中和青少年晚期,他们才能够形成一种对社会系统习俗要素比较一致的理解力。而当成年人对孩子们重复一些习俗标准的时候(例如,不要张大嘴巴谈话),他们似乎经常把一些社会规则分离开来对待。

(二) 道德领域与习俗领域的交互存在

纳希 1989 年的研究表明,在日常生活中,人们对社会理解不同,道德标准与非道德标准也构成了某种程度的重叠。假设所有的交互作用发生在社会习俗构成的社会系统框架内,这种重叠就是必然的。日常事例中,既有直接的道德问题,也有习俗的问题,在这样的例子中,人们也许能够根据具体情境中的信息来判断道德问题与习俗问题,或者,根据不同问题的重要性进行比较。纳希认为,道德与习俗发生重叠有两个基本的形式①。

第一种形式称之为领域混合(domain mixture)。在伴随着客观上能看见的涉及公正与权利冲突的时候,习俗标准维持一种特殊的组织结构。这种道德与习俗重叠的例子如排队买票的习俗,或者在一些特定情况下男女分别参与活动的习俗。在前一个例子中,习俗(排队)同时也是一种道德上中立的和独裁的安排人们活动的办法,被称之为服务于一种分配的公正功能(轮流),在此插队将变得不公正。在后一个例子中,如果这种习俗阻止一种性别的成员获得另一性别所获得的机会,习俗(性别角色)也许与公正存在着冲突。

第二种形式是道德与习俗交叉(moral/convention overlap)。这标志着一种道德事件。当强烈违反习俗的事件发生后,对于维持习俗的人来说可能会引起身心的伤害(如侮辱、悲伤)。例如,在美国的文化中,一个人穿泳装去参加葬礼,一般会被认为是对死者及其亲属的不尊重,而不仅仅是衣着不合适。

总之,在美国社会里,道德与习俗在很多方面表现得非常融洽,因为道德的行为也被视为举止得体并受人尊重,或者,公众分享的形式在规范和程序方面依照习俗或惯例能够维持稳定,也会被视为道德的。事实上,在民主社会的许多方面,习俗领域与非习俗领域存在着交叉,因为人们看重的价值

---

① Nucci L. *Moral Development and Character Education*:*A Dialogue*. Berkeley:McCutchan. 1989. p. 89.

就是在习俗与非习俗之间达到协调一致。因此,价值教育有利于培养公众对习俗价值的广泛尊重。

（三）社会价值观的不同与文化的多元相关

道德与习俗的不同是由于世界文化的多样性导致的。真实的社会生活中,一个人作出道德判断的社会文化背景是十分复杂的,包含不止一个概念框架和知识的应用。在文化信息丰富而多元的民主社会中,为了表明行动的效果,人们要通过信息和各种关系的变化来评定特殊情形下的行动。纳希认为,伴随着道德与习俗的不同领域交叉的问题,关于人们社会行为的原因或效果都变得复杂化。

文化多元与领域交叉的存在,表明人们对于社会问题的道德意义有着不同的意见。上述认识有助于解释个人之间的矛盾。来自不同文化背景的人们也许对同一社会问题有着不同的道德意见,在对不同内容行为的道德意义的理解上也存在着不同。在相对明确的事例中,依据道德作出决定或依据行为过程的习俗程序是相当明确的。然而,在一些事件中,人们在道德和习俗的期待上存在着冲突。因此,关于行动的意义就变得模糊了,或者涉及道德的考虑较突出,或者是行为者团体或个体的愿望较为突出,个人或团体在他们的社会判断力和行为方面不可避免的矛盾将显示出来。①

从领域理论的观点看,这些矛盾是不同社会内容的多种概念框架运作的必然结果。这不是境遇伦理学的案例,人们没有在这点上整理他们的道德(认知)。在特定的文化背景中,道德处境改变了,人的社会理解能力和对特定内容关注的能力也将发生变化。② 价值教育意味着让学生准备去调整其对人类幸福的基本的道德理解力,以处理各种社会和道德问题,其中则伴随着习俗与社会文化情况的潜在变化。

二、对柯尔伯格道德认知发展理论的继承与发展

柯尔伯格道德认知发展理论强调道德推理能力的发展是行为选择的基

---

① Nucci L. *Moral Development and Character Education*:*A Dialogue*. Berkeley:McCutchan. 1989. p. 96.

② Nucci L. *Moral Development and Character Formation*. In Walberg, H. J. & Haertel, G. D. *Psychology and Educational Practice*. Berkeley:MacCarchan. 1997. pp. 127~157.

础。道德认知发展理论把公正作为道德的核心,而不是一般意义的美德,并以此构成道德判断和道德行为结果的中心问题。柯尔伯格曾用一个十分贴切的贬义标签"美德袋"来称呼一般意义的美德。柯尔伯格的阶段理论认为,关注习俗是处于道德发展较低水平的理性人的特征。柯尔伯格提出公正的观念在学校道德教育的作用方面更具有变革性质,面对社会强加的信仰和标准,它激发儿童思考新的社会问题。在柯尔伯格看来,面对复杂的不可预知的现代生活,通过虔诚的美德袋来作出道德决定不再是一件容易的事。纳希等心理学家研究发现,日常生活中人们对社会问题的不同理解表明他们认知领域中的道德与非道德标准构成的重叠现象。

(一)继承道德发展阶段理论的合理成分

根据柯尔伯格的权威表达,道德发展来自于儿童早期阶段对公正的道德理解。对于这些儿童来说,他们对个人利益与社会权威的关注是纠缠在一起的;在道德公正方面,对习俗道德的理解与关注社会组织的标准规则是缠绕在一起的。最终,在儿童道德认知发展的高级阶段,少数人达到道德原则的阶段,在他们的道德思考中,作为公正的道德完全不同于非道德的谨慎的习俗。道德作为一种基础,不仅指导个人的行为,而且能够评价社会系统习俗标准的道德性。①

这个发展过程理论吸引道德教育者的注意力,表现为以下三个方面的原因。第一,这个序列是基于一个经验和据称是普遍发展过程的描述,这个描述提供给教育者一个"客观"的非政治的基础,以此可以进行"客观"的道德教育。第二,考虑到这个阶段的大致内容描述不适合于特殊问题,但能够提供理性结构,教育者不必关注持特别观点的学生所假设的问题。第三,针对上述复杂的交叉领域问题的讨论,这个序列最终导致一个原则性的道德决定。换言之,从教师的视角看,柯尔伯格道德认知发展过程的自然的逻辑可以解决教育实践中面临的哲学和政治方面的难题。

但是,特里尔认为,柯尔伯格通过实证研究过程所定义的道德发展过程不足以提供一种路径让人们形成社会—道德的判断力,因此也不能成为道德教育的唯一指导。尽管那些道德发展过程中典型的年龄特征被柯尔伯格

---

① Power C. , Higgins A. , Kohlberg L. *Lawrence Kohlberg's Approach to Moral Education*. New York:Columbia University Press. 1989. p. 90.

的阶段理论所抓住,但是它们并不代表个人所呈现的作出社会—道德判断方式的完整过程。例如,在柯尔伯格研究团队操作细致并且涉及广泛的研究过程中,其目的是获得标准化道德阶段的分数,而个人通过规则与权威以及从人类幸福的视角来观察,在发展的所有方面也许能够通过推理对柯尔伯格的道德两难问题作出反应。从目前所理解的人们的社会认知与领域相关的异质性的有利方面来看,这些阶段的变化可能表明,根据柯尔伯格的任务产生推理不仅需要道德概念系统的知识,还需要社会习俗领域的知识。

纳希等学者正是基于柯尔伯格理论对道德与习俗概念的理解,继续思考日常生活中复杂的社会问题中所蕴含的道德概念与习俗概念的交叉现象。道德是人与人相互作用的基本,习俗也是社会运转的基本。关注领域交叉与不同情况的假设的存在,不仅有助于说明人们之间对于社会问题的道德意义存在着不同意见,而且有助于解释我们观察到的个人行为之间的矛盾。

(二) 关注道德发展水平与习俗发展水平的不同

在特殊的社会情境中,一个人对特殊事件的社会理解力和对特定内容的关注能力都可能发生变化,道德理解与习俗理解的交互运用则反映其社会成熟水平。柯尔伯格之后的研究者,继续关注儿童在道德发展水平与习俗发展水平方面表现出的不同特征。自从 1975 年以来,已经有 50 多项研究成果谈到道德与社会习俗的不同。总之,通过柯尔伯格实证研究过程所定义的道德发展过程不足以提供一种路径让人们形成社会—道德的判断力,因此也不能成为道德教育的唯一指导。

特里尔认为,在柯尔伯格所描述的与年龄相关的变化序列方面,道德与非道德(尤其是习俗)关系到一些典型的交叉内容。例如,第四阶段(习俗的)道德推理在柯尔伯格理论中被描述为青少年中期或晚期理解习俗维度的一种反应,而这一维度正是社会系统的要素。儿童社会习俗理解力方面的相关研究表明,社会习俗事件的理解和建构是一个相当长的过程。① 对于孩子们来说,习俗的作用不像道德那样存在明显的直观。即使许多孩子在小学阶段已经了解社会习俗的内容,但是,这类规则的目的并没有很早就被

① Turiel E. *The Development of Social Knowledge*：*Morality and Convention*. Cambridge，Mass：Cambridge University Press. 1983. p. 87.

他们理解。

对于建立道德教育的核心——形成孩子的公正、幸福和权利的观念及日常生活问题中道德理解的应用，纳希关于孩子道德判断力发展的研究表明，道德开始于儿童早期对自己和他人受伤害的关注。学前儿童非常关注他们的安全，理解伤害他人在客观上是错误的。例如，一个三岁的孩子明白，即使在没有规定禁止的情况下打或伤害他人都是错误的，因为"当你被打的时候，就会痛，你就会哭"。然而，年幼儿童道德观的建构还没有把公正当做互惠来理解。对于一个小孩子来说，公正观经常是根据个人的需要和他能否得到所要的甜点来表现出来的。"这不公平"经常意味着"我没有得到我想要的"，或者，某个人的行为引起了孩子的伤害体验。到10岁的时候，几乎所有的孩子都建构起对公正和互惠的理解（对待他人就像某个人期望被对待的那样）。但是，在调整孩子的公正观和平等观并使之具有同样的感觉方面还存在困难。扩展公正的感觉包括同情，而不仅是处于自然状态的公正，联系同情的公正作为一种概念上引人注目（逻辑上的必要）的义务是对所有人而言的，而不仅仅是对某个集体的成员，这无论是对青少年还是成年人来说都是一种发展性任务。

总之，这种认知发展理论的研究对于教育实践的巨大价值是可以培养"好"孩子。它提供给课程设计者和教师一种框架，即在道德教育方面的直接教育努力，这种努力适合于孩子的不同发展点，而且还提供了一个基础，即表现出社会价值的道德和习俗维度。如果能够这样做的话，教育者将对培养道德公民的公正和同情作出贡献，人们也能理解和尊重习俗的需要。然而，正如我们所看到的那样，融入不同背景的道德判断也许能够唤醒一个人权衡道德与非道德考虑的能力，在这种情况下定义道德教育的目标，就变得更加复杂。简明扼要地说，在这种情况下，道德教育者就不仅仅是要对发展孩子的道德和习俗理解力感兴趣，而且对孩子是否能够意识到并优先考虑这些问题的道德元素感兴趣，特别是当他们在一个行动过程中作出决定的时候。

（三）关注无条件的道德理性和有条件的理性之间的差异

美国人公认的哲学方法论是个人主义，这也是美国个人主义的根本特征。然而，美国的个人主义与纯粹的自私是有明显区别的。美国人承认，他们的个人利益与其同伴的公民利益以及共同的善是不可分开的。因此，他们通过建立一些自由机构来抵抗个人主义的影响。他们的个人主义启蒙于美德的功效意识。虽然他们也根据个人利益的原则解释他们生活中的所有行为，但是，为了其他人和国家的利益，他们也积极呼吁并推动援助他人的行动甚至付出牺牲的代价。

纳希的领域理论认为，道德作为一个无条件的领域——在这一领域里，道德主体独立运用推理来决定他们如何承担他们的计划、价值和追求，理性就意味着一个人应该有他自己独立的动机、目标和品格。这一领域分析也意味着另一种理性的存在，即那些有条件的理性（它不能独立于任何个人的或集体的愿望）适合于习俗的或者个人的领域。

当然，领域理论定义的无条件的道德推理不仅应用于"道德领域"，它们还有许多变化的种类，无条件的推理也可能出现在习俗甚至个人领域。领域分析方法论的关键是适当转化，将习俗或者个人无条件推理通过适当操作转化为有条件的推理。这种领域分析意味着个人的和习俗的无条件推理能够被转化为有条件的推理，而无条件的道德推理则不能或者不容易被转化。①

纳希认为，在道德心理学领域中的公开问题之一就是如何确立道德义务的客观判断和个人责任之间的联系②。来自领域理论的观点认为，这需要清晰地区分道德知识和判断与个人责任和品格之间在我们已经认定的逻辑上的差别。个人责任或道德教育中的品格要依从先前提到的道德义务的客观判断。一个人必须确定道德判断所需要的，然后征集品格资源去做一个人必须做的。在一个人需要做的情况下，经常会出现一个人至少希望去做的状况。纳希认为，在这一领域内和较宽阔的义务视野内，还涉及道德行为的问题。

① Matthew Wilks Keefer, A Critical Comparison of Classical and Domain Theory: Some Implications for Character Education, *Journal of Moral Education*, Vol. 35, No. 3, September 2006. pp. 369~386.

② Larry P. Nucci. *Education in the Moral Domain*. New York: Cambridge University Press. 2001. p. 124.

第三节　从领域理论①的视角考察儿童认知的发展

纳希对20世纪70年代以后的60多篇调查研究报告进行了认真分析。这些研究成果表明,儿童在年龄很小的时候就已经能够区别道德概念和习俗概念的框架了,而且随着儿童年龄的发展,二者也表现出不同的发展变化模式。纳希认为,过去25年的研究成果支持道德领域与非道德领域是不同的概念体系,并呈现三种不同的研究类型。第一种研究类型由一系列研究组成,它们考察了个体是否基于许多正式的标准来从观念上区分道德和非道德性社会问题。第二种研究类型包括对儿童与社会相互作用进行的观察研究,以观察与道德问题相联系的社会相互作用模式是否不同于与非道德问题相联系的社会相互作用模式。第三种研究类型是考察人们对道德和非道德问题进行推理的方式随年龄变化的情况。这些研究都关注道德问题与社会习俗的区分。

纳希的"道德领域理论"围绕人类健康和公正问题形成了一套可被普遍接受的核心价值观,正是这些道德观念的发展让社会和学校的道德教育有所依附。然而,社会化的世界是多面性的,正误的看法不只是由假设所决定的,也是由习俗和更大的社会所分享的实际假设所决定的。要想使学生就社会道德问题进行讨论,并在复杂条件下达到某种道德发展水平,不仅要激励他们的道德推理,也要发展有关习俗和个人权利的观念。②

一、领域理论观照下的儿童社会认知特点

美国是多元文化民主体制的社会,持不同观点的人对让孩子形成什么样的社会价值观一直存在争议。道德教育理论中争论的中心问题是如何定义道德。纳希从讨论道德领域的范围和定义开始,重点探讨了道德、习俗和

---

① Larry P. Nucci. *Education in the Moral Domain*. New York：Cambridge University Press. 2001. p. 25.

② Larry P. Nucci. *Education in the Moral Domain*. New York：Cambridge University Press. 2001. p. xx.

宗教等不同领域的观念对于儿童判断社会问题的影响。来自各方面的信息支持这些观点,如人类认知信念一般意义上说是不一致的,但是,人类确实是在不同的领域或者概念框架内建构认知信念①。关于认知作用,较之一般观点,争论较少的是领域理论在过去十多年时间通过精心设计的实验数据得出的观点。

(一)儿童以不同的方式思考道德问题、习俗问题和宗教问题

道德和习俗这两个社会规则形式都是社会秩序的一部分。从概念上看,它们分属于不同的领域。在社会发展的领域理论内部,道德指的是人类健康幸福、公正和权力的概念,它是人际关系内在特征的一个功能。② 因此,道德行为是非的规范就不仅仅是舆论的功能或权威的看法。习俗是由社会体系决定并在其中形成的被认同的行为一致性。与道德规范不同,习俗是武断的,因为其中没有个人对行为的内在调节效果。纳希研究了一个四岁的小女孩对于幼儿园里发生的违规行为的看法,从而考察儿童视角中的道德问题与习俗问题。

儿童眼中的道德问题③

——你看见发生的事了吗?

——看见了,他们在玩,约翰打他打得太重了。

——你会不会这么做?

——不会打那么重。

——有这方面的规定吗?

——有。

——规定怎么说的?

——不应该使劲打人。

——如果没有不准使劲打人的规定,去打人可以吗?

——不行。

——为什么不行?

---

① Larry P. Nucci. *Education in the Moral Domain*. New York: Cambridge University Press. 2001. p. 27.

② 纳希. 道德领域中的教育. 哈尔滨:黑龙江人民出版社. 2003.7.

③ Larry P. Nucci. *Education in the Moral Domain*. New York: Cambridge University Press. 2001. p. 8.

——因为他可能会受伤,会哭。

儿童眼中的习俗问题①

——刚刚你看见发生什么事了吗?

——看见了,他们太吵了。

——你会不会这么做?

——不会。

——有这方面的规定吗?

——有,我们要安静。

——如果没有这样的规定,吵闹可以吗?

——可以。

——为什么?

——因为没有规定不许吵。

儿童眼中的宗教问题②

(具有古老秩序的基督教门诺派中的严紧派的宗教习俗是妇女戴头巾。下面是研究者与一个 17 岁男孩子的对话。)

——玛丽没在学校里戴头巾,对不对?

——她不对。

——为什么这么说?

——因为头巾象征着她是这个教派的一员,她应该总是戴着它。

——为什么要戴呢?

——我猜想这是上帝为她们作的标志,那么,她们就应该服从。我是男的,我不知道头巾的细节,但我知道一件事,那是一个服从的标志。

——为什么这么说?

——哦,《圣经》上说,女人应该把她们的头盖起来。如果这个女孩子愿意遵从《圣经》的标准,那么她就应该戴头巾。

① Larry P. Nucci. *Education in the Moral Domain*. New York：Cambridge University Press. 2001. p. 8.

② Larry P. Nucci. *Education in the Moral Domain*. New York：Cambridge University Press. 2001. pp. 40～41.

（二）儿童在日常生活中建构其对道德问题和社会习俗问题的理解能力

儿童都是根据他们所理解的行为标准来区分道德和习俗的。道德问题被认为不依赖于社会准则，并推广到不同的情景、社会和文化中。社会习俗依赖于规则，它们的规范性力量只在依据准则建立的社会体系下起作用。道德问题的判断依据行为会不会引起伤害或有无不公平的后果，而习俗问题的判断是依据规范或权威的期望。年龄和经验也会影响人们在道德领域与习俗领域的区分能力。

纳希等人通过观察违规情景下发生的事情，来研究道德和社会习俗与不同模式的社会的相互作用。下面观察的事例是儿童自由玩耍的事件，其中的违规行为以斜体字和加线的形式来标志。

社会习俗

① *一个男孩和一个女孩一起坐在草地上，远离其他孩子，正在系鞋带*。另一个男孩向他们大声唱："博比和艾莉同坐树下，接——吻。"

② *女孩 A 在吮一片草*，女孩 B 对女孩 C 说："她就喜欢这么做，*吮野草，然后吐出来*。"女孩 C 说："粗俗！"女孩 B 说："真恶心！"听后，女孩 A 就把草放下，不再把草放入嘴里吮了。

道德规则

① *两个男孩（A 和 B）在朝一个更小的男孩子 C 扔沙子*。男孩 C 说："混蛋，你们把沙子扔进我眼里了，痛死了。下次看我把你们脑袋踢破。"男孩 A 对男孩 B 说："嗨，你听见了吗？下次他要踢破我们的脑袋。"然后，他们两个都大笑起来，*更起劲地向男孩 C 脸上扔沙子*。男孩 C 向男孩 A 唾了一口，跑开了。

② *两个男孩从一个更小的男孩手里抢来雪橇*，正在玩。一个女孩看到了这一切，朝他们喊："嗨！还给他，真——丢人。这可真奇怪，你们两个欺负一个小孩。"然后，这个女孩把雪橇从一个男孩手上夺过来，把他推倒在地，然后将雪橇还给了小男孩。小男孩接过来，故事也就结束了。

在上述日常生活事件中，不同领域中的儿童的社会体验是不同的。在道德事件中，儿童作为受害者对这些问题的体验和作为观察者或解释者的体验是一样的。同伴对违背道德的行为（如打人）作出的反应集中在行为的内在结果上（即说明所造成的伤害或评价为不公正或有害）。一般来说，这些行为具有高度的情绪性。对很小的孩子来说，他的反应可能只是哭。另外,对于道德侵犯,儿童会报复或采取更厉害的行动,或者是对更小的孩子,或者会把成人也牵涉进来。而在违反习俗问题的同伴相互作用中,引起的情绪要相对少一些,而且更关注于行为的标准状态。同伴对违背者的类似反应集中于社会准则和社会期待上。反应者说出支配性规则,认为其行为古怪、反叛,并试图通过嘲笑来赢得一致感。因为习俗是由社会一致认同的或由权威者的地位决定的,所以违背者有时通过对支持准则的权威进行挑战来进行反应(如"你又不是我妈妈"),或忽视别人的反应而继续做自己的事。

总之,儿童的社会道德和习俗观点的建构来自社会经验不同的方面。儿童以不同的方式思考道德和习俗问题,正是因为道德事件和习俗事件在根本性质上与儿童体验到的相互作用存在显著差异。这就意味着在学校教育实践中,不仅要给孩子们提供机会去形成他们关于道德和习俗推理的方式和理解力,还要给他们创造机会去从事更复杂的任务,从复杂的社会问题中获得道德和社会组织方面的协调。在这些过程中,儿童的道德水平与习俗水平都会获得不同程度的发展。

二、道德领域与个人领域对儿童成长的不同影响

在西方的传统观念中,道德和个人自由被视为相对立的两个概念。从这个传统来看待当代美国社会道德状态,一方面是个人自由,一方面是道德约束,二者相互对抗的关系构成美国当代社会道德状况的基础。在美国社会的多元文化背景下,道德约束和个人自主相互影响,共存于儿童个体社会生活的方方面面。纳希从中获得一种看待儿童个体发展的视角,认识到个人自由、道德和社会准则在儿童的社会发展中产生的交互作用。

(一)儿童在其个体的道德发展过程中,积极地寻求建立个人选择和控制的领域

美国社会一向尊重个人生活领域的独立性,当代美国文化也充分强调个人主义以及个人的权利。纳希非常重视个人自主、道德和社会准则在儿童的社会发展中的交互作用。他认为:"个人领域一般是指个体认为主要和自己有关,也因此处在可证明正确的社会规则领域之外的系列行为。这些涉及个人生活的行为不是正误的问题,而是个人偏爱或选择的问题。"①根据

---

① 纳希.道德领域中的教育.哈尔滨:黑龙江人民出版社.2003.69.

纳希的陈述,在美国文化中,个人问题包括通信自由和自我表达,创造性工作,个人的娱乐活动,选择朋友或知心朋友,以及集中于自己身体状态的行为。纳希认为,个人问题涉及个人权威能够控制的域限,一个人对其个人领域问题的识别与控制恰恰说明其建立自我和群体的社会界限的能力。①

纳希通过观察儿童的交往行为发现,儿童是通过人际间的交流过程建立个人领域的。家庭交往生活是儿童最初建立个人领域的活动场所。儿童在其个体的发展过程中,不仅在积极地输入成人社会的信息,而且也在积极地寻求建立自己能够选择和控制的领域。当然,儿童是未成年人,其选择是在不对称的关系背景下发生的。因为儿童依赖于成人的保护、养育,他们的行为总是在一定程度上受到成人(父母或教师)的干预。这类事情经常会发生在家长与孩子或教师与学生的关系之中。当儿童的行为与家庭和学校的要求不一致的时候,或对儿童本人或他人有危险的时候,家长或教师就会对其加以限制。正是来自成年人的控制使儿童体会并思考生活规范、道德的限制,并且逐步形成他自己能够控制和决定的活动范围。

总之,在纳希看来,儿童在其个体道德发展过程中积极建立个人领域的边界是十分重要的。在儿童成长的过程中,如果他能够在道德和习俗规定的范围之外刻画出属于个人的行为系列,这将有助于他形成对个体的认同感与主体意识。

(二) 儿童在具体情境中建构道德自我

纳希的领域理论为研究儿童个体如何在具体的社会情境中建构"道德自我"提供了新的视角。"道德自我"(the moral self)是一个现实人的复杂整体性的一部分,在这个整体性中包括文化偏见和信息假设,这些因素都可能融入个体的社会道德的建构中。这种建构包括个体特定的渴望和对社会的认识,并融入了个体对社会情境的独特理解。儿童有关"道德自我"的建构与其对道德生活情境的反应密切相关。儿童的早期生活,安全感、情感依附、信任与互惠都可能有助于其"道德自我"的形成。②

纳希指出,道德同一性和行为之间的联系在儿童发展的各个时期都有

---

① Larry P. Nucci. *Education in the Moral Domain*. New York: Cambridge University Press. 2001. p. 54.

② Larry P. Nucci. *Education in the Moral Domain*. New York: Cambridge University Press. 2001. p. 135.

较大的影响力,道德同一性的基础却是在儿童早期形成的,即一个孩子的行为与他所理解的道德方面的正确性是一致的。儿童是在行动中逐步形成自我感的。纳希通过对已有心理学研究成果的总结,将儿童早期的行为与自我感联系的过程分为三个相互联系的方面,一是形成一般的世界观,把自我放在相应的位置上;二是自我调节和自我约束,从而使个体能够参与和自身同一性相一致的活动中去;三是对儿童的社会和个人同一性特征各成分赋予一定的意义,例如"好"孩子还是"坏"孩子。①

虽然道德教育并不能影响一个人理解特定社会情境的方式,但是,道德教育的目的在于培养学生个体的道德践行能力。心理学研究表明存在着两种可以激发个体行为的基本方式,一种方式是对外部的奖励和惩罚的刺激作出反应,另一种是参与到对个体具有明显价值的活动中来。在现实学校生活中,控制外部的奖惩比了解或影响学生做事的内心深处和理由更容易一些。纳希认为,了解学生内心的不实际的动因,正是把道德推理和行为联系起来的最有效、最持久的方式。这就意味着要在儿童的道德情感、道德推理和个人同一性的建构之间建立联系。因此,纳希指出,情感、推理和个人同一性这三者的结合就构成了"道德自我"的有效方式。

第四节　关于学校道德教育实践的建议

学校是一个比较独特的社会环境,它作为一个社会组织,比家庭和一般的外部环境等社会情境对个人行为都有更多的限制和要求。因此,儿童必须在学校环境中学会寻求制度和个人自由之间的协调平衡。学生在学校情境中对个人领域的协调能力,是他们在成长中遇到的重要冲突和发展潜能的来源。作为美国当代对道德教育实践投入极大精力的学者,纳希和他的合作者在美国的中小学校就如何实施道德教育进行了大量的实证研究。这些研究结果给学校提供了很有参考价值的建议,这些建议也体现了该理论的现实性、实用性和可操作性的特点。针对儿童的发展特点,纳希等人建议

---

① 纳希.道德领域中的教育.哈尔滨:黑龙江人民出版社.2003.241.

给儿童设置井然有序的、常规的学校生活环境,即给他们提供良性的支持反应的环境。

一、关注学生的日常生活实践能力

从儿童社会化的角度看,他们正处在建构个人领域、社会习俗与道德领域的十字路口。学校比单个家庭有更多的社会组织的责任,学校也通过更广泛的社会行为准则来促进孩子们的社会化。因此,当代美国社会有越来越多的人呼吁学校对孩子的个人行为领域(如吸毒和性)进行教育,这不仅是家庭和学校要慎重考虑的事情,同时也是整个社会所关注的事情。这就要求学校必须认真对待道德教育实践中的各类问题。

(一)创建教室的文化氛围

学校这个小社会处于更大的社会文化氛围之内,生活规范和习俗等构成了学生个体在学校生活的情感和道德等方面。因此,形成接纳并关心学生的学校生活氛围是任何年级的学校教育必不可少的。但是,如何创建学生在学校或课堂中的道德生活氛围呢?纳希针对不同年龄阶段的学生提出了不同的实践指导。①

1. 童年早期(从学前到二年级)

这一阶段的儿童处在道德和个人图式内在情感结合的初期,他们的情感和道德发展易于受到成人表达出来的关心的积极影响,也易于受到成人表现出来的愤怒的负面影响。因此,纳希指出:"教师要调节自己的脾气,控制情绪的爆发,不对学生叫喊是十分重要的。"②幼小儿童渴望得到情绪平静的成长环境。从更广泛的意义看,学校要成为适合儿童成长的温和土壤,孩子在这里要能够体验到仁慈和公正,避免"不良意愿"的体验。

2. 儿童中期和青少年早期(三年级到八年级)

接纳与温暖的氛围不仅是孩子在童年早期的重要需求,对小学和初中阶段的孩子也是十分必要的。尽管这个阶段的孩子较少依赖成人,但依然希望得到情绪上的支持和社会的稳定感。由于学校里正式的文化课程的作用日益增强,教师决定情感氛围的重要领域是通过学术教育、同伴间的交往

---

① 纳希.道德领域中的教育.哈尔滨:黑龙江人民出版社.2003.181~182.

② 纳希.道德领域中的教育.哈尔滨:黑龙江人民出版社.2003.182.

和讨论学习的经历,这些都能够使儿童拥有一个社会认知发展和道德成长的环境。教师的工作就是为学生营造一种社会环境,在这种环境中,人与人之间能力和兴趣上的差异不是让不让学生参加活动的标准,而要以一种巧妙的体验的方式来体现公正和平等,来对待每一个学生。

心理学家在对五年级的学生进行研究的过程中发现一个现象,学生都一致认为遭到同学排斥是主要的问题,而不是挑起打架或别的。这个现象表明,学生中的"不被接纳"不是一个简单的同伴文化问题,而是学校生活及其价值观问题。纳希建议,学校可以采用明智的合作教学方式来提高学生的被接纳感。教师可以采取团体运动的娱乐形式来减少同伴之间由于竞争和比较而带来的破坏效应,这些活动能够增强合作精神、合作水平和友爱,而不是一味注重胜负的结果。教师还有必要阻止学生参与同伴间进行比较的活动,例如张榜公布具有"优良品格"学生的名单。这些行为对学校所倡导的价值观不但不起推动作用,反而会加剧学生之间的社会比较——这是孩子发展过程中真正的负面影响。

3. 青少年期(中学)

中学阶段仍需要继续加强营造社会氛围,为此,学生之间的合作显得尤其重要。虽然学校的目的不是干预个人领域的事件,但是学校应该增强学生的共同性感受,使不同兴趣和能力的学生可以相互交往。目前的有效做法是"校中校"的体制,即努力减少综合中学的人数,将其改造成小规模的具有多样性的社会团体。如柯尔伯格和他的同事创立的"公正团体学校"(just community school),在中学里还是一种比较常见的做法。当然,纳希等人在伊利诺伊大学启动的小型学校工作坊(small school workshop),也正是尝试对柯尔伯格的做法进行改良。总之,这种教育方法就是通过多样性的学生集体来讨论社会问题和学校生活问题,并达成某种共识,进而促进学生形成对社会、习俗和道德问题的正确理解。

(二) 学校氛围应该培养公正和尊重他人的品质

学校氛围应该反映所有人相互尊重的品质。学校规则应该保护学生安全,促进彼此尊重。学校政策的执行应该具有稳定、公正和灵活的特点。学校权威不应该具有苛刻或不宽容的特征。为此,纳希重点关注教师权威和学校准则对于学生品格的影响。

教师的公正和不偏袒是学生判断好教师的标准。在学校生活中,对与错的准则不应该由教师的权威和学校准则的权威来决定。既然学生在真实的社会生活中已经形成了关于对与错、公正与伤害等观念，那么，教师的权威以及学校准则的权威则来自于学生在具体的学校生活情境中对公正与伤害的准确理解与把握，学校权威的看法应该与学生对这些观念的理解保持一致。

从上述视角来看，理解教师权威和学校生活常规，需要提醒教师防止某种偏见。纳希认为，教师对待某个事件的偏见会造成对学生的潜在的危害影响。因此，教师和学校管理者作为教育者的责任就是对此保持清醒意识，努力减少自身存在的某种思想偏见对学生的影响。学校要创设一个公正的生活环境，孩子们在这个集体中生活，既感受到公正，又感受到学校和教师对他们的尊重。

从营建积极的学校生活气氛看，关键是在学校的制度化体系内要允许学生表达个人的思想。美国的很多学校就做到了这一点，即允许学生的古怪穿戴，例如染绿头发，但是要与不庄重的服饰划清界限。对教师来说，解决这个年龄段的学生的问题有一个积极的办法，即坚定而公正地实施学校规则的时候再加一点儿幽默，其效果可能比严厉要求学生服从好得多。

总之，在孩子的学校生活过程中，教师参与道德和制度行为转变的程度以及形式，将有助于孩子的道德判断力的发展。随着孩子自我意识的增强，他们对制度的拒绝和日益强烈地要求自己作出判断的愿望都比较突出。因此，教师对学生的反应是非常关键的。在培养青少年对学校教育的兴趣和对社会权威的尊重感方面，教师的作用可能存在两个不同的方面，即促进或破坏。教师的反应与学校规范或学生行为的道德制度化性质相协调，可以提高学校活动的教育效果。在最基本的水平上，互相尊重关心的氛围加上准则一致、公正的实施，是使学校形成具有积极教育意义的道德环境的基本因素。

二、针对学生的不同行为问题采取不同的教育方法

教师面对不同年龄学生的违规行为的反应要适当，一般来说，三年级以下的学生认为教师陈述规则的方式比较适当，年龄大一点儿的学生则认为陈述规则不如呈现与领域不相适应的反应方式适当。如果某一规范在各个年级都遭到很高程度的破坏的话，教师就有理由对这一规范的合理性重新

加以考虑。

（一）教师要重新理解学生纪律问题的复杂性

纳希把课堂纪律的运用作为帮助儿童社会化的一个成分,并赋予课堂纪律新的理解,即用"发展性纪律"(developmental discipline)这一术语来指称那些更新的建构主义模型。① 发展性纪律的观点受到建构主义思想的影响,它强调把课堂纪律作为自我调节的支持性行为,这些行为与个体自主决定的社会道德目标相一致。这些发展性方法的关键是使个体采纳社会出于自身的理由所赞许的东西,而不是对个体施加外在的控制。纳希认为,实施发展性纪律的宗旨在于支持儿童的积极性行为,同时对儿童的不良行为作出及时的反应。

在课堂学习生活中,教师避免出现纪律问题的一个方式是提供支持儿童积极行为的反馈。这类反馈多数是教师的表扬,还可以是物质奖励的方式。虽然积极反馈有助于儿童良好行为的发展,但是斯金纳早就指出,在激发和维持人类行为方面,内部强化比外部强化更有效。因为,儿童的行为过于依赖外部强化,实际上可能破坏儿童行为的道德动机。奖励的运用应该能证实儿童已经受到激励要做的事,而不是作为"塑造"儿童行为的一种手段以顺应成人的期望。因此,纳希指出,要把积极的表达和控制性奖励加以区分。积极的表达能让儿童感到自己的行为是合理的并鼓励他继续为作出道德行为而努力,控制性奖励是成年人用来塑造儿童的。控制性奖励强调儿童本身而不是儿童的行为,这种表扬常常运用一些很夸张的语言,如"艾莉,你真是我这么多年以来见到最好的学生"。虽然控制性奖励能让儿童的自尊得到暂时的满足,却是以设置一个不现实的高水平的发展为代价的。另外,还存在一个危险,就是控制性表扬把儿童从事某种行为的发自内在评价的欲望转向了一种对受到社会评价的自我倾向的关注。儿童在此建立起来的道德自我可能表面倾向于作出有道德的行为,但却不一定是出于道德的原因,如或许是为了继续得到教师的赞扬。

关于教师对学生的不良行为作出纪律反应,纳希重点讨论了教师对学生施加制裁的作用。尽管制裁是针对儿童不良行为作出的反应,但是,纳希反对采取赎罪惩罚的方式。因为赎罪惩罚只是针对这个孩子造成的不舒适

---

① 纳希.道德领域中的教育.哈尔滨:黑龙江人民出版社.2003.242.

或后果而采取的处罚,它并不能给孩子带来任何避免惩罚的实用目的之外的理由,也不能把老师赞同的事情作为行为的动机。由于学生把赎罪式惩罚与对他们施加惩罚的人联系在一起,而不是与自身的不良行为相联系,就有可能会引起学生的报复行为,学生可能认为自己有报复的权力。纳希认为,在这种情境中,道德会变得本末倒置,因为那个作出不良行为的学生在心里认为他或她成了受害的一方。通过使用赎罪式惩罚,教师就会把课堂的气氛变得充满"恶意",这种环境还可能鼓励学生产生自我保护和自私的动机。①

(二)针对不同问题(习俗问题与道德问题),教师要采取不同的教育策略

各种性质不同的交往形式对于儿童具有不同的教育意义。有效地施加对儿童的社会化和道德成长有益的影响,围绕道德和制度规范方面的教育应该和道德规范、社会制度的性质保持一致。这就要求教师对学生遵守规范和违反学校规范的行为要有不同的反馈。根据领域理论的内涵,教师要考虑规范是否涉及道德和制度问题。

实际情况是,简单的命令是教师最常表现出来的对学生违规行为的反应方式。但是,从儿童的反应看,他们不喜欢教师的简单命令。这一点值得我们关注。纳希建议,惩罚的形式应该采取逻辑结果的形式,这种结果以某种意义的方式与违规行为的性质相联系。逻辑结果包括赔偿、剥夺违规者滥用的物品以及排斥等。由于它具有非任意性、互惠性等道德性质,因此,孩子们能够从道德的角度而不是从社会习俗的角度看待已经发生的不良行为。例如,一个孩子强行拿走另一个孩子的玩具,其逻辑结果就是物归原主。如果教师对那个拿别人玩具的孩子实施罚站等方式的惩罚,这种做法使结果与行为相脱节,结果变成任意的惩罚,而不是逻辑结果。② 如果逻辑结果变成赎罪式的惩罚,这种惩罚的各种消极影响可能就会出现。教师要让学生明白对某一犯错误的学生的制裁和不良行为之间的联系,让学生们对不良行为模式发表看法。这样做的好处在于,教师可以把改变不良行为的结果,从成人施加的、管理严密的权力转变为自我建构的、具体的、反映学生共有的价值观的逻辑结果。这是教师对孩子不良行为的伦理反应,需要

————————

① 纳希.道德领域中的教育.哈尔滨:黑龙江人民出版社.2003.246.

② 纳希.道德领域中的教育.哈尔滨:黑龙江人民出版社.2003.246.

教师耐心去建设学校的整个道德、情感的氛围。

三、整合学校的教育力量，共同促进学生发展

学校作为一种特殊化的社会机构，其教育作用不能限于直接的社会体验。学校可以帮助学生超越自身和外部世界的直接联系的局限，给他们提供各种信息，理解自己所处的文化蕴含的重要信息，而这些可以通过把价值观教育与日常的学术教育、社会生活教育等加以整合而实现。

（一）促进学生社会发展的"教学时间"

学校作为一个社会性机构，它的运转必须遵从一定的社会规范。如果让学生真正地投入到学校的习俗结构中，就有助于他们融入社会制度结构中。因此，学校对学生行为改善的努力也不是学校生活中的孤立事件。纳希提供了一个学校实施规范的案例，即伊利诺伊州鹿场中学的一个研究项目——"第一课"。①

"第一课"创建于1994年。由于学生的日常行为中出现乱涂乱画、任意抛撒物品、言语粗俗、缺乏基本的归属感等问题，学校成立了由学生和教师组成的委员会。他们制定规范要求学生和教员共同遵守，让教师提出学生中出现的不良行为。这些努力使得整个学校面貌、学生行为和学生对学校集体的感受都出现了显著的变化。但是，遗憾的是，创建"第一课"规范的学生已经毕业了，现在的学生对所取得的成就没有多少所有感。

总之，纳希坚信，学校必须分配一部分"教学时间"来实现社会发展目的。为此，他提出了存在的问题，即如何继续生动活泼地保持这种努力。仅仅指出存在的危机和创建一些形式化的行为模式，是不能解决问题的，更为重要的是，学校要为学生参与亲社会性的或道德性的活动创造机会，目的是让学生的道德自我的形成进入行为领域，使青少年有机会把观念自我和行为自我联系起来。例如，社区服务活动对城市中的年轻人有积极的影响，如果给学生提供比较广泛的选择范围来决定自己的服务方式，他们就会从参与社区服务的活动中受益。这样的活动不仅能促进他们道德同一性的产生，还与他们的主体性感受相一致。这一研究对美国的学校教育产生了一定的影响力。例如，一些学校所在的学区要求学生从八年级开始要为社区

① 纳希.道德领域中的教育.哈尔滨:黑龙江人民出版社.2003.203.

提供一定时间的服务(以小时计算)才能毕业,同时也给学生更大的选择范围以满足为社区提供服务的要求。

值得注意的是,学生参与公共服务必须是自愿的,并且学生要能够认识参与某一项活动的意义。如果学校出于良好的愿望规定学生参加社区服务活动,但是学生并不认为活动有意义,活动效果则会受影响,学生还会对类似活动产生反感。

(二)课程目标与内容的整合:培养多元民主社会的公民

根据领域理论,纳希建议将儿童关于道德、习俗、个人发展问题的概念发展现状融入现存的学业课程。为此,纳希试图给教师一些指导,告诉教师如何致力于与领域相适应的道德教育。这些建议不是作为课程本身而是作为教师改编道德教育的课程资源和要义的模板出现的。

纳希认为,社会理解的建立最终是依靠讨论。因为讨论是个人的思想和他人发生联系的唯一方式,讨论的价值可以从儿童之间的争论与协商中看到,更高层次的讨论可以通过文字交流方式进行。目前的情况是,已经有很多人通过互联网形式进行讨论。无论讨论以何种形式进行,最终都必将导致个体对社会问题的思考方式的改变。因此,纳希很重视学生之间的交流性讨论,并对如何使用讨论进行了详细的研究。

1. 交流性讨论的作用

纳希借鉴德国哲学家哈贝马斯(Jurgen Habermas)的理论对策略讨论和交流性讨论作了区分。策略讨论是为了使他人同意并支持我们的观点和目标,讨论目的是为了获胜。它和我们所持的观点是否无懈可击无关,而在于我们提出的例证是否能使他人信服。交流性讨论的目的是使我们的观点处于最有说服力的位置,最终取得各方认同的一致意见。因此,纳希认为,进行社会道德教育的方法是尽量使学生积极参与交流性讨论,讨论的目标是让论点获胜,而不是突出某些个体。在学校生活中,如果整个班级的道德氛围与教学的形式是协调一致的,交流性讨论的运用形成了多方面尊重和合作的全面道德氛围,不仅能促进学生社会道德水平的发展,也会提高他们的学习成绩。研究者仔细审视构成有效讨论的因素后发现,其中最重要的变量是学生是否已经努力吸收并积极转化他们听到的别人的论点。这一过程就是相互作用。相互作用可以协调两种冲突观点之间的共同点,被动的倾听或不加努力的重复则对于观念的变化没有任何影响。

2. 交流性讨论的使用①

关于如何进行交流性讨论,纳希又提供了一些练习方法。这些方法以游戏的方式进行。

① 热身活动:学会倾听

这一游戏的目的是使每一个参与者都能准确地说明听到的内容。第一个游戏者简要告诉第二个人关于自己的一些事情,第二个人尽可能准确地向第三个人重复所听到的内容,由第三个人判断这个复述是否准确。接着由第二个人告诉第三个人,由第一个人做"检查者"。如此类推,直到每一个参与者都充当了一次"检查者"。

② 讨论:重组游戏

这是一项简单的相互作用的游戏,是为了扩展听到的观点。这一游戏可以在倾听游戏之后直接进行。让每六个人围成一个圈,第一个人陈述一种观点,第二个人对第一个人的观点进行组织和拓展,第三个人依照同样的原理继续下去,直到每一个参与者对前一个人的观点加工完毕为止。(对于小学生,教师应该在各组之间观察,看儿童能否进行准确加工,必要时应给予帮助。对初中和高中学生,教师可以直接指定一名"检查者"。)

③ 讨论:反证、综合结论

反证游戏是对重组游戏的扩展,基本程序与上面相同,只是参与者必须提出并解释一个观点以反驳前面的陈述者。综合结论游戏需要参与者倾听最初的观点以及反对意见,综合考虑后提出结论。每六个学生分为一组。第一个参与者提出一个观点,第二个人加以解释后并进行反驳,第三个人综合考虑第一和第二个人的观点,提出可以解决分歧的综合意见,直到每一个参与者都提出综合性结论。

一旦学生具备了基本的倾听和辩论的技能,就可以参与真正的社会问题的建议性讨论。在纳希等人进行的干预研究里,学生尝试在课堂上进行问题讨论。在此,讨论被当做文化课教学的工具,而不是附加的活动。但是,纳希也强调,不能滥用交流性讨论,每周最好不超过两次。因为任何教学活动一旦变得习以为常,就可能令人厌倦。

---

① 纳希.道德领域中的教育.哈尔滨:黑龙江人民出版社.2003.211~214.

第五节 评析

对于理解道德发展理论而言,领域理论(domain theory)是当代有影响力的理论之一,该理论提出了具体的道德教育方法。它认为存在着三种明显不同的领域,即习俗的、个人的和道德的,每一种领域都凭借自己的规范资源与全面影响构成一个整体的认知结构。领域理论的着力点之一就是把习俗从道德中分离出来,并把道德从个人利益中区分开,这就从概念上对习俗价值和个人追求提出了批判。领域理论让我们理解了人类社会价值观在文化和背景方面的变量。人类文化给予个人自由和隐私的相对程度是不同的,这就涉及对社会价值观与个人领域的讨论。一般来说,每个人都努力保持个人选择和隐私的一定空间,因为个体试图保有自我感和独特的自我认同。这种保持个人领域的追求构成了个人与社会之间动态关系的基本成分。对于父母、教师与儿童的关系而言,这个问题涉及有关合法的社会权威局限性的问题,以及儿童的发展和父母或教师对儿童控制之间的相互影响。进一步的讨论将涉及道德、社会习俗和个人的相互作用过程中出现的文化差异。领域理论拓展了我们思考道德问题和社会问题的视野,尽管人们对整个人类道德的理解有一个概念核心,但大多数真实生活中的社会判断很复杂,包含对不止一个概念框架的知识运用。

一、丰富和发展了皮亚杰和柯尔伯格关于道德判断的认知阶段发展理论

纳希的这一理论研究成果是对皮亚杰和柯尔伯格阶段理论的拓展。因为,皮亚杰和科尔伯格都坚持认为只有在道德发展的最高阶段,道德才能与习俗相区分并代替习俗作为道德判断的基础,而纳希的研究表明,在儿童早期,孩子就已经能够区分道德问题与习俗问题。因此,纳希非常重视个体对道德和习俗的理解。于是,纳希重点研究个人领域对道德判断和习俗判断的影响。

(一)突出了儿童在不同领域的发展水平不同

领域理论植根于道德发展理论对于认知发展的理解。柯尔伯格和领域理

论专家都把道德思考作为一种人类认知领域的正式结构;双方都认为道德思考是本质上的义务,道德也被作为普遍的思考领域,针对具体问题和事件而应用规定的、优先的、正式的规则和标准。在道德的一般概念上,这些规则并不存在很大的不同,而是在柯尔伯格所理解的道德认知发展的水平上存在不同。随着柯尔伯格理论的概念化,真正根据习俗进行自主思考这个问题并未出现,直至后习俗阶段。与之对照,特里尔则认为,真正的道德推理实际上构成独立的思考结构领域,并很早就出现于孩子早期的认知发展中。①

传统的价值观教育没有区分道德领域和非道德领域的社会规定,一般都把道德看做习惯和习俗问题,并作为品格教育的一部分反复灌输给儿童。纳希等人对道德问题和习俗问题所作的区分尽管包含哲学上对道德和习俗的区分,但更是建立在皮亚杰和柯尔伯格关于道德发展研究成果的基础上。皮亚杰和柯尔伯格都坚持认为,只有在道德发展的最高阶段,道德才能与习俗区分并代替习俗作为道德判断的基础。纳希区分道德领域、习俗领域和宗教领域,有助于教育者寻找促进儿童不同认知水平发展的适当方法。

道德领域理论的焦点集中于每个领域内随着儿童年龄增长而发生变化的知识结构,集中于跨领域交互作用的典型年龄特征。这也给教师提供了一个框架来理解如何将社会道德问题的复杂水平同学生的发展水平相适应的问题。对于儿童道德发展矛盾问题的解释,是对传统的柯尔伯格理论的一个新发展。

但是,纳希的理论框架依旧受到柯尔伯格理论的影响而过于偏重社会道德知识和推理,这在一定程度上忽视了儿童的道德情感体验对其道德判断力和道德行为能力的影响。不与学生的实际生活建立直接联系的道德教育是不充分的,我们要关注学生在道德生活中的直接的社会体验。

(二)领域理论在学校教育实践中的影响

领域理论丰富了学校教育实践工作者对柯尔伯格教育方法的理解与应用。道德领域的教育应该向学生的正义感、公平感提出挑战,并要求他们在

---

① Turiel E. *The Development of Social Knowledge: Morality and Convention.* Cambridge:Cambridge University Press. 1983. p. 9.

Turiel E. The Development of Morality, in: W. Damon & N. Eisenberg (Eds) *Handbook of Child Psychology*, Vol 3. Social, moral, and personality development (5th edn), NewYork:Wiley. 1998. pp. 863～932.

日常生活中实践他们的理解。所以，与其说道德教育是一个劝导的过程，不如说是一个激发儿童潜力而去理解和把握社会的过程。

领域理论的研究对于教育者的巨大价值是可以培养"好"孩子。它提供给课程设计者的教师一种框架，即在道德教育的直接教育方面努力。这种努力适合于孩子的不同发展点，而且还提供了一个基础，即表现出社会价值的道德和习俗维度。如果能够这样做的话，教育者不仅能对培养道德公民的公正和同情作出贡献，也能理解和尊重习俗的需要。正如我们所看到的那样，融入不同背景的道德判断也许能够唤醒一个人权衡道德与非道德考虑的能力。

但是，在这种情况下道德教育的目标就变得更加复杂。简明扼要地说，在这种情况下，道德教育者就不仅仅是对发展孩子的道德和习俗理解力感兴趣，他们更感兴趣的是，当孩子们在一个行动过程中作出决定的时候是否能够意识到并优先考虑这些问题的道德元素。

二、对美国当代道德教育理论的影响

纳希以高度敏感的研究态度把社会学的领域理论和道德认知理论紧密结合起来，虽然并不一定能够解决美国一直以来的道德教育争论，但是，他始终考虑到道德、社会习俗和个人的相互作用，试图为美国当代道德教育实践提供新的理论参照系统。

（一）试图调和与当代道德教育其他流派的分歧

在过去的 30 年时间里，品格教育学派强调自控的非理性和行为实现，认知发展学派则强调道德判断，二者在哲学上存在根本的不一致。此外，在影响教育政策的层面上，这两种观点在过去的 30 年里也导致教育者的注意力出现转变，即从倾向于培养孩子的推理能力转向社会化的发展方向。然而，没有哪一种理论观点为目前的学校教育策略制定提供了足够的理论基础。

自从道德被理解为作出选择和合乎目的性，缺乏道德判断就不能产生道德行为，已经成为认知学派的经典。因此，忽视道德认知发展的教育方针的支持者，通常在道德教育领域里缺乏足够的影响力。相反，道德判断力发展在必要性上也没有实施完满的道德教育目的，因为对于道德判断力来说，它自己并没有对学生的特殊行为过程产生深刻的影响。道德认知发展和道德品格形成在促进孩子的道德成长方面存在较为激烈的冲突。因此，纳希试图调解与上述两种观点的分歧。

（二）区分道德教育与社会教育，促进未来公民的道德发展

在道德与习俗的对与错方面，纳希在心理学上的发现为之提供了一个经验的基础，在柯尔伯格道德定义的基础上重新讨论一些令人烦恼的道德问题。习俗概念的理解区别于道德理解，这种区别不是为道德和习俗构建一个简单的概念框架，而是允许教育者针对这种不同给出应用的规则。纳希的研究表明，儿童对社会习俗目的和功能的理解力发展也具有教育价值。从理论研究来看，界定不同的对象领域，把对象领域划分为不同的专业区域，这种做法并不会把儿童道德认知发展分裂开来，而会提供不同领域之间的边界交流，由此使边缘领域凸显出来。根据海德格尔的观点，即"从这些边缘领域中产生出一种特有的推动力，从而引发出全新的、常常是决定性的问题提法"[1]。

客观来看，领域理论的优势是值得关注的，这一理论将道德知识置于一个清晰的位置，并且区分或者说比较了道德与个人利益的不同。这就清楚地表明了道德或伦理的视角与利己主义或个人利益考虑的不同。尤为特殊的一点是，领域理论把习俗从道德中分离出来，为道德知识的客观性提供了一个概念上的基础，而且也从道德的视角对文化进行了批评。

在区别了道德与习俗之后，与社会性"适应"不同的道德是什么？这项研究允许教育者将焦点集中于讨论道德教育如何更好地发展孩子的道德理解（例如，幸福与公正的概念），他们的行为趋向主要是根据道德原则而不是课程中包含的习俗与宗教价值。这项研究伴随着广泛的跨文化普遍性。道德认同作为公正与人类幸福的核心，与价值教育的基本任务相一致，这种教育旨在培养人们形成不撒谎、不欺骗、不偷盗和不伤害他人的品格。

与此同时，在基础研究方面，道德内容的定义还要避免"美德袋"的方法，这是为了更好地实现道德教育目标。纳希指出，柯尔伯格早就批评的"美德袋"方法是一个陷阱。构成道德判断和道德行为的核心道德涉及公正与幸福，不是一般意义的美德，而是一切社会道德问题的中心。另外，纳希也明确指出，道德领域与习俗领域在真实社会情境中重叠出现，因此，培养学生的道德理解力与实践能力只能在具体的情境问题之中进行，这为整合

---

① 海德格尔.演讲与论文集.北京:生活·读书·新知三联书店.2005.54.

学校教育力量提供了有力的理论基础。

（三）超越柯尔伯格道德发展研究的里程碑

关于孩子的道德发展研究正在超越柯尔伯格的里程碑。在柯尔伯格理论的框架下，教育者重视培养孩子的推理能力，根据学生如何可能获得使用概念的机会，培养其道德反应与行为能力，并刺激孩子在这类道德术语中进行思考和对行动负责任。事实上，如果孩子在其社会认知发展的所有方面能够从公正和幸福的视角考虑道德问题，那么，使孩子理解融入社会背景问题的道德构成就变得相当重要，而不是简单地尝试让孩子触及道德判断阶段的规则末梢，在那里，道德优先秩序就成为这一过程的关键。

当然，这并不是说发展不重要。在柯尔伯格理论的整体感觉上，儿童达到道德原则的理解，预示着作为社会系统的社会理解力的完整发展，这种理解在青少年中期或晚期才能实现。另外，孩子们观察某一行为的道德的能力需要一种类似青少年晚期并且在习俗领域世故的（懂事的）水平。例如，当一个人穿泳装出席葬礼的时候，许多青少年（12～14 岁）并没有意识到任何问题。在他们的观念中，既然习俗（类似这些衣着）除了代表权威的武断之外代表不了任何东西，那么，穿泳装出席葬礼就没有任何错误。然而，年龄较大一些的青少年，已经建构了一种习俗的理解力作为社会系统的组成要素。从违反社会习俗中，他们能够看到第二种道德暗示，会倾向于认为穿泳装出席葬礼是错误的，因为在葬礼的社会框架之下，衣着也代表着对逝者的尊重和对其家庭成员的悲伤的同情。①

---

① Larry Nucci. Moral Development and Character Formation. In Walberg H. J. & Haertel. *Psychology and Educational Practice*. Berkeley：MacCarchan. 1997. pp. 127～157.

下篇 实践篇

第四章

朝野共识：
学校道德教育改革势在必行

　　进入 20 世纪 80 年代以后，美国社会在基本事实上日趋分殊化（differentiation），在社会生活领域，传统的善恶观念已经很难解释各种现实问题。社会生活的不同方面都出现了不同程度的分化，如宗教与道德的分化，教育与人格的分化，这些分化对社会生活秩序的稳定产生了巨大的影响。面对社会价值多元化带来的冲击，具有保守主义思想倾向的共和党在其执政纲领中就旗帜鲜明地强调传统价值观，因此，联邦政府有意识地加强对学校基础教育政策的调整，并且直接干预学校道德教育方针政策的实施。与此同时，学术界开始聚焦于社会现实面临的各种道德问题，一些学者不仅从理论上反思价值澄清学派和柯尔伯格学派对道德教育实践的影响，而且以不同的方式积极参与学校的道德教育实践。总之，联邦政府、地方政府、学区和专业机构等形成了支持学校道德教育改革的大趋势，这一切都共同促进了新一轮美国学校德育实践的改变，即强调直接的、正面的和积极的道德教育。

第一节　自上而下的学校道德教育实践改革：
政府直接影响学校德育实践

　　从 20 世纪末至 21 世纪初，美国社会规范失序的问题已经危及年轻一代的健康成长，民众对基础教育质量不满的声音也日渐增多。为了顺应民意，争取选民支持，无论共和党执政还是民主党执政，历届总统及其政府都大力强调学校教育改革，并突出学校培养公民道德方面的责任。因此，历届政府均以不同的形式加大对学校教育的干预力度。从里根执政时期轰动全国的教育质量调查报告,到布什政府的教育改革目标,克林顿政府的直接推动,以及小布什政府对传统价值观教育的坚决推进,都表明了美国政府推动学校德育改革的力度。

一、联邦政府对学校德育的分阶段影响

依据美国政治制度的传统,联邦政府一般较少干预地方政府对公立学校的教育管理权。但是,20 世纪 80 年代以来,美国经济发展面临世界经济一体化进程带来的冲击,新技术革命带来社会生产转型,劳动力市场出现巨大分化,美国社会开始面临传统制造业工人的大批失业而引发的社会动荡。社会变化带来的价值混乱使政府看到一种潜在的危机,失业和贫困导致家庭解体,使得大量青少年处在家庭教育的边缘,由此出现青少年犯罪等问题。因此,政府希望借助公立学校教育的力量弥补家庭教育的缺失,改善未来公民的道德水准,进而保证整个社会秩序稳定地向前发展。20 世纪 80 年代,对学校道德教育领域的问题,批评的矛头主要指向价值观教育的弱化,回归传统社会价值观成为当时美国社会的主流声音。20 世纪 90 年代以后,联邦政府才陆续出台一系列具体的干预学校道德教育变革的政策与法律措施。

(一) 20 世纪 80 年代,联邦政府关注学校从事道德教育的责任

1981 年 8 月,联邦政府的教育部长特瑞尔·贝尔(Terrel Bell)任命了由 18 位专家和教师组成的"国家教育优异委员会"(The National Commission on Excellence in Education),负责调查美国中小学的教育状况,并向里根总统和美国公众报告美国学校教育的质量。① 该委员会的具体任务是,针对当时民众对公立学校教育的不满,对公立学校教育进行全面的调查,向政府和公众提出教育改革的建议。经过一年半的调查,该委员会于 1983 年 4 月发表了全面检讨美国教育、措辞令人震惊的调查报告——《国家处在危险中:教育改革势在必行》(A Nation at Risk: The Imperative for Educational

---

① The National Commission on Excellence in Education, *A Nation at Risk: The Imperative for Educational Reform*. Washington. D. C.: U. S. Government Printing Office. 1983. see introductory frontmatter.

Reform）。报告指出："我们的国家正处在危机之中。我们曾经所向披靡的贸易、工业、科学和技术发展正在被他国超越……如果一个不友好的国家试图把我国今日现存的低劣教育成绩强加于我国，我们会认为此举意味着向我们宣战……我们所关切的……不仅是国家工业和贸易的前景，还有人民的智力开发、道德规范和精神力量，这些交织起来才能支撑我们的社会。"①这份报告揭示了美国中小学教育中存在的严重问题，仿佛美国的学校教育已经到了世界末日，引起了美国社会各界的广泛关注。里根总统对此也表现出惊讶。这标志着全社会对教育的不满意和危机感已经达到了美国历史的顶点。

其实，就当时的美国总统里根的执政倾向而言，他反对政府直接卷入教育事务，甚至想撤销 1979 年刚刚升格的联邦政府教育部。所以，20 世纪 80 年代，在里根执政的两个任期内，联邦政府并未对学校教育改革提供全面的方案，只是一些与教育部关系密切的教育专业组织先后出台了多个反映学校教育状况的调查报告。上述的这份报告则是其中最为突出的，它拉开了基础教育改革的序幕。该报告由于其权威性，以及把教育和美国国力竞争、民族精神和国家前途联系起来，收到了振聋发聩的效果。由于在美国是各州政府对学校承担主要责任，所以，该报告发表之后的一年多时间内，各州政府及下属学校都致力于学校教育质量的提高。在里根总统的第二个任期内，他要求当时的教育部长威廉·J. 贝内特（W. J. Bennett）对 1983～1987 年的教育改革作一个总结，向政府和全国民众汇报。

事实上，里根执政期间，尽管保守党政府大力提倡传统的价值观念，但是，由于美国在越战中的失败和"水门事件"的影响，公众对政府机构及领导人的信任度明显降低，对传统价值观更加怀疑，也不愿意接受被告知的事物，价值标准更趋于多元。其结果是，人们更倾向于道德相对主义，把道德问题当做个人偏好。从社会整体水平上看，人们的道德约束力在下降。因此，学校教育面临的严峻问题是，怎样培养学生的共同价值观念，如何寻找价值观中的平衡。面对青少年表现出来的诸多道德问题和违法问题，学校

---

① The National Commission on Excellence in Education，*A Nation at Risk*：*The Imperative for Educational Reform*. Washington. D. C.：U. S. Government Printing Office. 1983. pp. 5～6.

教育开始遭遇方方面面的指责。有学者直接指出:"学校价值教育薄弱是学校德育问题的根源所在。"①在美国,上至政府,下至民间,都把改善青少年道德问题的希望聚焦于学校。因此,公立学校从事道德教育的责任也开始复苏。

(二)教育部呼吁加强基础道德准则教育

1988 年 4 月,威廉·J.贝内特递交了《关于美国教育改革的报告》。该报告列举了大量的事实说明美国学校教育的现状,并指出了努力的方向。关于学校教学工作,报告专门列举了一些数据来说明"吸毒和秩序混乱"的情况。1980~1987 年间,中学高年级学生在前 12 个月中使用过大麻的百分比从 49%下降到 36%。学生破坏行为是仅次于吸毒的第二大问题,1985 年在中学校长调查中有 3/4 的人认为,1980~1985 年间他们学校的混乱现象减少了。但 1987 年的中小学教师调查中,44%的中小学教师认为学生在课堂上的破坏行为自 1982 年以来有增无减,有 20%的教师报告他们受到了学生的威胁,29%的教师说学生的不良行为曾使他们认真考虑过放弃教育工作。② 为此,贝内特在报告中建议,积极提倡进取的风尚。他认为,美国学校应该从三方面改进:讲授基本道德准则,建立纪律和规章制度,鼓励学生养成努力学习的习惯。基本的道德准则包括诚实、勇敢、正直、慷慨、独立、忠诚、善良、遵纪守法、爱国主义、勤奋、公正和自我修养等,方法是让学生接触具有良好品德的人,鼓励他们效仿其行为和思想。

根据当时教师中间普遍存在的价值中立态度,贝内特认为,作为教育工作者,在重大思想问题面前持中立态度是最大的罪过,是在逃避主要责任。他还在报告中强调,建立学校权威和维持教学秩序是提高教学质量的首要任务,纪律是建立良好校风的根本基础,行为可以通过学习养成,好的习惯也可以通过强化纪律和规章制度进行培养,学校应该处罚破坏纪律的行为。总之,贝内特的这份报告强调恢复传统的伦理道德。但是,由于里根政府不愿过多地干预地方政府对学校教育的政策,20 世纪 80 年代,联邦政府对于学校道德教育改革仅仅处于舆论导向的阶段,并未出台实质性的措施。

---

① Robert T. Sandin. *The Rehabilitation of Virtue: Foundations of Moral Education*. New York:Praeger Publishers. 1992. Preface.

② 顾明远、梁忠义.世界教育大系·美国教育.长春:吉林教育出版社.2000.255.

（三）20 世纪 90 年代，政府直接介入学校的品格教育

上述这些有关学校教育质量的国家级报告在 20 世纪 80 年代横扫全美，对美国教育发展产生了持久而深刻的影响。报告中的许多建议受到各州政府的高度重视，报告的内容也在社会各界引起热烈的讨论，各所学校的校委员会、校长、教师、公众等热切关注学校教育改革的走向。当然，真正意义上的学校教育改革则是在 20 世纪 90 年代才开始的。

进入 20 世纪 90 年代以后，要求国家加强对教育的控制的呼声日益高涨，美国政府在教育政策方面也作出了一系列的调整。1990 年，布什总统就职后出台了《国家六大教育目标》（本书在引言部分已作介绍）。为了实现上述六大教育目标，布什总统于 1991 年 4 月又签发了《美国 2000 年教育战略》。该文件再次对学校教育质量提出批评：1983 年的警告并未挽救教育的败局，美国教育大势平淡无奇，国家在白白耗费教育投资。并且，它具体规划了美国 2000 年的教育战略，其中第六条内容为：每所学校将没有毒品和暴力，并将提供一个秩序井然、有益于学习的环境。

正是在这一政治背景的影响下，1993 年 4 月，克林顿政府以法案的形式提交了《2000 年目标：美国教育法》（Goal 2000：An Educate America Act）。同时，这份文件作为国家法案提交参众两院审议通过，完成了立法程序，并于 1994 年总统签署后正式生效。在该法案条款中，增加了对于品格教育的两个经济资助来源。克林顿政府这一教育法案在实质性内容甚至文字表达上都与布什政府的《美国 2000 年教育战略》基本一致，继续确认了布什政府制定的六项"国家教育目标"。克林顿政府为它的实现制定了更为具体的措施，并把对学生进行良好道德品格的教育定为第八大教育目标的重要内容之一。白宫分别于 1994 年 7 月、1995 年 5 月和 1996 年 6 月三次组织了关于公民与民主社会品格构建的研讨会，会议重申了品格教育在全国优先发展的地位。1996 年 1 月 23 日，克林顿总统在州联席会上发表演讲，呼吁所有的学校进行品格教育、良好价值观教育和良好公民教育。1997 年，克林顿总统在国情咨文中明确指出："学校必须开展品格教育，我们必须教导孩子成为好公民。"在大力提倡道德教育的时候，他在国情咨文中具体提到的唯

一实践措施就是穿校服。① 此后，许多学校迅速设计了本校的校服。虽然美国关于校服的争议一直没有停止，但这并未影响它成为中小学校一种流行的做法。

进入 21 世纪（2001 年 1 月），小布什总统继续共和党在政治上的保守倾向，即坚持重建美国社会的传统价值观，更加热心于在学校里实施品格教育。为了培养未来美国公民，他签署了《不让一个孩子掉队》(No Child Left Behind of Act，简称 NCLB) 的教育法案，并把加强公民价值观教育作为这个法案的重要组成部分。总之，最近 20 多年时间里，美国历届政府在加强培养青少年道德品质方面表现出高度的一致。上述内容无不表明近年来美国政府有目的、有计划地干预学校实施德育改革的决心。

二、两级政府出台政策，直接推进学校品格教育运动

当然，学校道德教育改革的具体实施，除了历届总统营造的政治氛围之外，政府在立法、行政以及财政方面的支持是品格教育运动得以全面开展的重要保障。其中，联邦政府投入经费支持的"蓝带学校奖励计划"(the Blue Ribbon Award Program) 持续多年，国会批准通过的《中小学教育法案》(ESEA) 对品格教育的资助提供了明确的经济来源。地方政府也以适当的形式推进公立中小学校的品格教育运动。

（一）曾任美国联邦政府教育部长的贝内特与学校品格教育

贝内特在里根政府任教育部长，他深感美国社会和大中小学里正在出现"道德衰退"现象，并相信除了家庭和教堂之外，学校是塑造青少年品德的最好场所。针对美国学校对青少年道德问题和行为失范问题表现出来的教育无力现象，贝内特对价值澄清理论和美国学校的道德教育状况进行了批评，呼吁学校摆脱价值中立和没什么内容的道德推理教育方法，要求学校重新恢复"品格"和"品格形成"两个词，重视道德"内容"及其"选择"，这些关键词构成了贝内特的三个"C"（即 character，content，choice）。他领导下的联邦政府教育部致力于整个社会的道德改善和学校品格教育。

作为教育部长的贝内特主要致力于从政策与舆论层面在全国范围内推

---

① Mary-Holland W. Thompso. Revisiting School Uniforms. *The Educational Forum*, Volume 63. 1999(4). p. 300.

進学校的道德教育实践,他的努力分为两个部分。一是教育部在 1985 年提出"蓝带学校奖励计划"。所有获得"蓝带奖"的学校都必须证明,学校在计划、政策的制定和实施以及实际行为方面都有助于培养学生的健康、自尊、民主价值观、道德判断和自律等美德。这个颁奖计划每隔一年举行一次,全国的中小学校都可以参加。二是他亲自撰写品格教育书籍,他相信青少年可以通过阅读那些体现令人向往的美德的故事来学习这些德性。同时,他还出现在电视媒体的谈话类节目中,以他的思想影响美国公众。他的两部美德教育作品《美德书》(The Book of Virtues)和《道德教育指南》(The Moral Compass)的销量都超过了 250 万册。他也因此成为美国"美德代言人",并在 1996 年 6 月 7 日的《时代》中被评为"最有影响的 25 位美国人"之一。

（二）各级政府大力支持品格教育的实施

最近十几年的时间内,美国政府在鼓励各级学校实施品格教育方面的政策一直保持着连续性。其中一个典型事例就是联邦政府教育部 1985～1994 年十年期间坚持实施的"蓝带学校奖励计划",即表彰品格教育显著的中小学校。这项计划始创于里根执政期间,一直延续了十年。即使到民主党执政时期,克林顿总统还建议美国民众关注"蓝带学校"在品格教育方面取得的优秀成绩。

1994 年,美国国会再次批准通过了《中小学教育法案》(ESEA),美国众议院和参议院无异议地采纳了支持品格教育的联合决定,指定每年的 12 月 16～22 日为"全美品格测量周"(National Character Counts Weeks)。[①] 白宫也专门举办了品格教育研讨会,计划出版品格教育书籍。

为积极推动品格教育运动,自 1996 年起,美国联邦政府每年拨款 270 万美元,资助全美数十所中小学校进行品格教育。1999 年,联邦和州政府开始实施"品格教育试点合作计划",有 21 个州接受了教育部的拨款。与此同时,各州也制定了相关的法律和法规,要求所在地中小学实施品格教育项目。有数据显示,截至 2000 年 10 月,36 个州和华盛顿特区已经收到联邦政府的

---

① Madonna M. Murphy. 美国"蓝带学校"的品格教育. 北京:中国轻工业出版社. 2002.30.

专项拨款开展学校的品格教育计划。① 2002 年 11 月 1 日，布什政府又对品格教育采取了一项有力措施，据第一夫人劳拉·布什宣称，联邦政府教育部将给 5 个州和 34 所学区（包含不同种族）提供 1.67 亿美元品格教育专项拨款。② 正是由于历届联邦政府的大力支持，品格教育如今在美国已经成为一个标准术语，它标志着一场覆盖全国的道德教育改革运动。

在美国各地，如加利福尼亚、密歇根、新泽西、佐治亚、南卡罗莱纳、威斯康星等州都颁布了强调学校道德教育核心价值的相关教育法案。如加利福尼亚立法机关宣布在 K－12 年级的学校实施有效的伦理和公民价值教育计划，其基本的和共享的伦理与公民价值包括人的个体尊严和价值、公平和平等、诚实、勇敢、自由和自律、个人社会责任感、社群和共同利益、正义、机会平等。华盛顿州基本教育法案规定，地方社区达成共识形成学习的价值和品格特质，并有责任决定如何学习，这些价值和特质包括诚实、正直和信任，尊重自我和他人，为个人行为和社会负责，自我约束，尊重法律和权威，健康和积极等。③

一些学区也确定了道德教育方面的具体内容，如得克萨斯州普拉诺学区确定的内容为：礼貌、勇敢、自律、诚实、自尊、正义、爱国，个人的公共义务，尊重自己和他人，尊重权威，负责等。又如马里兰州巴尔的摩的乡村公共学校的道德教育内容来自于宪法和权力法案的 24 个核心价值，并融入 K－12 的课程中。再如俄亥俄州辛那提普林斯顿学区，将"尊重你自己和他人"作为基本价值，整个学区采用了一整套相应的道德教育价值。该学区自1987 年开始在全学区管辖范围进行了历时一年的确定核心价值的过程，目标就是把道德教育计划与美国宪法 200 周年的纪念活动结合起来，邀请了领导、校长、教师、家长和学生进行讨论，最后确定了以诚实和正直、坦诚、礼貌与同情、忠诚、智慧、自由、正义、平等、多元与宽容、负责、自制与勇敢为核心

---

① Haynes, C. C. *Let Character Education be an Initiative in Schools*. Press & Sun-Bullentin. 2000，October 28. p. 3.

② Tian Long Yu. *In the Name of Morality* [M]. New York：Peter Lang Publishing. 2004. p. 7.

③ 李江. 美德的回归——美国新古典道德教育运动评析. 石家庄：河北大学 2006 届硕士学位论文，第 10 页。

的价值体系。①

从上述各地推行道德教育的具体内容看，它们都是基于共识性道德之上进行道德教育。民意测验数据也表明各个地区基于道德共识的学校道德教育得到普通民众的广泛认同。在某种意义上说，"道德共识是对某一确定范围内道德'公度'的共同认可，因此，它意味着存在一种可普遍化、可公度的道德"②。

（三）联邦政府利用现代信息技术手段支持学校实施品格教育

自从 2001 年通过《不让一个孩子掉队》的法案之后，联邦政府教育部于 2004 年还成立了"品格教育与公民参与的技术支持中心"（the Character Education and Civic Engagement Technical Assistance Center，简称 CETAC，该中心的网址是 www.cetac.org），它为各地方政府、学校、社区和家庭实施品格教育和公民教育提供信息资源和技术援助。

该中心的宗旨是让学生具有离开学校后能够适应社会的技能，而其中的品格教育项目是实施《不让一个孩子掉队》法案的一个必要部分。该中心向学校提供实施品格教育的资源，以指导学校把品格教育与学术教育相结合，并成为整个学校基础教育改革的一部分。作为上述工作的一部分，该中心还帮助各州和地方学区在上述法案的框架内进行品格教育的基本指导，并提供各种各样的网络资源帮助教师学会选择、实施和评估品格与公民教育。

该中心的具体活动包括四个方面：一是为获资助的发展项目提供技术支持，以促进项目的实施与评估；二是开发和出版品格教育的材料，面向联邦政府教育部、地方政府教育局和公众进行相关宣传；三是发展和维持可公开查阅的网站上的资源，包括品格教育、公民参与和服务学习；四是支持品格教育资源群体定期举行会议，以及举办国民教育组织和美国教育部门的工作人员培训班。

在政府专业网站的示范和影响下，地方政府、学校以及民间研究机构也

---

① DeRchoe E. F. & Williams M. M. *Educating Hearts and Minds：A Comprehensive Character Education Framework*. Corwin Press，Inc. 1998. pp.21～22. 转引自李江. 美德的回归——美国新古典道德教育运动评析. 石家庄：河北大学 2006 届硕士学位论文，第 10 页。

② 万俊人. 现代性的伦理话语. 哈尔滨：黑龙江人民出版社. 2002.69.

纷纷设立网站,介绍和推广学校实施道德教育的经验。

第二节 广泛的学术参与:专家直接指导
学校道德教育

20 世纪 80 年代以后,"道德衰退"(moral decline)现象已经成为美国的社会共识。一些学者对校园暴力事件、街头青少年的破坏行为以及青少年的吸毒等不良问题表现出极大的忧虑,并相信可以通过学校道德教育培养青少年的美德。随着《国家处于危险之中》这一报告所引发的学校教育回归基础的改革浪潮,学校回归传统道德和价值观教育的呼声也日益高涨。所以,美国各界对青少年道德问题的关注是与学校基础教育改革同步的。当学术界对学校进行美德教育取得共识之后,道德教育也成为美国基础教育改革的一个重要部分。专家们通过各类学术机构影响品格教育实践研究,又与课程改革相结合制订相应的品格教育课程方案。学术团体在促进美国社会道德重建的过程中表现出强大信心,并充分展示其理论特长,发挥其资源优势,促进学校德育朝向更高的道德理想去努力。

138

一、教育专家直接关注道德教育①

一批崇尚古典文化的学术精英成为此次学校道德教育改革的主力,他们通过各种学术机构对品格教育展开专题研讨,并通过不同类型的学术会议向社会宣布他们的教育主张,尤其是将品格教育与基础教育课程改革密切联系,影响学校的课程实施,直接的品格教育计划也开始在中小学校里有步骤地开展。

(一) 1988 年提出"道德成熟的人"所具备的六个品格特征

课程发展指导协会(the Association for Supervision and Curriculum Development,简称 ASCD)邀请 11 位道德教育专家组成了一个专家组。他们起草了一份报告《学校生活中的道德教育》(Moral Education in the Life of

---

① Madonna M. Murphy. 美国"蓝带学校"的品格教育. 北京:中国轻工业出版社. 2002. pp. 28~29.

the School)，列举了一个"道德成熟的人"所应具备的六种品格特征：

（1）尊重人类的尊严

（2）关心他人的福利

（3）使个人兴趣与社会责任相统一

（4）表现出正直

（5）对自己的道德选择不断反省

（6）寻求和平解决冲突的方式

课程发展指导协会（the Association for Supervision and Crriculum Development)成立网站（即 http://www.ascd.org)，也形成了一些强化品格教育的项目。在这种教育理念的影响之下，一些学校的老师开始致力于品格教育课程的开发，如林达（Deborah Linden）就是品格教育课程的开发者之一。这种课程的对象是小学和初中的孩子，课程集中于责任、努力、解决问题、毅力、同情、信心和团队工作。这种课程被一些学校用于六年级学生的训练。[1]

其他一些全国性的学术机构也为学校课程内容组织提出了建议，如杰弗逊道德教育中心（Jefferson Character Education Center）提出的"道德教育六大支柱"，道德教育协作组织提出的关心、尊重他人、负责、公平、关心他人的幸福、诚实等价值。值得肯定的是，这些道德教育的建议得到了民众的积极回应。1993 年盖洛普民意测验为：社群能否具有一套大家一致同意的基本价值，如诚实、爱国、关心他人、勇敢、宽容，并在公共学校传授？结果表明，69％的回答者和 73％的家长认为是可能的。两年后同样的测验表明，在公共学校应该教授什么样的价值，也得到了几乎一致的观点。[2]

（二）不同形式的品格教育学术研讨会

一些学术团体开展了不同形式的品格教育学术研讨会，其中影响最大的要属 1992 年美国"品格教育大讨论"和"阿斯彭会议"。这两次重要的学术

---

[1] Anne Turnbaugh. Lockwood. *Character Education：Controversy and Consensus*. California：Corwin Press. 1997. p. 48.

[2] DeRchoe E. F. & Williams M. M. *Educating Hearts and Minds：A Comprehensive Character Education Framework*. California：Corwin Press. 1998. p. 24. 转引自李江. 美德的回归——美国新古典道德教育运动评析. 石家庄：河北大学 2006 届硕士学位论文，第 10 页。

研讨会揭开了学术界对品格教育的关注的序幕。从此,一些学者站在不同的理论立场,纷纷加入到品格教育的学术讨论中来,形成了浓厚的学术氛围。

1992 年 3 月,美国"课程发展与监督协会"(the Association for Supervision and Curriculum Development,简称 ASCD)、普林斯顿 55 项目(Princeton Project 55)和约翰逊基金会(Johnson Foundation)在威斯康星州的瑞茜恩(Racine)举行了一场大范围的研讨会。此次会议旨在激发全国各个教育协会更多地关心品格教育,并将其放在优先发展的地位。会议的研讨主题是"怎样在幼儿园到十二年级(相当于中国的高中三年级)进行有效的品格教育",与会代表展开了热烈的讨论。此番讨论,有效地促进了美国品格教育的开展。

1992 年 7 月,美国约瑟逊学院在科罗拉多州的阿斯彭(Aspen)召开了为期 4 天的会议,会议的主题为"道德与品格:应当做些什么,能做些什么,将要做些什么"。会议讨论的结果是《阿斯彭宣言》的诞生。《阿斯彭宣言》阐明了现代民主社会的六种核心道德价值观,并提出了将要付诸行动的品格教育计划。这一宣言的发表,引起了一系列品格教育机构的成立,各级各类学校也开始在学校设立品格教育课程,或通过各种形式开展品格教育。

1994 年,美国著名教育学者诺丁斯(Nel Noddings)等人发起"何为好学校"的讨论,提出了衡量学校教育是否符合道德性的三条标准:一是发展每个的学生的合理兴趣和才能,二是关怀师生的生活质量,三是为师生探索大多数人共同感兴趣的问题提供条件。其他的一些全国性的教育协会,如全国社会学习委员会(the National Council for the Social Studies,简称NCSS)、全国公民教育联盟(the National Alliance for Civic Education,简称NACE)也从各自的立场出发来阐述品格教育与公民教育的关系。显然,经过学术界的努力,品格教育已经成为强大的教育动力源。尽管学术界与政府部门和广大民众关注品格教育的视角不同,学术界内部的观点也不统一,但是,学术界的广泛参与为品格教育运动在全国范围内的开展提供了理论上的准备。

(三)各类品格教育学术机构成立:理论界直接参与学校德育实践改革

各种有关品格教育的指导和研究中心不断建立,例如品格教育联盟、品德教育协会、公民教育中心、伦理与品格促进中心、第 4 和第 5R 中心。这些比较著名的品格教育指导和研究中心，有的属于大学的研究中心，更多的是民间学术机构。而且，有些机构还建立自己的网站来宣传它们的教育思想，并向中小学教师提供教育资源与教学技术方面的支持。

其中意义重大的学术参与是有关道德教育书籍的出版。1976年道德教育协会（the Association for Moral Education）成立，该协会每年举办学术会议。有两种杂志已经出版，即《道德教育论坛》（the Moral Educational Forum）和《道德教育》（the Journal of Moral Education），关于道德教育的文章已经频繁出现。

1992年阿斯彭会议除了发表著名的《阿斯彭宣言》之外，还成立了一个全国性的道德教育机构，即"重视品格联盟"（the Character Counts Coalition，网站 http://www.charactercounts.org）。该组织提出六种核心道德价值观作为基础的美德：信任、尊敬、责任、正直、关心他人和公民意识。

在专业性团体中，实践与专业伦理协会已经形成一种氛围，鼓励与道德实践和理论相关的学术与教学活动。一些大专院校成立了研究中心，支持教授们从事这方面的研究，并丰富道德教育课程。目前已经设计出一系列与道德教育相关的课程，并通过教师工作坊提高实施技巧。

1993年，一些参加过1992年大型品格教育研讨会的学者还组织了"品格教育协会"（the Character Education Partnership，简称CEP，网址为 http://www.character.org）。该协会的主要任务表现在：联络各地的品格教育组织，提供咨询服务，推广各地在品格教育方面好的做法和经验，影响国会和政府。在这一组织的推动下，美国国会已经通过《中小学教育法案》（ESEA），在全国12个州进行品格教育的试点工作。CEP致力于培养青少年的公民美德和道德品格，以此作为创造更富有同情心和责任感的美国社会的一种途径。CEP还与教育政策制定者和中小学教师进行合作，努力使品格教育成为公立学校的根本使命，同时还加大对教师进行品格教育培训的力度。

波士顿大学的瑞安（Ryan）教授负责的"伦理与品格促进中心"提出了促进品格教育100法。诸如，选择名言警句与学生分享；帮助学生发现他们的学业成功之外的有意义的事情；通过写信、打电话、家访，向家长表扬其孩子；教学生评判性地分析大众传媒；鼓励学生关心照顾年老体病的邻居；邀请从业人员向学生讲述良好道德品格在工作岗位上的重要作用等。瑞安教授认为:"我们必须关心孩子们的心灵和思想,我们必须把这项工作作为一个基础工程。因为让一个人成为具有坚强品格的人比让他成为一个名人更重要。"①

来自纽约州立大学的里克纳(Thomas Lickona)教授和来自南伊利诺伊州大学的列明(Leming)教授创立了第 4R 和第 5R 中心,该中心在传统教育强调 3 个 R("读—reading、写—writing、算—arithmetic")的基础上,补充了另外两个重要的方面作为品格教育的重要内容,即尊重(respect)和责任(responsibility),它们分别被称为第 4R 和第 5R。这个中心还提出了促进品格教育的 12 条策略,其中包括伦理反思,合作学习,在课程中教导价值,民主的课室气氛,教师成为关心者、指导者和榜样,学校、家长和社区紧密联合等。

二、教育专家直接参与学校道德教育项目实施

品格教育专家的所有道德教育主张最终都要落实到学校的具体教育实践上。因此,针对学校如何实施道德教育,专家们提出了各种各样的实践策略与方案。一般来说,品格教育者提出的道德教育实施策略旨在追求通过学校对学生进行直接的道德教育。在过去的 30 多年时间里,来自各个高校的品格教育倡导者纷纷成立研究机构,致力于品格教育应用项目研究,并为中小学校设计了一些教育活动项目。正是在这些专业教育研究机构的大力推动之下,一些道德教育项目在各地的中小学得以开展和实施。下面介绍一些有代表性的道德教育项目,我们可以从中了解美国当代学校道德教育实施的概貌。

(一) 习得个人发展的道德指南(Acquiring Ethical Guidelines for Individual Development,简称 AEGIS)②

这个项目的主持者是犹他州盐湖城的研究与评估协会,项目指向小学 1~6 年级的品格教育。它的目标是帮助孩子们学习基础的道德原则与标准。该教育计划集中于六对基础而普遍的道德准则:价值与尊严,权利与责任,公平与正义,努力与优秀,关心与体谅,个人的独立性与社会的责任。

---

① Anne Turnbaugh. Lockwood. *Character Education*:*Controversy and Consensus*. California:Corwin Press. 1997. p. 19.

② Weed S. & Skanchy G. *AEGIS Character Education Curriculum*. Salt Lake City,UT:Institute for Research and Evaluation. 1996. p. 23.

要实现上述目标,需要通过五个教学步骤。第一步是刺激兴趣;第二步是提供有关概念的示范模型,通过孩子们阅读文学作品、角色扮演和日常生活中的例子,让他们了解道德概念;第三步是整合概念,通过联系孩子们以前的知识和经验建立新旧概念之间的联系;第四步是榜样教学,在学习过程中联系孩子的父母,包括让孩子的父母积极参与设计家庭作业;第五步是扩展到真实的生活情境,包括孩子们在班级生活和家庭生活中应用所学的概念。这个项目的特征在于每一步教学都包含学校课程中的不同内容。

这个项目实施两年之后,该协会通过问卷测量学生们对一些道德问题的反应,对教育效果进行评估。结果表明:在1~3年级的学生身上存在着大量的不确定性;在5~6年级学生那里,有9项与品格相关的模块呈现确定性,例如社会责任、道德举止、学术成就、抱负、尊重私有财产、关心与体谅、个人财产的责任、个人行为的责任、抵制同伴压力,尤其在社会责任、道德举止、尊重私有财产、关心与体谅4个方面,参与该项目的学生获得了令人满意的效果。

据参与该项目的教师报告,在实施该项目的班级里,学生的问题行为明显减少。另外,参与该项目两年的学生在升入7年级后,相对于没有参与该项目的学生,在物质性伤害和对待学校的态度方面表现出较高的水平。

(二)品格教育课程(the Character Education Curriculum)①

这套品格教育课程由品格教育协会在1996年设计完成,它既可以单独用于教学,也可以整合到学校其他课程中实施。课程集中教给孩子们12种基本的价值:高尚、勇气、信念、诚实、坦率、慷慨、仁慈、助人、正义、尊敬、自由和平等。另外,通过主题课文(即以品格教育为主题的课文),还加强了7种重要价值的教学:责任,自尊,冲突解决,尊重他人的权利,遵守规则和法律,学会服务,合作学习。一些辅助性价值概念可以通过圆桌讨论的形式来轮流学习,关于禁止毒品的观念等可以纳入课程学习中。

这套品格教育课程并没有精心设计教学模式,相反,课程设计者表达了他们关于品格的三个构成方面的理解:

① The Character Education Institue. *Character Education Crriculum*. San Antonio, TX: Character Education Institue. 1996.

1. 知识——晓得,自知之明,决定做事;

2. 情感——良心,尊重,关心和同情;

3. 行动——好习惯,举止,决心。

当然,这些观点是提供课程实施的指导,而不是简单的说明。他们针对9个年级设计了11个单元的课程,还包括5项基本的教学策略:讨论、谈话技巧、小组活动、角色扮演、提问技术。该课程强调运用讨论法,教师的作用是推动讨论的顺利进行。如果有必要的话,教师就在课堂上直接指出学生行为的对与错,这样的课程每周有两次。同时,鼓励家长参与课程,有时教师也要给家长提供特殊的建议。

项目实施结果来自学生、教师和校长三方面的问卷调查。评估报告表明,一个明显的证据是学生的问题行为减少,师生对该课程有较高的满意度。

(三) 儿童发展计划 (the Child Development Project:Combining Traditional and Developmental Aproaches to Values Education, 简称 CDP) ①

儿童发展计划的设计者是发展性学习中心 (the Developmental Studies Center),最初的经费来自于一项基金。它是一个针对 1～6 年级的品格教育计划,旨在帮助学校成为一个关心学习者的共同体。在这里,所有的孩子能够学会感受天性,并通过学校生活经验,在道德品质、社会素质和智力方面都获得发展。CDP 课程聚焦于 4 种核心价值:公平,关心和尊重他人,助人,责任。

这个教育计划在方法上包括 5 个部分:

1. 强调教师以身作则,成为学生的榜样;

2. 合作性学习活动,给学生学习与人共事的日常训练;

3. 利用文学作品和教室里的偶发事件帮助孩子们养成尊重、理解他人的习惯;

4. 让孩子们形成互助的关系,开展让年长学生帮助年幼学生的"跨年级小先生"、"弟兄班"活动;

5. 通过运用学生为中心的发展原则培养孩子们的道德推理能力和自控力。

---

① Battistich V. , Solomon D. , Watson M. Solomon J. & Schaps E. Effect of an Elementary School Program to Enhance Prosocial Behavior on Children's Social Problem-solving Skills and Strategies. *Journal of Applied Developmental Psychology.* 1989(10). pp. 147～169.

发展性原则考虑到在一个关心的班级集体中，学生能够自我建构道德系统并试图形成道德行为，它很少从外部控制学生的行为，更关注学生在集体中形成互相关心的伙伴关系。从学校生活的长期效果看，教师的榜样示范作用对于学生的道德和智力发展能起到关键作用。

总之，这是一个影响较大的项目。它先在加利福尼亚州开展，很快传遍全国其他各州。该研究机构从幼儿园到小学 6 年级进行了 7 年追踪研究，收集了 4 种课堂行为的观察资料：支持性的友好行为，否定性的行为，自发的亲社会行为，和睦。结果表明，在开展研究的 5 年后，学生在敏感性和考虑他人需要方面的得分显著提高。另外，他们在解决冲突时所选择的策略更具亲社会性的一面。

（四）"关心的社区"(the Comunity of Caring)计划①

成立于 1992 年的品格教育协作组织（即 CEP）是美国最大的道德教育组织。它的主要任务就是收集和发布关于教育和社会本位的道德与公民教育计划，并提供援助，宣传道德教育，资助道德教育活动。该组织宣称它不附属于任何党派或信仰，是一个无党派和教派的组织，目的在于"培养本国青年人的公民美德和品格，以创建一个更具同情心和责任感的社会"②。

品格教育协作组织推荐的教育策略可概括为下列几个方面：首先，使教师成为道德榜样，把学校建成为道德社群，从而把价值教学编织进学校课程范围里，主张学校必须成为一个体现道德理想的"关心的社区"；其次，把家长、家庭和其他公民组织纳入道德教育过程中，明显体现"社群性"道德教育的特征。"关心的社区"计划就是该组织所倡导的道德教育实施计划之一。该计划得到了华盛顿特区肯尼迪基金的支持。

"关心的社区"肯定了 5 项核心价值：关心、尊重、信任、负责与家庭感。其具体目标是：① 增加家庭成员的亲近感与责任感；② 增进相互尊重；③ 提高信任感和道德意识；④ 增加个人责任感；⑤ 通过社区服务来培养关心和助人的情感。"关心的社区"是一个 K－12 计划，主要策略就是在学校创建关心和负责的环境，使师生开始理解他们的价值、决定和行为之间的关系，

145

---

① 参见：李江. 美德的回归——美国新古典道德教育运动评析. 石家庄：河北大学 2006 届硕士学位论文，第 12～13 页。

② Hunter, James. D. *The Death of Character*：*Moarl Education in an Age Without Good or Evil*. New York：Basic Book. 2000. p.118.

包括教师要了解价值的特征,以及学会融入日常生活中;学生们关于道德价值、决定和行为之间关系的讨论;社区服务;家庭的参与及与学校的整合。这一课程计划与其说是一套特殊的课程或课堂活动,不如说是一种形成整体学校文化的尝试。"关心的社区"代表了一种整合性的道德教育方式,即把整个学校与社区和家庭,以及更广大的社会联系起来。

(五)"停想行思"计划(又称 STAR 计划)①

该计划是由成立于 1963 年的杰弗逊道德教育中心(Jefferson Character Education Center)推出的。STAR 是用以解决问题和冲突的四步决策模式的首个字母的联合,即停(stop)、想(think)、行(act)、思(review)。该计划明确提出学校要教导学生承担自己行为的后果,发展和提高学生的自信、自爱和积极态度,设计并实现目标,提高参与、守时和可靠等个人道德品质。

STAR 计划也可以理解为"通过承担责任而获得成功"(success through accepting responsibility)的计划。它是一个全校范围的系统教育计划,旨在改善校风,提高学生参与的积极性,提高学业成绩和自律意识。该教育计划系统地教授超越伦理、文化和宗教的共识性道德价值,具体做法包括日常课程中简单易学的、为期一周的课程,以及每月一个学习主题的宣传画。例如,在某些学区里,各个月的宣传主题包括"成为一个目标设立者"、"成为负责的人"、"成为有礼貌的人"、"成为守时的人"、"成为倾听者"、"成为冒险者"、"成为坚强的劳动者"等等。

STAR 计划曾在美国 6000 所学校的近 50000 个班级中实施,其正式评价表明该课程取得了相当大的成功。师生们都非常喜欢并支持这些课程的开设,学生的自我意识有了提升,班级行为有所改善,师生关系变得和谐融洽。

第三节 评析

事实上,正是 1983 年公布的调查报告《国家在危险中:教育改革势在必

---

① 参见:李江. 美德的回归——美国新古典道德教育运动评析. 石家庄:河北大学 2006 届硕士学位论文,第 13 页。

行》(A Nation at Risk：The Imperative for Educational Reform)，悲观地指出了美国基础教育存在的危机："我们国家正处于危险之中。……我们社会的教育基础目前正在被越来越严重的学生成绩平庸状况所侵蚀，它威胁着我们国家的前途，威胁着我们民族的未来。……我们正在培养的新一代美国人，既是科盲又是技术盲。"①报告不仅列举美国中学生在国际中学生学习成绩测试中屡遭失败等现象，而且指出学生纪律松弛，校内暴力和违法犯罪之类的恶性事件连续发生等不良现象，说明美国基础教育质量正在下降，美国教育出现了严重危机。这一著名的调查报告一发表就引起了美国朝野各界的震惊和忧虑，一个突出现象就是政府的直接干预和学术机构的积极参与。政治家、学者的共同观点是公立学校应该实施旨在培养公民道德品格的教育。广大学校教育实践工作者也在这种氛围中开始了品格教育的探索。重温美国学校道德教育实践近 30 年的改革之路，我们从中可能看到一些积极的影响，而随着美国学术界近几年来逐步开始的对学校德育的反思，我们也会从中发现一些存在的问题。

一、政治气候影响下的学校道德教育

众所周知，美国基础教育领域恢复对道德和品格教育的重视，首先得益于联邦政府首脑的大力倡导，这为学校道德教育的普遍开展营造了很好的政治气候；其次是联邦政府和地方政府在教育法律和政策方面的积极建树，这又为学校实施道德教育提供了支持与保障。公立学校从此可以名正言顺地恢复沉默近半个世纪的传统道德教育，但是，事物的发展总存在着两面性。一方面，举国动员，品格教育运动在公立学校迅速取代流行多年的价值澄清教育和柯尔伯格道德推理教育；另一方面，不顾美国多元文化的社会现实，将所谓的核心价值观灌输给不同文化背景的移民子女，学校在政策控制下实施的道德教育，其效果又是值得怀疑的。

（一）政府干预学校道德教育的积极影响

从历史视角看，自哥伦布发现美洲大陆以后，英、法、荷等众多国家的各

---

① The National Commission on Excellence in Education. *A Nation at Risk：the Imperative for Educational Reform*. Department of Education，Washington，D. C. 1983. p. 4.

个阶层、不同人种移民到美洲,组成了 13 个殖民地,成为美利坚合众国领土的基础,后来民众联合起来,打破殖民统治,获得独立。美利坚合众国的缔造者托马斯·杰弗逊(Thomas Jefferson)和本杰明·富兰克林(Benjiamin Franklin)都强调学校教育在培养公民方面的责任,只是由于美国是基督教国家,因此对于青少年进行道德教育的任务多由家庭和教堂来承担。另外,美国的教育行政管理权在地方州一级政府,所以联邦政府一般很少干预学校教育。

进入 20 世纪 80 年代以后,随着美国社会的宗教影响式微以及家庭结构的变化,青少年的道德问题日益凸显。过去 10 年的盖洛普(Gallup Poll)民意调查显示:普通民众希望学校帮助学生掌握明辨是非的标准,他们支持在公立学校进行关于道德价值和道德的教学。被问及"赞同还是反对学校里与道德和道德行为有关指导"这个问题的时候,79%的被调查者和 84%的适龄学生都赞同道德品格教育。①

为了争取选民的支持,无论共和党执政还是民主党执政,历届领导人都逐渐意识到政府干预学校教育的必要性,因此,高度重视对青少年的道德教育已成为当今美国两大政党的共识。在《重视优等教育》一文中,美国前总统布什也明确提出,学校不能仅仅发展学生的智力,智力加品德才是教育的目的。自 1994 年开始,每年举行一次"白宫品格教育会议",总统及夫人分别在品格教育会议上发表演讲,同时总统还制定了品格教育的测试方案,每年拨款 400 万美元予以支持。目前,美国政府用于品格教育方面的拨款已达到 22 亿美元。

在政府的支持与干预下,"品格教育"已经成为美国教育界的高频词,通过因特网搜索相关资料,数万条信息顿时呈现。从 20 世纪 80 年代末至今,不过短短 20 多年的时间,美国的所有公立学校几乎都参与到以"品格教育"为名义的学校德育改革实践中来,而且影响到整个北美地区。仅从影响力来看,政府对学校德育的干预起到了直接作用。

(二)政府干预学校道德教育的消极影响

美国联邦政府和地方政府大力干预学校道德教育的实施,不仅从政策、

---

① Andrew Garrod. *Learning for Life*: *Moral Education Theory and Practice*. Westport: Praeger Publisher. 1992. p. 26.

法律上提供保障,在经费投入上也都是空前规模的。这个国家正由反对自由主义转向新保守主义。这种政治气候表明,如果正确战胜错误,美国社会将转向繁荣时期,而社会需要这种转变。由于受到国家政治气候的鼓励,品格教育运动正在向前发展,而且在最近 20 多年里有了一个大规模的急速扩张。

从政治家的视角看,品格教育应更多地关心政治而非别的。明尼苏达州大学教育心理系教授詹姆士·瑞思特(James R. Rest)认为:"如果照现在的方式开展品格教育工作,美国的'极右派'势力可能在这个国家里发挥着更为突出的作用。这个国家可能更朝着他们期待的方向运转。当品格教育强调什么是对、什么是错的时候,这可能更受到'极右派'人士的欢迎。"① 政治保守派提出的一个重要的教育问题就是发挥学校作用培养孩子的道德价值和道德品格。倡导者的核心人物包括曾任教育部长的威廉·贝内特,他作为政治上的"右"派,呼吁"品格教育",返回过去那种直接教授的传统价值观。

由于政治上的新保守主义势力占据政府的主流,所以,他们强烈呼吁学校教授美国的传统美德,并为响应政府号召的学校提供经费支持。地方政府管辖下的公立学校为了获得联邦政府的教育经费,不得不朝着品格教育学校的示范标准去努力。到 1998 年,美国的 50 个州中有 48 个州达到了品格教育学校所规定的标准。② 这些学校也因此顺利获得政府经费。但是,没有更多的证据来表明这些学校的品格教育的效果。因此,很难知道这些学校开展品格教育的真实性和有效性。

虽然从 20 世纪 80 年代后期开始,美国政府先后出台的一系列教育评估报告表明,学校教育必须培养年轻一代的公民责任与全球责任。但是,相当多的美国教师并没有意识到这是他们的责任,或者很少意识到向学生传递价值是他们的分内之事。很多美国学生也不想把与价值相关的教育纳入课

---

① James R. Rest 是美国明尼苏达州大学教育心理系教授,以研究道德判断力发展而著名。他曾作为博士后成员在哈佛大学与柯尔伯格一起工作。这一工作成为他后来职业生涯的基础。1986 年他与同事合著《道德发展:研究与理论的进展》(Moral Development: Advances in Research and Theory),与他人合编《在专业方面的道德发展:心理学与应用伦理学》(1994)(Moral Development in the Profession: Psychology and Applied Ethics),参见：Anne Turnbaugh Lockwood. *Character Education: Controversy and Consensus*. California: Corwin Press. 1997. p. 32.

② Nielsen L. New Study Shows States Returning to Character Education. *Character Education*. 1998(6). p. 9.

程核心部分。事实上,在美国的公立学校里,课程中并不存在着反复出现的道德指导,相对于一些宗教学校来说,这里的道德教育方法在很大程度上是非正式的,也缺乏正规的道德教育课程。这些学校基本上还是依赖于教师个人的努力和一些隐蔽课程来影响孩子的道德与品格,也没有制定任何政策来评价教师对学生的道德指导和品格影响效果。①

总之,从某种角度看,国家推进品格教育的诸多政策可能给人们造成极好的感觉;然而,从伦理的视角看,这些政策的变化也可能刺激事态发生另一种变化。政策制定者通过仔细思量公民品格发展和民主社会的关系而强力推进学校道德教育改革,因此,美国所有的公立学校在很大程度上是被政府拖进这样一场以"品格教育"为名义的学校德育改革实验中的,尤其是高中学校,在教育质量的压力下并无太多的精力与时间投入政府呼吁的品格教育改革,它们更多关注孩子的学业成绩,与品格教育相关的活动则是对纪律教育的强化。

二、社会精英阶层的作用

当前,品格教育运动十分浩大,其中受人瞩目的学术精英阶层是不容忽视的力量。面对美国社会转型阶段暴露出来的大量社会道德问题,他们表现出强烈的使命感与责任感。他们坚信亚里士多德的美德传统能够拯救美国社会脱离道德贫困的境地,也相信德性是通过训练、习惯养成而获得的。20世纪90年代初期,品格教育倡导者从学理上论证了培养良好人格的明显优势,击败了道德相对主义的挑战,在学校道德教育工作上推行有指导性的、积极的教育方法。为此,他们一方面影响政府的教育政策,促进品格教育在全国范围内的开展,另一方面,又设计不同的可操作性的项目在中小学内实施品格教育。

(一)社会精英积极影响政府决策

20世纪80年代以后,美国在现代化发展过程中暴露出诸多的社会问题,人们对崇尚个人理性的相对主义价值观产生了怀疑,又由于价值澄清教育和柯尔伯格的道德发展教育面临学校道德问题表现出无力的窘迫,于是,

---

① Tian Long Yu. *In the Name of Morality*: *Character Education and Political Control*. New York: Peter Lang Publishing. 2004. p. 18.

在保守的、代表传统的政治势力和文化力量复归的大环境下,传统道德教育重新赢得人们的青睐。这首先要归功于一批社会精英分子的杰出工作。美国学校由此进入复归古典道德教育的时代,也被称为新古典道德。事实上,此时的道德教育虽然在思想上和理论上借鉴了亚里士多德的观点,但并不是简单的移植,而是吸收了现代道德教育的许多积极的合理的因素,是传统与现代相调和的一种产物。

强调学校道德教育的呼声离不开社会精英阶层的努力。他们认为,目前社会道德出现的崩溃或衰弱现象部分原因是当代教育放弃了传统,包括传统中所承载的人类美德。因此,他们希望以传统的美德为核心来培养年轻一代的品格。这些有识之士的杰出代表是贝内特,他先后供职于里根政府和老布什政府,担任教育部长,也是"全国学校认可计划"的发起人,这一计划就是后来在美国很有影响的"蓝带学校奖励计划"。他还担任全国人文学科捐赠基金的主席、全国毒品控制政策办公室主任,并强烈呼吁把文化与教育研究提到议程上来。他认为,在过去 20 多年内,美国文化已经陷入困境。这种文化困境表现为学校价值观教育缺乏,家庭生活解体,犯罪率和吸毒现象上升,还有性生活态度、个人责任意识、公民责任和公共服务意识,都有严重问题。因此,他在 1992 年出版了一本专著《重塑美国的价值:保卫我们的文化和我们的孩子》(The De-valuing of America:The Fight for Our Culture and Our Children)。

贝内特指出:"在美国的传统中,伦理道德占了很大比例,美国的教育应大力加强或恢复这种道德。"[①]他将学校教育改革视为重振美国文化的一个重要组成部分。早在 20 世纪 80 年代,贝内特等人就对美国公立学校教育质量提出了尖锐批评,这些观点体现在那份著名的调查报告——《国家在危险中:教育改革势在必行》(A Nation at Risk:The Imperative for Educational Reform)中,因此,他们强烈要求学校回归传统的教学方式。贝内特认为,提升美国的学校教育质量不是要做一些新事情,而是重新做一些好的"老"事情,即学校教育要着眼于美国传统价值观,传授道德和公民品格。他强调教师应该向学生呈现美国的价值传统——尊重长辈,爱国,牺牲,勇敢,荣誉,

---

① 吕达、周满生. 当代外国教育改革著名文献(美国卷·第一册). 北京:人民教育出版社. 2004. 363.

忠诚——伴随着信念，而非暂时性的。他主张，这样的教育需要返回西方传统那些"伟大的文本、伟大的精神和伟大的思想"①。这种返回传统的道德教育就是直接给予孩子传统的价值和习惯指导，期望他们身上出现西方传统的亲社会价值。

另外，品格教育精英阶层中还有一批大学教授，他们正在积极推进品格教育运动。托马斯·里克纳、爱德华·温和凯文·瑞安等学者都在各自的大学里成立专门的品格教育研究中心，并设立了专门的网站。他们一方面开展品格教育的理论研究，另一方面，他们积极与中小学教师合作，推广品格教育项目。里克纳认为，学校就应该成为学生学会"智慧与良善"（wisdom and good）的场所，学校、家庭和教会都承担着扭转社会"道德滑坡"的重任。因此，他希望学校培养公民具有诚实、礼貌、责任和忠诚等德性。② 爱德华·温和凯文·瑞安认为，学校的主要职责就是培养公民的"德性"，而不是具有个人倾向的自尊，而且，他们还认为一些个人倾向素养可能使孩子变得自恋。因此，他们大力倡导社区服务，以培养学生的亲社会行为。

一些品格教育提倡者对于学校教育的作用充满信心。他们认为，学校有能力对孩子们施加任何一种影响。在一项国际儿童公民教育项目的比较中，哈恩（Hahn）注意到这样一种假设，即孩子们的信仰、态度和他们以后的行为之间存在着关系。另外，还存在一种普遍的假设，即学校是影响孩子们的关键组织。这两种假设强化了公民教育和品格教育项目应该通过学校教育影响学龄儿童的观点。③

（二）学术机构积极影响学校德育实践

品格教育倡导者有着一个共同的前提预设，即希望通过学校教育传递美国文化中的核心价值观，以此改善青少年的道德状况，进而促进整个社会道德风气的好转。因此，许多学者不遗余力地开展学校品格教育研究，积极组建各种针对青少年道德教育的研究机构，为学校开展道德教育实践提供

① Andrew Garrod. *Learning for Life：Moral Education Theory and Practice*. Westport：Praeger Publisher. 1992. pp. 27～29.

② Lickona T. *Educating for Character：How Our Schools can Teach Respect and Responsibility*. New York：Bantam. 1991. p. 21.

③ Hahn C. *Becoming Political*. Albany：State University of New York Press. 1998. p. 78.

理论支持。学术机构也不满足于理论研究,还针对学校教育实践开发了许多研究成果,影响学校层面的德育实践。其中,作为道德教育权威研究机构的美国"重视品格联盟"(the Character Counts Coalition)提出了构成青少年"道德品质"的六大支柱,即信赖、敬重、责任、公平、关怀和公德。目前,这些价值观教育已经得到了美国国会和几十个州政府的广泛认可,并在学校里得到推广。这也在一定程度上体现出本次学校德育实践改革的特点,即学术机构与政府行为互相促进,营造学校改革的良好氛围。

20世纪80年代以来,美国的基础教育改革是以课程改革为先导的,但是从美国"课程发展与监督协会"(the Association for Supervision and Curriculum Development,简称 ASCD)提交的报告可以看出,他们希望道德教育的内容成为学校课程的一部分。关于加强学校道德教育,该协会的报告有较为完整的表述:道德教育应与学校教育整体课程相联系,并作为学校课程的必要组成部分;将父母、大众传播媒介、商业界、市民和宗教团体联结起来,创造一个道德教育的"社会—文化环境";同时整顿学校生活,使道德实践有利于培养学生正确的道德观念;使道德教育超越认知领域,即不要简单地告诉学生什么是善,什么是恶,而是要让学生参与道德实践,对善恶作出自己的判断;要注重学生批判性思维和决策能力的培养。

一些学术机构还通过开发专门的网站向教师提供具体的指导,向不同年级的学生教授不同的美德。例如里克纳教授创办的"第4R和第5R中心",就对中小学教师提供了大量的教学素材与教学方法方面的指导。教师进入网站后,可以直接寻找资料设计品格教育方案。另外,一些学术机构还编制了品格教育的教材与教师指导用书。

一些学术机构还建议心理学家尽可能去研究一些教育项目,加强与研究品格发展专业人士的联系,仔细研究心理学与伦理学的相互作用,认为这些研究成果将有助于教师、领导、管理人员和其他领域的人们去促进道德发展、制度文化和氛围的形成。其中,领导者和管理者能够凭借这些研究成果更多地考虑文化与氛围的问题。例如,一些研究有益于教师理解他们在教室中的非语言行为如何影响学生的认知发展,或者组织的情境压力如何影响值得称赞的道德行为出现的可能性。的确,关于教室部分的讨论可以为学生提供认知帮助,避免道德反常现象。

三、全国德育总动员背后的危机

进入 20 世纪 90 年代以来,联邦政府对学校教育的干预越来越深入和广泛,立法和教育拨款是联邦政府对各州教育施加影响的重要手段。可见,国家的直接干预逐渐成为推动教育改革的重要力量,这也成了以地方分权为标志的美国教育的新现象。各种各样的品格教育项目在中小学里广泛开展。但是,在这一轰轰烈烈的品格教育运动背后,存在着一些不容忽视的问题。

(一) 新保守主义思想的复古倾向与意识形态独断

尽管品格教育受到民主党政府和共和党政府的共同重视,但还是存在一些细微的差异。民主党政府在很大程度上是从一般意义上使用"品格教育"这个术语的,没有涉及特殊的宗教暗示,而共和党政府在使用"品格教育"概念的时候,在意识形态上更多地注入了保守主义的思想倾向。因此,小布什政府所支持的品格教育运动,其政治上的保守倾向是十分明显的,接受政府经费的公立学校教育也很难真正做到政治中立,意识形态对学校教育的影响是不容忽视的严肃问题。

新保守主义作为一种强势文化正在占据美国意识形态的主导地位,由于个人在社会和国家中总是处于附属地位,个人的价值判断和道德取舍总是被国家政治气候左右,因此,美国社会中个人的价值观和道德感被遮蔽在新保守主义的巨大阴影之下。每个人作为社会的一员,只能在这个类的规定下才可能获得自己的价值。这样做的结果是,虽然在一定程度上克服了美国自 20 世纪 60～70 年代以来相对主义引发的价值观与社会秩序的混乱,但是,也将陷入另一种困境:如何处理个人价值与社会整体价值的关系? 如何避免政治上保守和意识形态的独断?

其实,"个人价值的每次真正实现,都是个人又一次摆脱社会束缚的结果"[1]。新保守主义者借助意识形态的优势大力推行具有浓厚复古色彩的美德教育,在道德领域可能引起个人与社会之间的紧张关系。这也将使美国社会的民主价值受到质疑,因为民主的核心内涵在于尊重亚文化价值存在的合理性。目前,新保守主义者对以古希腊传统和希伯来传统为核心的传

---

① 倪梁康等.中国现象学与哲学评论(第七辑)·现象学与伦理.上海:上海译文出版社.2005.61.

统价值的失落表示担忧，因此，他们强烈呼吁西方传统美德教育回归。但是，"亚文化可能拥有不同于统治集团的价值，而且，这些亚文化的价值也是十分宝贵的"①，单纯地推行品格教育，可能在一定程度上压缩了亚文化价值和个人价值生存的合理空间，这将导致意识形态的独断。事实上，小布什政府不仅在美国推行其具有古希腊传统和希伯来传统的普适价值观，而且试图将美国社会的这种价值观推行到世界其他文化地区，这已经引发了美国文化与其他文化的矛盾冲突。

由于美国当前的新保守主义思想家假设存在着超越个体的群体道德权威，于是，他们参照亚里士多德的德性观和基督教的道德教条，列举了一系列具有主观倾向的美德条目。但是，这个"美德袋"的一些条目既显露出专断与矛盾，也传递出专制主义的信息。美国社会是世俗的多元化的现代社会，人们几乎对所有的道德事件都表现出分歧与争论，这也是美国人喜欢的"民主生活"。如果试图以绝对的道德答案代替每个人心中的道德准则，势必导致民主政体向神权政体的倒退；如果一种"真理"取得统治地位并成为公共教育政策的主导，不能包容其他教育观点，美国的学校和学生也许将陷入另一种灾难——民主本身和为了民主的教育可能被颠覆。这也正是自由主义思想家焦虑的问题。

155

另外，新保守主义虽然是从世俗的远景而不是从宗教的角度来谈传统价值观，但是由于倡导恢复传统，这些品格教育者却得到了宗教的更多支持。在恢复传统价值观方面，是否有一个宗教信仰的"外套"？宗教是否正在悄悄地进入公立学校？也许新保守主义与宗教的联盟还相当不稳定，潜伏着可变性，但是，宗教与世俗的矛盾可能会在某一个时刻激化甚至爆发。

（二）专家在道德判断上的傲慢、偏见与绝对主义

目前，品格教育的倡导者仅仅凭借一些感性的经验事实或媒体中传播的耸人听闻的轶闻，就判断整个社会尤其是青少年的道德出现了严重的危机。他们证明某些道德价值观事实上是带有普遍性的，因此提倡特定的价值观，并主张教导学生于个人有益、于社会也有益的核心美德，为培养良好人格而努力。这种具有明确意向的教导道德价值观在一定程度上是文化霸

---

① Nel Noddings. *Philosophy of Education*. Colorado：Westview Press. 1995. p. 151.

权或宗教教条的体现。但是,随着时代的发展,极端的传统与现代都不复存在,因而应在相互吸纳、补充和完善中共同构筑新时期的道德教育。

而事实上,他们拒绝思考这样一种可能性:今天没有可能几个青少年需要学校去教授他们什么是"对"和什么是"错"或者塑造他们的品格。① 而且,在许多美国人的传统观念中,他们可能更相信家庭、青少年同辈群体、社区和教会对青少年品德成长的影响力。因此,许多普通的美国人拒绝那些专家、政客的宣传。其实,在民主社会中,任何一个团体都无权告知别的团体,只有它的方法才是唯一正确的。相反,对于一切教育概念和教育实验的检验,唯有通过公开的目标和标准才能进行,这样,真实的教育效果才能够得到真正的证实。

着眼于美国社会转型期暴露出来的道德问题,这些专家从伦理和道德的视角进行批评,这一点是可以理解的。但是,他们因此断定社会陷入道德衰退之中,并将矛盾指向学校教育,要求学校教育承担更多的责任,这也显现出无礼与傲慢。其实,从历史的眼光看,苏格拉底早就质疑美德之教的有限性。谁有资格决定该教给孩子什么样的美德? 谁来教授这些美德? 总之,那些品格教育专家可能在冒险创立一个品德精英社会,他们从古典文献中寻找德性的巨人,通过培训去打造"道德指导教师"。但是,这一切都逃不出苏格拉底的质问。

事实上,这些专家的绝对主义倾向,其根源并不在于他们在道德领域混淆了"道德"与"伦理"的区别。社会秩序涉及社会的行为规范,讨论的是不同社会形态中人们必须遵守的一些行为准则,因此,"伦理"更多的是一种关于人类行为合理性的问题,而"道德"则直接关乎个人的活动范围,强调的是个人在社会关系中应当具备的责任或义务,因而,它更多表现为对个人行为的一种规定。② 由此可见,社会伦理与个人道德存在着非同一性,不能用社会伦理规范来要求个人的道德规范。随着社会的变迁,伦理要求也会发生相应的调整,但是个人的道德则存在相对的稳定性。个人的道德更多地与个人德性有关,是关乎人的内心世界,并不与社会风气有关。如果单纯地把

---

① 纳什.德性的探询.北京:教育科学出版社.2007.38.

② 倪梁康等.中国现象学与哲学评论(第七辑)·现象学与伦理.上海:上海译文出版社.2005.61.

社会风气改善与个人德性联系在一起,通过公立学校开展外在的品格教育运动,并不能真正触及孩子的内心世界,相反,由于超出自身的职能,在压力之下的学校还可能导致形式化的道德教育。

另外,一些反对者尖锐地指出了品格教育的误区:"学生的德性在很大程度上受家庭氛围、社会文化以及深存于每个人内心中的自我道德感的倾向所影响,以为公立学校教育能够解决社会道德危机的想法过于天真。青少年身上的暴力、吸毒、自我中心主义和精神疾病等现象可能反映出美国当代社会中家庭教育功能的丧失和社会文化的腐败,而解决这些问题远远超出了学校的能力。"①

同时,还有学者认为,道德教育并不是要灌输价值,而是帮助学习者以一种批判的反思的态度思考价值问题。道德教育与行动或策略的指令无关,而是关注道德的一般原理和道德判断的方法。教师是在教学生如何判断。道德原则重在作出选择,而不是行动的规则。价值相关教育的基本目标是加强思考能力的培养。这一目标不追求形成行动规范,而是促进道德判断能力的形成,直接表现为个体对行为的自控能力。道德教育的根本目的不是灌输美德,而是培养一种独立进行道德思考、作出道德决定的能力,这样,学生们也许能够训练并控制自己的信心,培养自己行为的能力。如果依据掌握道德判断的方法和行为模式来理解道德教育的目标,系统的严格的道德教育是个人自由与社会多元的协调。② 当然,这样一种理论框架包括对道德原则和原则与行动关系之间的哲学分析,道德思考能力、判断能力和行动能力也许是人类成长的天赋组成部分,这需要来自社会心理学的分析以提供补充。

(三) 品格教育忽视环境对个人道德成长的影响

一些社会心理学家的研究表明,人们行为的主要原因不是出于他们的人格,而是他们真正面临挑战的真实环境。迄今为止,环境的力量构成了许

① Warren A. Nord. *Religion and American Education*:*Rethinking a National Dilemma*. Chapel Hill:University of North Carolina Press. 1995. p. 350.

② Robert T. Sandin. *The Rehabilitation of Virtue*:*Foundations of Moral Education*. New York:Praeger Publishers. 1992. p. 8.

多社会心理学理论的基础和经典研究领域。① 当品格教育倡导者考察行为原因的时候，他们倾向于忽略环境因素而去指责他们所关注的人。这样的研究案例尤其存在于个人主义文化中，诸如美国或西欧的文化。在这些文化中，人们典型地高估了个人的影响，并且预言观察到的个人能力或假设的个人品质存在不同。他们倾向于极度地依赖或过分单纯地注意品格的"好"与"坏"，他们也从这两种思路出发来理解过去的行为，预测将来的行为。② 事实上，这种偏见，即把行为归因于行为者（例如行为者内在的、个人的因素）而不是情境（例如外在的、环境的因素），是基本的归因错误。另外，当研究非道德原因的时候，人们更倾向于一个稳定的道德责任概念。道德责任归因要求我们假设一个自由的道德践行者的存在，他不必受到据说是"微不足道"的环境刺激。这一视角还引出了一个有趣的问题，即如果环境是我们行为的主要原因，那么，人们又该如何对他们的伦理行为负责呢？事实上，这种理由可能导致一个人认为道德行为受到外在因素而非内在因素的支配，那么，伦理行为就完全取决于境遇。这也正是许多伦理学家尽量避免的，因为它威胁到道德践行者可能的道德假设。如果境遇是基础或仅仅是行为的决定因素，并不是践行者品格训练或自由选择的结果，要求一个人对他的行为负责将变得更加困难。

这个根本的境遇的观点被哈曼解释为不存在品格特质的证明，这里仅仅存在不稳定的内在规则作用于人的行为。哈曼认为，其中存在两种限制。一是当事情被歪曲的时候，非要让践行者来负责，而这是很困难的。在他看来，这几乎是不可能做到的。"当事情出错了，我们典型的做法是责怪践行者，把错误的结果归因于践行者的品格……充分地理解践行者所面临的情境以及理解这种情境如何影响行动，这将更宽容并更能理解他人。"③ 二是道

---

① Ross L. & Nisbett R. E. *The Person and the Situation*. New York：McGraw-Hill Press. 1991. p. 10.

② Ross L. & Shestowsky D. (2003) Contemporary Psychology's Challenges to Legal Theory and Practice, *Northwestern University Law Review*, 1997(3). pp. 1081～1114.

③ Harman G. Moral Philosophy Meets Social Psychology：Virtue Ethics and the Fundamental Attribution Error, in：G. Harman (Ed.) *Explaining Value and Other Essay in Moral Philosophy*. New York：Oxford University Press. 2000. p. 177.

德教育变得不可能了。在以"道德教育"为题的一段话里，他直言道："如果这里不存在作为品格的事情，那么，也就不存在加强品格建设的事情。"①哈曼主张，我们应该放弃品格的观念，至少是像传统解释的那样的观念。他坚持认为，如果我们必须成为美德伦理学家，我们就应该成为不对品格的特质作出判断的美德伦理学家。

在此，强调环境因素影响人的行为，使美德行为成为一种规范而不是一种期待，其中的关键就是注意一个人对于环境是如何作出反应的。人们应该意识到个性与环境的相互作用，唯有如此，他们才能据此调整行为以增加美德行为出现的可能性。正如亚里士多德所说："我们要研究我们自身容易沉溺于其中的那些事物（因为不同的人会沉溺于不同的事物）。借助我们所经验的快乐或痛苦，我们便可以弄清这些事物的性质。然后，我们必须把自己拉向相反的方向。因为只有远离错误，才能接近适度。这正如我们在矫正一根曲木时要做的一样。"②事实上如果把个人的行为失当归因于其个体的人格，这是十分有限的判断。只有一个人认识到并理解了环境力量的微妙，他才能真正控制自己并作出道德的选择。因此，真正地理解环境也许能使人们克服一些偏见。斯宾诺莎曾清晰地表明这一观点："至于一个人没有对事实考虑充分就采取行动，在某种程度上说他的行为是被动的；换言之，他做了一些事情，但是他无法在其本质上做出唯一的觉察。但是，如果一个人依据他所理解的事实采取行动……这样的行为就是充分依循他自己的德性了。"③从斯宾诺莎的观点看，正是自知之明使一个人成为一个行动者；如果缺少这种明智，一个人仅仅是对内部和外部刺激作出盲目或不充分反应的被动的容器。自知之明意味着在复杂多元的行为模式系统中意识到自身的根本所在。一个完善的道德践行者需要具备环境或情境如何影响行为的知识，知道真理就意味着获得自由。

---

① Harman G. *Moral Philosophy Meets Social Psychology：Virtue Ethics and the Fundamental Attribution Error*, in：G. Harman（Ed.）*Explaining Value and other Essay in Moral Philosophy*. New York：Oxford University Press. 2000. p. 177.

② 亚里士多德. 尼各马可伦理学. 北京：商务印书馆. 2006.56.

③ Spinoza B.（1677/1992）*Ethics, Treatise on the Emendation of the Intellect and Selected Letters*.（S. Shirley Trans., S. Feldman Ed. and Introduction）Indianapolis：Hackett Publishing Company, Inc.. p. 166.

（四）以品格教育来改善社会道德环境：学校难以承受之重

品格教育兴起之初，其倡导者们针对美国当代社会的道德滑坡现象，将矛头直指学校里广泛开展的价值澄清教育和道德认知发展教育方法，并将青少年道德问题归因于学校正在实施的上述两种教育方法。他们呼吁学校教育转向以重振美国传统价值为核心的品格教育，希望通过实施品格教育培养道德的公民，形成良好的社会秩序。在 1999 年发生震惊全国的高中枪击事件后，里克纳等人就强烈要求加强学校的品格教育，他们将品格教育视为解决校园暴力的最佳措施。

这一观点也反映在 2000 年美国总统的竞选过程中。当时，人们关注的焦点是美国社会的色情产品和枪支问题，民主党的总统候选人戈尔和共和党的总统候选人小布什对此持不同的观点。戈尔主张通过制定严格的法律加强对枪支的管理和对娱乐产业的控制，而小布什则强调学校必须开展品格教育。事实上，小布什政府一直从政府的角度强化学校开展品格教育运动。其实，共和党早在里根执政时期，就将学校教育纳入了国家振兴计划。里根总统任期内出台的那份著名报告《国家在危险中：教育改革势在必行》（A Nation at Risk：The Imperative for Educational Reform），就针对学校教育没有适应国家发展的需要提出了措辞严厉的批评，美国也从此揭开了基础教育改革的序幕。在这种大背景下，学校也承担着培养道德的孩子、改善社会道德环境的重任，而且在许多政府官员、大学教授的推动下，学校的德育使命被进一步加强。

但是，学校有能力完成如此沉重的任务吗？

虽然，一些品格教育倡导者将学校德育质量低的原因归于 20 世纪 60～70 年代以来广泛开展的价值澄清教育和柯尔伯格的道德认知教育，事实上这两种教育观仅仅担任了"替罪羊"的角色，遭受到了许多不公正的指责。实际上，美国整个社会在 20 世纪 80 年代以来暴露出来的道德问题，其主要原因不在学校教育，而是有着更广泛的经济、政治和文化方面的原因。从历史上看，二战后美国的社会发展态势已经呈现明显转型。20 世纪 60 年代开始，美国在世界的经济、政治和军事的统治地位就面临挑战。全球经济一体化进程导致了劳动力市场的重新分配，而美国在劳动力密集型工业中则失去竞争优势，这方面的优势正在向第三世界国家转移。与此同时，美国也面临来自日本、德国等发达资本主义国家的强有力的竞争。经济和社会生活在很大程度上依赖于新技术和人口素质,电子产品如计算机、机器人和遥控设备的使用,需要大规模的集团生产,需要自动化系统。高水平的技术需要高水平的工人,社会生产的飞速变化向人口质量提出挑战。美国社会的一系列不适应症状也逐渐暴露出来:文盲增多,饥饿加重,失业率增长,无家可归者增多,人们彼此更加疏远。这一切现象都是空前严重的。① 20世纪80年代的孩子们来自上述家庭结构、经济条件和文化背景之中。如何将他们培养成为美国社会发展需要的公民? 学校教育因此成为人们争论的焦点。不幸的是,公立学校教育由此面临更多的批评,教育改革的呼声也逐渐增大。学校因此成为美国扭转社会危机的一个不可缺乏的工具,品格教育成为人们期待的一剂拯救社会道德危机的良方。但是,既然社会危机的根源不是学校,那么,单凭学校有限的力量来重振美国的社会秩序也只是一种天真的想法。

在现代社会里,公立学校的责任是培养学生作为"公民"的德性,即实施公民教育。公民的德性是民主社会所需要的个人品质,它能够帮助一个公民持续地、和平地、公开地参与有关社会秩序的建立与维持。民主社会追求程序上的公正,而不是实质性的美德。而品格教育倡导者则追求具有古典传统的核心德性,这是一种实质性美德,它只存在于古典名著和宗教教义中,在现实生活中找不到这些美德存在的环境,因为多元化社会中的人们很难取得美德共识。品格教育者一厢情愿地要求学校教师传授美德书中的核心德性,这可能使学校陷入教学上和政治上的困境。其中,教学上的困境表现为,学生不可能通过阅读美德书而形成对民主社会的责任,并获得参与民主生活的能力和令人欣赏的德性。由于对学校或教师权威的服从,学生可能养成的德性就是依从和默认。

其实,上述做法已经违背了亚里士多德的原初思想。亚里士多德早在《尼各马可伦理学》(Niocmachaen Ethics)中就指出:"德性分两种,即理智德性和道德德性。理智德性主要通过教导而发生和发展,所以需要经验和时间,道德德性则通过习惯养成。"②由此可见,学生的知识的善可以通过教师的教而获得,但道德的善(勇气、节制、宽宏大量、公正等)或性格的善只能通

---

① Tian Long Yu. *In the Name of Morality*: *Character Education and Political Control*. New York: Peter Lang Publishing. 2004. p. 57.

② 亚里士多德. 尼各马可伦理学. 北京:商务印书馆. 2006. 35.

过习惯来发展。一个人只能通过做善事而变得善良。由于道德德性具有实践性品质,这就意味着它总与行动和意图、欲望相关,所以,真正高尚的人总是有意识地、不断地作出正确的举动,这是因为他有动机和倾向作出正确的选择。这样他就能强化自己的美德,发展他的性格。

以品格教育为名义的学校道德教育改革仅仅是 20 世纪 80 年代以来美国学校教育改革的一部分。美国联邦政府对学校教育表现的关注程度是历史上空前的,这深刻表明公立学校教育促进社会发展的职能在社会转型过程中得到了前所未有的重视。学校的品格教育似乎成为加强社会秩序的万能药。因此,学校实施道德品格教育受到多种力量的推动,既有外部力量的推动(主要是社会生活的变化,联邦政府的直接干预,学者的积极参与),也有内部的动力(主要是指教育领域各种各样的问题)。由于美国联邦和地方两级政府的高度重视和学术界的积极参与,学校开展道德教育的实践很快就成为家喻户晓的品格教育运动。但是,从古典理论那里获得灵感的品格教育项目存在着严重的不足。尤为令人惊奇的是,那些教育项目把道德教育与道德发展看做同义词,并且认为只有通过接受和分享源自权威的规范才能达到真正的完善。[①]

总之,在新保守主义政府的影响下,本次学校德育改革尤其强调向学生传递美国传统社会的核心价值观,这无疑给美国多元文化的民主社会带来了某种冲击,即引起不同亚文化群体价值观的冲突。尽管近几年的民意调查均表明,美国普通民众表示出对社会道德现状的不满,但是,一旦通过公立学校来教授美国传统文化中的核心价值观,来自不同文化背景的家长和教师可能会提出异议,即谁有权来决定传递什么样的价值观。一旦政府强力推行,势必与美国社会的民主精神形成一种悖论。事实上,今天的美国社会,随着价值观的日益多元化,教师、家长和学生都满足于一种弱规则的学校生活氛围。随着新的移民潮的冲击,美国社会具有新教徒传统的道德共识已经在逐步消失。因此,以品格教育为特色的学校道德教育在倡导者与实施者之间已经表现出很大差异,这是我们必须看到的事实。

---

① Bennett W. *The Book of Virtues*: *A Treasury of Great Moral Stories*. New York: Simon & Schuste. 1993. p. 9.

Wynne E. & Ryan K. *Reclaiming Our Schools*: *A Handbook on Teaching Character*, *Academics*, *and Discipline*. New York: MacMillan. 1993. p. 57.

第五章

学校德育改革：
努力培养儿童的德性

    20 世纪 80 年代以后,尽管美国朝野出现了回归传统道德教育的呼声,但是,以品格教育为名义的道德教育实践在学校层面的展开并未如倡导者所预期得那样迅速。由于美国社会近几十年来一直受价值观多元和文化多元的影响,加之 20 世纪 60～70 年代价值澄清教育和柯尔伯格道德认知发展理论在学校依旧居于主流地位,所以,在一些公立学校里,价值中立的教育方法还残留在一些教师和家长的观念中。在这样的社会背景下,学校的道德教育实践也呈现不同的发展阶段,即从个别学校教师的自发道德教育改革开始,到一些学校在地方政府推动和专业机构支持下所开展的有规模的旨在培养公民品德的教育实践项目,是一个渐进的过程。其中,有社会发展给学校教育带来的压力与冲击,也有教育者自身的思考与探索,而在轰轰烈烈的教育实践背后,更有着教育者的辛苦与无奈。

第一节　面临社会转型,学校教育的自我调整

    在美苏争霸期间,学校教育更多地服从和服务于美国国防教育发展的需要,从教育目标到教学内容都偏重于学术科目,尤其是数学和自然科学的教育,人文学科受到削弱。进入 20 世纪 80 年代以后,随着苏联的解体,美国占据了世界政治和经济的霸主地位。但是,其中隐含的危机也逐渐显露:新技术发展,经济全球化,美国的经济实力优势逐步被其他发达国家所分割。产业结构的调整进一步表明,美国制造业的竞争力在逐步下降。美国社会

也因此陷入前所未有的矛盾：一方面，新型产业需要大批高素质的新型劳动力；另一方面，面临大批传统产业工人的高失业率。生产力转型带来的社会动荡，学校教育如何应对？公立学校教育的目的是要为美国企业训练高度熟练的劳动力，还是把学生培养成为有智慧、有能力、有良知的公民？一切都没有现成的答案，一切都在探索之中……

一、学校教育遭遇时代困境

美国的公立教育制度在建立之初，以贺拉斯·曼（Horace Mann）为代表的教育家就奠定了公共教育的基本思想，即公立学校将是促进人类生活条件平等化的伟大的平衡器，是社会机器的平衡轮。有了公立学校，贫困将会消失，有产者与无产者之间的斗争也将随之消失，所有的人将生活得更长久、更好、更快乐。受过教育的人应当是能够在服从和无政府状态之间作出自由和慎重的选择的人。① 但是，现代社会飞速发展的车轮将美国公立学校教育推到一种前所未有的矛盾境地。一方面，学校要帮助学生实现他们对美国梦的追求，另一方面，学校面临不同教育观的冲击。何去何从，难以定夺。与此同时，不同的哲学思想和政治思想都在影响着政府对公共教育的

决策。学校的教育实践究竟应坚守什么样的教育信念，维持什么样的教育标准？学校自身又应该采取什么样的措施？这一切悬而未决的问题都摆在了学校面前。

（一）学校面临道德贫困的社会大环境：危机四伏

一个人的道德素养是在家庭、学校以及社会生活中形成的。对于孩子的道德成长而言，学校与社会、家庭共同构成孩子生活的大环境。这三种场所为一个孩子提供了道德学习所需的整合性背景以及相互的支持，就像三角形的三条边一样，互相支撑。学校教育与家庭教育、社会教育的一致性正是孩子在道德方面健康成长的前提条件。但现代社会使学校面临道德教育难以施行的困难，家庭生活与社会生活环境的变化对青少年成长的不良影响，使学校教育陷入历史上前所未有的困境，孩子进行道德学习的上述三种场所之间丧失了道德共识。以往那种和谐一致的人文环境在现代美国社会里绝大部分是特例而不是常规，因为美国已经变成了一个高度分裂的社会。

---

① 奥恩斯坦等．当代课程问题（第三版）．杭州：浙江教育出版社．2004.593.

道德共识的瓦解消解了学校系统对道德教育的善良立意,也毁掉了最热诚的教育工作者的辛勤努力。

学校教育面临着非常严峻的社会环境与家庭环境。德洛什(Deorhcoe,E.)把美国过去 30 年的社会道德状况概括为"社会病":"家庭功能障碍,毒品的使用和滥用,不负责任的性行为、生育,性传播疾病,高退学率,家庭暴力,虐待儿童,作品对性和暴力的强调,低劣品位的音乐,破坏公物,自杀和他杀的青少年死亡,偷窃和欺骗行为,明星与英雄的角色混淆,缺乏文明、尊敬和负责等品质。"①

孩子们生活于其中的社会环境,变得娱乐产业化和商品化,电视、电影和网络等大众传媒中充斥着太多的色情与暴力,而青少年又花费了太多时间沉溺于网络之中或电视机面前。1999 年 5 月 10 日《时代与新闻周刊》上的一篇题为"青少年的秘密生活"的文章表明,美国的网络中有将近 110 万的青少年在活动,而且越来越多的青少年的生活情形是他们的父母无法想象的。② 贝内特(Bennett)的调查也表明:学业成绩下降的学生,其纪律问题也呈上升的趋势。③ 为此,贝内特将学术能力测验(A Trademark Used for Scholastic Aptitude Test,即 SAT)的下降比做一种社会病理现象(social pathology)。

现代化使美国人的生存和生活方式发生了质的变化,社会道德环境也随之变化。随着社会生产的转型导致的失业人口增加,青少年的平静生活也受到冲击。一方面,孩子生活的家庭可能因为贫困、暴力等原因而解体,一些孩子可能生活于单亲家庭,一些孩子则可能生活于非婚家庭;另一方面,家庭生活的动荡不安使得孩子既缺乏安全感,也缺乏来自成年人的道德示范与指导。这一切变化带来的更为严重的问题是,公立学校面对着越来越多的无家可归的儿童,而他们的需要也变得越来越复杂。学校何以保证今天无家可归的儿童不至于成为明天无家可归的父母? 这也是美国教育哲

---

① Deorchoe E. F. *Educating Hearts and Minds:A Compernhensive Character Education Framwework*. California:Cowrin Press. 1998. p. 2.

② Tian Long Yu. *In the Name of Morality:Chracter Education and Political Control*. New York:Peter Lang Publishers. 2004. p. 81.

③ Bennett W. J. *The Index of Leading Cultural Indictators:Facts and Figures on the State of American Society*. New York:Simon & Schuster. 1994. p. 75.

学家诺丁斯最为担忧的事情之一。

与此同时,宗教对整个社会的影响力也正处于日暮途穷的境况。从美国社会传统来说,天主教、基督教的教堂和犹太教的教会一向承担着核心价值观教育的重任,而且人们也在很大程度上把个人德性修养的任务归于家庭教育或宗教教育。但是,由于整个社会缺乏规范和自我克制能力的下降,个人的责任感、义务感以及宗教信仰都处于衰退之中,公民的社会环境日趋恶化。离开了社会、宗教和家庭的道德氛围,没有了家庭和教会的协作与配合,学校对于孩子道德成长的影响力正在变得十分微弱。美国教育中与价值相关的教育计划在许多方面既不完整,也缺乏系统性。尽管许多教师在这方面有着强烈的责任意识,但是,一想到价值相对主义的社会大环境,以及个人在意识上尚不熟悉明确的较高水平的学术标准,教师就可能变得很沮丧。

另外,高等院校或学术机构对于价值争论缺乏系统而明确的反应,这在一定程度上也是造成当前社会道德危机的一个重要因素。人们总是希望为获得好的生活而学习、应用道德规范,而目前,在道德争论的政治性方面和个人道德判断方面的两极分化现象令人不安。尖锐的道德争论反映了一个普遍的想法,即现代社会不存在确保道德认同的理性措施。在道德争论的清晰度方面,理性的瓦解导致非理性方法正在取而代之。抗议已经成为当代道德教育的特征,愤怒是最突出的道德情感。然而,抗议仅仅是一种反应,愤怒不能证明任何事情。①

总之,目前美国社会的价值危机主要表现在两个方面。一方面,这与新一代人面临道德规则的转型有关。以往,通过人类文化的传承,人们已经建立起具有功能作用标志的道德系统,而当教育在保持道德系统的效用与一致性方面的功能弱化的时候,新的一代可能会把道德看做一种权威独断。他们会将这些规则视为自由的敌人,而且拒绝接受来自长辈的规范指导。另一方面的价值危机来自道德概念本身。当代人们在作出道德判断方面失去了信心,道德最终被看做主观偏爱的表现或官僚政治力量的命令。至此,道德危机已经演变成道德判断方式的危机。

----

① Robert T. Sandin. *The Rehabilitation of Virtue*: *Foundations of Moral Education*. New York: Praeger Publishers. 1992. p.4.

当然,时代转型,在一定程度上也表明人类生活对社会变化而作出的常规调整。道德方法论方面的危机引起了教育者和文化史学家的深切关注。正如 Marcus Singer 所说,我们这个时代既包含充满教条的道德判断,又盛行怀疑论的道德哲学,这两方面的不一致又是结合在一起的。① 道德怀疑论主张,不存在一个作出道德判断的好动机。在观念上关注对与错,这在本质上不同于关注个人利益、偏好和说服力,也不同于团体的习俗惯例。正是这样的观点引发了道德教条主义以及在寻找解决问题方面的强有力的斗争。

（二）学校自身的教育困境:背离公立学校的教育理想

美国公立学校教育创立之初,教育的重点是发展学生的身体、思想和精神。学生在家里和去教堂礼拜时学到的价值观,会在学校里得到加强。公立学校之父贺拉斯·曼（Horace Mann）的教育思想奠定了美国学校教育发展的方向,即"教育的最高级和最理想的功能……与我们的道德本质相联系"。他始终坚持公立学校应该帮助学生发展理智和良心。按照贺拉斯·曼的思想,公立学校教育应该做到德育先于智育,因为没有德行的知识是极其危险的。②

教育所关注的最出色的理想是通过培养具有生命内涵的自由与美德来促成个体的自主和精神的完善。相对于美国公立学校的教育理想而言,当今的学校教育已经偏离最初设定的方向。在高中学校里,课程被大学的入学要求所左右,与升学有关的核心课程受到孩子们的青睐,在学术智能测验（SAT）或大学入学考试（ACT）中得到好分数,成了衡量教育质量的基本标准。③ 尽管从 20 世纪 80 年代《国家在危险中:教育改革势在必行》（A Nation at Risk: The Imperative for Educational Reform)这一著名报告发表之后,美国就启动了基础教育改革计划,但是,学校教育改革的目标已经逐步单一化了,即培养为个人成功的经济生活做好准备的大学毕业生。在学生、家长和教师的眼里,学校教育的质量总是关系到工作和金钱。今天,美

---

① Marcus George Singer. *Generalization in Ethics: An Essay in the Logic of Ethics, with the Rudiments of a System of Moral Philosophy*. New York: Russell & Russell Pub.. 1971. p.37.

② 吕达、周满生. 当代外国教育改革著名文献·美国卷（第一册）. 北京:人民教育出版社. 2004. 104.

③ 奥恩斯坦等. 当代课程问题（第三版）. 杭州:浙江教育出版社. 2004. 594.

国正规学校教育关注的焦点在于向学生传授计算机时代复杂工作所需要的技巧与知识,而道德教育则被忽略。① 其实,没有精神的教育是一种错觉和欺骗。在美国学校中,有大批的年轻人被"教育是一种天赋权利"这一观念所欺骗。事实上,年轻人所受的教育应该远远多于为财富做准备。如果在学校里,追求真理和人类精神的完善被诡辩和庸俗所取代,那将使学校教育变得很难堪。

目前,关于美国教育质量的争论主要表现为以下几个方面:一是关注教育的质量,尤其是影响美国生产力和竞争力的教育质量;二是确保个体享有平等的受教育的机会和经济方面的机会,尤其是处于社会下层的民众;三是关注维持动态的教育方法,适当的职业课程,以及应用最新技术促进学习。② 然而,上述争论常常忽略一个基本问题,就是从高水平文化传承和价值观形成的角度关注学校教育效果。事实上,美国学校面临的基本问题就是学校道德教育的普遍衰退现象。因此,需要形成旨在促进学生品格发展为中心的学校教育改革运动。几个关于美国教育质量的全国性报告都提出一个严肃的问题,即关注美国教育在培养学生的公民责任和道德责任方面的效果。③ 这些观点在教育领域激起广泛的讨论。

众所周知,教育最主要的目的是青年人的社会化。但是,社会化过程的本质经常被误解,而且教育传授社会价值的基本功能经常被误解。为了适应社会发展对人才的需要,从上个世纪开始的教育改革似乎从未停止过,整个教育系统已经变得精疲力尽。但是,有一个方面教师和家长几乎保持高度的一致,即无论如何改革教育,学生考试的分数不能降下来,否则,从学区到学校,谁也承担不起责任。因此,教师忙着对学生进行知识灌输和智力训练,学术目的主导着学校生活的一切方方面面。教学目标几乎全部围绕学

---

① 威尔森. 美国道德教育危机的教训. 国外社会科学. 2000(2). 51.

② Robert T. Sandin. *The Rehabilitation of Virtue*:*Foundations of Moral Education*. New York:Praeger Publishers. 1992. p.8.

③ Association of American Colleges, *Integrity in College Curriculum*:*A Report to the Academic Community*, Project on Redefining the Meaning and Purpose of Baccalaureate Degrees. Washington, D. C.:Association of American Colleges. 1985; National Endowment for the Humanities, *To Reclaim a Legacy*:*A Report on the Humanities in Higher Education*. Washington, D. C.:National Endowment for the Humanities. 1984.

生的认知发展,除此之外,学生自身发展的其他方面的目标都被忽视了。总之,智力开发一旦成为学校教育的首要任务,学校的危机也就潜伏其中了。今天,教育面临的巨大挑战是制造偶然的学习经验以形成可信赖的精神品质。教育没有抓住生命的精神维度,这样做的结果只能是阻碍人性的发展。

在学校追求智力教育的大环境下,学校教育的标准化也使得学校道德教育的存在资格受到质疑。其实,产生于20世纪初的标准化测验本身是加强学校管理的典型工具,20世纪70年代,美国的学校教育改革逐步加强了标准化测验的运用。在各个州政府加强了对学校教育的控制和追求教育质量的趋势下,学校不断加强标准化管理。由于学校德育难以通过标准化的方式进行量化检验,因此,标准化管理最直接的消极后果就是对学校道德教育的削弱。在标准化运动中,学校的任务被非常明确地界定在培养人的可测量的智力才能方面,即培养市场所需要的人才。为了有好的升学或就业机会,学生也愿意把自己作为学术课程或智力训练的工具。因此,智能训练和学术教育成为学校教育的重点。学校道德教育在中小学的存在合理性也因此丧失殆尽。

在人们极力追求学校教育标准化的时候,尽管许多学校勉强在课程框架内确定了教育和道德的价值,但是,这种勉强的结果却极大地减弱了美国教育的道德影响。事实上,这导致学校教育者的眼光变得更加短浅,尤其在深刻而全面地培养一个孩子成长为一个人这一方面。学校德育也因此出现了令人更加尴尬的冷场。

更加令人不安的现实是,学校德育的真空正在被大量的没有价值标准的传媒信息而填补,青少年的价值观水平已经下降到了令人震惊的地步。那种价值自由教育的结果导致学习经验的弱化,而且,那种对共享价值和学校理想的侵蚀正在削弱全体国民共同生活的基础,并造成了新一代人对文化的无知。对于目前的美国中小学生来说,不论出现什么情况,一切都"过得去"。今天的青少年已经成为"过得去的一代"(okey generation)。例如,许多小学生会认为:如果偷东西不被逮住,也是可以的。可见,学生的道德良知已经到了可怕的地步。相对于无知来说,没有道德的知识可能潜伏着更大的危险——在文化与文明的冲突中,失去良知的人将可能释放野蛮。因此,我们应该从更广泛的意义上认识到学校德育的迫切性与重要性,而且,学校教育也有必要传承高层次的文化并以此促进青少年的人格养成。

（三）学校走出困境：明确自己的教育责任

根据涂尔干的观点，道德理想源于社会化教育，它是道德教育的必要组成部分。每一个社会都有其共同的道德、共同的宗教和共同的意识形态，学校教育的任务就是向青年一代传承这些共同的东西。从这个意义上看，学校教育是社会得以继续存在下去的重要保证。就传递社会道德文明而言，学校教育是最重要的社会力量之一。当代美国社会的道德困境呼吁教育在道德方面承担重大的作用。然而，当社会承认学校道德教育必要性的时候，学校里的道德教育却正在衰退。目前，学校教育面临的道德危机正在挑战教育的整个过程，学校有责任推动学生个体将知识应用于解决在个人行动和公共政策方面所遇到的困难问题，因此，教育有必要进行调整以应对其面临的道德和政治方面的两难问题。针对人类道德问题复杂化和人类需要深刻变化这一时代背景，公立学校教育需要呈现一种新的设置理念，即为培养新一代公民的社会责任做准备。

其实，所有的教育都存在社会功能，甚至许多宗教主义者也承认这一点。教育在社会文明的进步和文化提升方面有独特贡献，教育有机会促进人们通过分享与澄清生活目的和价值，进而促进人与人之间的健康关系。普通的学校教育，尤其是道德教育，总是被视为保持美国民主生机的核心成分。事实上，美国独立战争时期的领袖和许多普通公民，在美国政府成立初期就已经强烈地意识到，根植于社会经验中的基本的社会道德价值观念对于形成美国民主政治的重要性。为了形成与分享基本的社会价值，合众国的缔造者非常重视教育的奠基作用。美国建国初期，人们坚信教育有力量形成国家共同体，而且这已经成为美国人根深蒂固的观念。从美国公共教育出现的那一天起，它就成为社会和政治结构的基础。公民教育旨在培养公民的读写能力，保留自由制度传统的能力，分析和解决问题的能力，这些都被视为美国民主社会所需要的批判能力。在学校教育的范围、复杂性和重要性方面，教育的责任与使命也相应地得到拓展与提高。

回顾 20 世纪 60~70 年代的学校道德教育，那些价值中立计划剥夺了教师在教室里的必要的道德权威地位。在实施价值中立教育的学校里，不准许教师强烈地坚持某种价值主张，也不需要他们向学生教授核心价值，确切地解释什么是友谊、勇敢和节制。他们还被告知不要用学校的经验去帮助学生获得这些重要的美德。即使在柯尔伯格教育方法的使用过程中，教师也更适合参与学生的讨论而不是发挥道德权威作用。事实上，无论是价值澄清教育，还是培养道德推理能力的方法，都可能使得教师陷入孩子们的道德争论当中，从而处于被边缘化的地位。

针对 20 世纪 80 年代以来美国社会秩序的混乱，暴力行为和城区内恐怖事件的随意性增长，吸毒和酗酒比率的增高，一些学校的教师开始反省过去十几年里的价值澄清教育和道德推理教育法所带来的一些负面影响，尽管在过去几年里，他们中的一些人也曾经认为价值澄清教育是适当的，也曾经认同学校处于价值中立的地位，并且鼓励年轻人从事他们喜欢的活动，也曾经相信这种经历能唤醒青少年对不同道德价值的欣赏与理解。

着眼于美国当代社会的现实，随着核心家庭结构的解体和宗教影响力的减弱，孩子品格培养的责任已经无法更多地依赖于家庭和教会。面对众多无家可归的儿童，面对家长无力提供适时指导的儿童，公立学校已经不能再把道德教育的责任留给家庭和宗教机构了。从在校时间看，学生一年中有 180 天左右是在学校度过的，学校必须对他们的公民品德的形成承担应有的责任。因此，学校要对变化的社会和家庭生活环境作出必要的反应。

如果要摆脱整个社会的道德危机，美国整个社会必须做出一系列的努力，教育就是其中最重要的努力之一。根据技术进步和职业准备来理解，美国教育是在不断提升的压力之下，为了产生实用主义效果而得以维持的。然而，有学者再次强调教育的经典作用，即教育在培养个人明确愿望的同时，也会使一个人更好地成为自由社会的公民。①

美国公立学校建立初期，大多数家庭生活在农场，学生离开学校就是在农场帮助大人做农活，孩子与家长朝夕相处；今天，成年人的工作与家庭生活已经形成了巨大差距，孩子与家长的世界越来越远，孩子离开学校的时光里很少有家长的身影相伴。电视、网络可能是他们排解内心孤独的途径，他们也因此对学习和生活缺乏兴趣与热情。因此，今天的学校已经不能机械地把校内生活与校外生活划分界限，学校有责任为孩子提供一个安全生活的环境。因为，学校在传播文明思想，尤其是形成学生的价值观方面扮演着

---

① Robert N. Bellah, Richard Madsen, William M. Sullivan, Ann Swidler, Steven M. Tipton, *Habits of the Heart*. Berkeley：University of California Press. 1985. p. 293.

关键角色。虽然孩子生活的其他方面，如社会和社会背景、父母的关爱和家庭生活类型也许不同，但他们在学校所受到的教育应该是不变的。① 美国和英国的评论家都注意到家庭也许不能增进积极价值，但是，学校在澄清道德困惑和促进清晰价值形成方面却扮演着重要角色。②

二、教育者自发的道德教育努力

现实社会的道德困境使得一些教师逐渐明白，必须采取行动纠正以往那些以价值澄清为特点的被动的教育方式，努力挽救青少年远离道德困惑。他们相信，公立学校、家庭和社区在价值观方面对青少年进行有准备的权威教育是必须要做的事情。更值得肯定的是，这些教育者正在尝试着以个人的努力来帮助年轻人养成德性，并希望以此改变他们的行为，进而改善社会的不良现象。

（一）教室里的道德教育③

菲莉丝·斯密斯·汉森（Phyllis Smith-Hansen）是来自纽约 Lansing Middle School④ 的一位中学教师，她在这所中学教 5～7 年级的学生。她认为，在 20 世纪 70 年代，我们用价值澄清教育毁掉了我们自己，这种退步将持续近 20 年。这种运动给了家长足够的理由去怀疑他们看到的问题诸如"谁的价值"。她强烈地意识到，价值澄清教育是学校做过的最糟糕的事情，它除了使孩子困惑之外，没有任何作用。柯尔伯格的道德两难讨论也使孩子们困惑，因为这些两难问题都是人为制造的，而用人为制造的两难问题激起价值讨论从未受到过家长的欢迎。因此，自开始教师生涯至今，她就尝试研究与价值相关的问题，至今已经有 26 年了。

对于菲莉丝来说，也许她还说不清关于品格教育的概念，但是，她试图

---

① Brooks D. & Goble F. *The Case for Character Education* Northbridge, CA, Studio 4 Productions. 1997. Preface.

② Raths L. *Values and Teaching*. Columbus: Charles E. Merrill. 1974. p. 68. Tam H. *Communitarianism. A New Agenda for Politics and Citizenship*. London: Macmillan Press. 1998. p. 2.

③ Anne Turnbaugh Lockwood. *Character Education: Controversy and Consensus*. California: Corwin Press. 1997. p. 39.

④ 这所学校的所在地靠近伊萨卡（美国纽约中部偏西南部的一座城市），是一个半农村的社区。

把品格与好的行为建立联系。她有一个简单的目标,就是尽力减少孩子们的犯罪行为,更宏伟的目标就是对改善当代美国社会道德状况有一定的弥补作用。在她看来,品格教育不是一个附加的项目,它不是能购买的东西,它不是要学习的新技能,它也不适合于你已经开始做的事情。相反,品格教育是一种方法,通过它,教师把自己在教室里的角色看做教育者。因此,为了让学生身上显现某种品格,她仔细筹划教室里的每一件事情,从对纪律的评价制度到教师授权学生的工作方式等。

由于菲莉丝的教育颇具特色,不时会有一些外校的教师来参观。对此,她很注意学生的感受。她的基本原则是,没有学生允许,她从不让任何参观者进入教室,同时,她也不愿意学生的行为是表现给参观者看的。所以,只有她认为学生的好行为是一种自觉表现的时候,她才会接待校外教师来参观。但是,学生们在平淡的生活中也会希望有外人来教室里参观。一天,有些学生对很长时间没有接待参观者表示惊讶。菲莉丝对学生说:"将近半年的时间了,你们还不能很好地理解我,我有点儿失望。以这样的方式对待你们班,是我表达尊重的一种方式。没有你们的允许,我是不会邀请任何人来的,但是,反过来说,我也要求来自你们的尊重。"①

总之,菲莉丝认为,品格教育不可能伪装成一套孤立的技术,它可能是一种教育途径,教师通过这种途径与学生、教育素材发生着联系;它也可能是一种生活方式,通过它,教师让学生参与班级生活,并在班级里培养学生具有共同体的感觉。

在教室里实施道德品质教育的过程中,菲莉丝不断进行自我反思,反思自己作为教师在教育实践中充当的角色。经过几年的实践,她逐步认识到,教师作为人的价值是基于教师个人的品质,而不是教师的智力。而且,在班级生活中,她努力让她的学生认识到这一点,即学生作为人的价值显现在其品质方面,而不是学业成绩。即使一个聪明的孩子在学校里跳级了,他也要学会通过自我反思来检验自己在生活中作为人的价值。

值得庆幸的是,菲莉丝多年在道德品质教育方面的努力探索给她的职业成长带来了新的机遇。她对自己的职业顿悟阶段起始于她遇到纽约州立

① Anne Turnbaugh Lockwood. *Character Education：Controversy and Consensus*. California：Corwin Press. 1997. p. 42.

大学的教授托马斯·里克纳(美国品格教育运动的倡导者之一)。里克纳教授充分肯定了菲莉丝的教育探索,并邀请她参与第 4R 和 5R 中心(美国一个著名的品格教育中心)理事会的工作。而她的教育事迹也被纽约时代杂志特别报道过。

(二) 教师自主开发道德教育课程①

从整个美国社会的情形看,价值越来越多元,似乎允许人们做任何事情。孩子面临太多的困惑,来自电视、互联网、同伴和其他地方的诱惑实在太多了。孩子们从电视上看到一些事情,他们看到无论怎样的行为都能够达到一种结果,但这不是真实的。孩子们并没有意识到真实世界与虚拟世界的区别,他们喜欢模仿电视里偶像的那些行为,而没有意识到真实生活中的结果。

小学教师达波尔·林顿(教小学 4～5 年级)②和她的同事苏珊·奥登(教学龄前的孩子)得到一些家长的支持,开始思考如何在她们所教的班级里培养孩子的品格。她们希望培养出更有责任感和同情心的孩子,而不是依从偶像的机器人。

她们决定从最容易的办法入手,那就是和孩子们一起阅读不同水平的文学作品。起初,她们是用教材中的文学作品。经过一段时间的教学尝试之后,她们已经不满足于这样的教学,开始寻找另外的故事来补充这个活动。其他老师看到她们班上学生行为的变化,也开始对这两位老师的所作所为产生兴趣。

这种氛围也鼓舞着她们开始尝试一套品格教育课程,并将这套品格教育课程融入学校整体教育工作之中。这套课程的对象是小学和初中的孩子,课程集中于责任、努力、解决问题、毅力、同情、信心和团队工作。目前,这套课程不仅被她们所在的学校使用,还被一些学校用于 1～6 年级学生的训练。

在教师与家长们一起研讨的时候,孩子们行为的改善使得家长肯定了这种新的教育尝试。他们认为,教师向孩子们明确表达一些价值观,这是非

① Anne Turnbaugh Lockwood. *Character Education:Controversy and Consensus*. California:Corwin Press. 1997. p.49.

② 达波尔·林顿(Deborah Linden)的学士学位是小学教育,目前已经获得了两个专业的硕士学位,一是课程指导,另一个是教育管理。

常好的做法。但是,老师们还有一些担心。因此,达波尔·林顿等老师尽量不使用"价值"这个词,宁愿称它们为"生活技能"(life skills)、"知道如何做事的技能"("know-how" skills)或者"公民生活的技能"(citizenship skills)。

在价值多元化的美国社会里,教师们这样做也许是出自教育者自我保护的需要,他们不想陷入问题的争论——"学校正在教谁的价值",因此,他们用"品质"和"技能"来代替价值观教育。既然这一教育改革得到孩子的喜欢和家长的认可,也许这种品格教育还能走得更远一些。

第二节　公立学校积极响应政府倡导的品格教育运动

进入 20 世纪 90 年代以后,在联邦政府和各州政府的支持与推动之下,美国中小学校的品格教育也迅速开展。地方政府以佐治亚州为例,要求公立学校教授"核心价值",包括公民、尊重他人、尊重自己三大类。为了减少公众的争论,该州的教育委员会避免使用"品格教育"或"道德教育"的概念,而使用"核心价值教育"这一术语。各所学校的品格教育也许在具体措施上各有不同,但都着眼于以下中心任务:通过培养德性而保存传统价值观,恢复教师在教室里的权威教导,在学校内努力形成一个有道德的社会氛围。

一、重视古典文献的学习,传承文化传统及其价值观

作为品格教育的积极倡导者,曾任教育部长的贝内特强调,各级各类的学校课程必须培育学生作为公民的德性。伊利诺伊斯大学教授温(Wynne)也主张,学校里的每一门课程实际上都是一个"道德教育者"。接受上述思想影响的学校努力通过一系列课程传递基本的价值观。在内容上,"传统价值"意味着全套的美德诸如一些伦理词汇及与"十诫"相关的非宗教的主题。① 因此,历史和文学这两门课程在实施品格教育的中小学校具有很高的学科地位。校长和教师们相信,学生最有可能成功地从这些学科中挖掘出

① Larry P. Nucci. *Moral Development and Character Education*: *A Dialogue*. Berkeley: McCutchan Publishing Corporation. 1989. p. 19.

道德价值观和榜样,而成年人最重要的责任之一就是向下一代传递适当的价值。没有成年人与年轻人的密切配合,任何人类社会的文化都会衰退或消失。学生们需要熟悉最好的文学作品和历史中最重要的观点,需要熟悉这些故事,不是简单地从形式上,而是熟悉其中蕴含的道德教导。如,说说从荷马坚定的旅行中学习到了什么。学生需要知道我们已经在哪里以及我们已经学习了什么,不是最终的命令,而是作为道德成功与失败的智慧库。

（一）阅读文学名著,发现道德的力量

相对于认知发展传统而言,文化传承的使命意味着文化知识从教师到学生的流动。但是,教师并不是把文化遗产填鸭式地教给学生,相反,教师必须帮助学生寻找解决问题的智慧。更进一步说,教师和学生最主要的精力应该集中于伊利诺伊斯大学教授温(Edward Wynne)所说的"伟大的传统"(great tradition),即用传说、神话和那些呈现文化遗产的经典名著,点燃年轻人的道德想象力。因此,文学的修养和学校的文学教育是十分重要的教育内容。

在一些基础教育学校,教师指导学生阅读伟大的文学名著,并让学生通过讨论发现其中蕴含的美德真理。例如,安徒生的童话《卖火柴的小女孩》说明了人类对同情的需要,辛格的《三个心愿的故事》揭示了应该如何实现自己心愿的道理。对于年幼的小学生来说,简单的歌曲或者韵文也可以培养品德。在新泽西州普林斯顿市的沃尔多夫学校,小学生们每日通过背诵韵文来开始新的一天。韵文起到鼓劲和帮助学生认识自己的作用。例如,二年级学生经常背诵的韵文是这样写的:

> 我们像长矛那样挺立,
>
> 两臂和双腿充满活力;
>
> 我们的心里像一团火,
>
> 我们热爱世上的工作。①

文学作品为什么能给予孩子道德指导？一位小学教师给出了如下的理解:"我发现这个年龄的孩子们需要用故事中不断的叙述来与他们自己的生活和伦理问题产生共鸣。通过比较,发现那些处在假设的道德困境(海因兹

① 吕达、周满生. 当代外国教育改革著名文献(美国卷·第四册).北京:人民教育出版社.2004.112.

应该偷窃药品去救就要死去的妻子吗)中的人物,是远离任何生活背景的;而在一本书中,这些人物是活着的,孩子们的感情是与他们连在一起的。在我尝试过的所有材料中,儿童文学的效果是最棒的。"①

在一些中小学校里,教师会鼓励学生独自一人或结伴来阅读名著,然后,教师再引导学生寻找名著中展现的道德力量;一些教师还非常看重古希腊、古罗马的作品,认为其中蕴藏着西方传统道德的精髓,通过阅读这些古老的作品,学生可以培养同情感与道德想象力。②

旧金山的一些公立学校,通过文学作品阅读向1～5年级的学生推行六种支柱品格(源自"品格重要联盟",Character Counts Coalition)③。这六种品格包括可信赖、尊敬、责任、公平、关心、公民的职责与权利。学校以此为中心组织课程主题,针对每一年级可接受的水平来选择适合的概念教授上述六种品格。例如,就"尊敬"的主题而言,在小学二年级是"做一个有礼貌的人",在小学三年级是"赏识他人",在小学四年级是"体谅他人",在小学五年级是"思想开放的人"。总之,每一个年级的教育主题要与孩子的接受能力相适应。

每一个教育主题包括四种课型:一是通过学习文本了解主题,并讨论该主题的重要性;二是在学校生活中聚焦于应用的训练,并且教师要解释这样做的理由;三是在个人的生活中通过锻炼养成某种品格,以此帮助学生成为所期待的更好的人;四是在家庭和社区生活中锻炼学生,以使他们更好地适应社会。另外,在教学方法方面,这些课程还包括问题解决过程。为此,杰弗逊品格教育中心(Jefferson Center for Character Education)研制出一套解决问题的标准模型。例如,首先是教授学生"责任"这一品格概念,其次是要求学生思考责任行为或解决问题过程中表现出的责任有哪些要素,三是考虑可能的结果而选择一些要素,接着是依据选择去行动,最后是让学生根据行为的影响与预期效果对行动进行评价。

① 里克纳.美式课堂.海口:海南出版社.2001.164.

② Bernice Lerner. Historical Perspectives on Character Education. *The Journal of Education*. Volume 187. Number 3. p. 144.

③ James S. Leming. (1997). Whither Goes Character Education? Objectives, Pedagogy, and Research in Education Programs. The *Journal of Education*, Volume 179. Number 2. pp. 11～22.

（二）小学的学科教育中渗透价值观教育

一位执教小学五年级历史的教师根据学区的要求,挖掘了美国历史中涉及的伦理事件,如反映勇气品格的历史事件有以下几条。①

18 世纪的事件:"波士顿茶团"的参加者,独立战争的战士等;

19 世纪的事件:探险家路易斯和克拉克,吐布曼和"地下铁路"的工作人员们,反抗南方联盟的奴隶们,努力创造新生活并被解放的黑人,创造新生活的移民;

20 世纪的事件:怀特兄弟,为选举权运动工作的妇女,富兰克林·罗斯福,一战和二战中的士兵,马丁·路德·金和民权运动。

有些教学区的委员会还为教师提供了有关学术课程的建议。②

科学和数学教师:可以把注意力集中到该领域优秀男人和女人的生活上,同时,强调该领域课程中出现的具有高度组织与纪律要求的方法论。

语文教师:可以从文学作品的教学中找出自律的典型,也可以要求学生就这一重要的性格特征写作文。

历史教师:可以把注意力集中到伟大人物展现出自己品格的特定历史时刻。

艺术与音乐教师:可以剖析伟大的艺术家与作曲家的生活,作为学生自律的典范。

体育和保健教师:可以向学生证明,一个人必须保持一定程度的自我控制,才能维持健康的身体。

家政和工业艺术教师:可以强调在木材、金属、布料等的设计与制作过程中自律的作用。

当然,考虑到中小学教师把握社会学科课程价值观教育的压力,一些来自大学的道德教育专家和中小学教师合作,为中小学教师提供社会学科教材及教材分析,如《民主价值的解释:美国历史中的伦理问题》等。学校还可以利用已经出版的教程如《心灵丛林》,通过民间传说、人物传记、英雄故事、传奇和当代传说反映七项普遍存在的价值:希望、忠诚、正义、勇气、尊重、诚实和爱心;《理解残障》教程则可使孩子理解、尊重身体有残疾的人。

---

① 里克纳.美式课堂.海口:海南出版社.2001.157.

② 里克纳.美式课堂.海口:海南出版社.2001.156.

（三）学校实施核心价值观教育的具体教学方法

尽管学校之间实施核心价值的教育方式存在很大不同，但是，给人最突出的印象是方法上的相似性。所有学校都采用主题方式进行品格教育，每月选取一个与品格教育相关的价值作为主题教育的基础，通过故事、教师示范、纪律和学校生活的其他方面来进行价值与品质教育。这些相互联系的价值观在不同年级的呈现方法存在着明显的不同。

其中，故事法确实深受品格教育者的推崇。为此，品格教育的领军人物、里根政府时期的教育部长威廉·贝内特不惜花费多年的时间和精力，主持编写了一部风靡全球的《美德书》。这是一部由诸多而非单一文化传统中的美德故事和美德箴言穿插巧织而成的家教式道德教科书。贝内特只选择了"同情"、"责任"、"友谊"、"工作"、"勇气"、"毅力"、"诚实"、"忠诚"和"自律"这九种他认为对孩子们来说最为基本的美德，不是使用严肃的教条式语言甚至上升到道德意识形态高度的道德话语，而是采取了最为孩子们乐意倾听的小故事、小情节、小诗歌等加以叙述。故事短小精悍，巧妙别致，语言基本上是再日常不过的童话式用语。① 也许，与以往的柯尔伯格那些"道德两难"故事相比，美德故事的叙述缺乏严密而系统的逻辑，但是，这些故事对于孩子们来说却更加直截了当，更简明易懂，更亲切。在低年级，师生经常通过讲故事的方式来讨论价值。教师向全班学生读故事，然后通过全班讨论突出故事内在的价值。在小学高年级，依旧是运用故事，但是更倾向于教师在复杂的情况下涉及价值并直接指向行为方式。在高中学校里，品格教育不是常规课程的一部分，而是在海报、标语、特殊活动和仪式中出现。

一般来说，纪律的运用在目前美国学校道德教育中最为普遍。不过，在品格教育实践中，有关纪律的观点发生了变化，对纪律的理解由强制与约束力量，转变为培养尊重和责任等品德的工具，并认为运用纪律的最终目的是为了不使用纪律，也就是形成学生的自律。学校道德教育实践中的许多纪律计划与过去一般的纪律计划不同，将运用良好的品德特质或价值与美德作为控制学生行为的中心，每一条纪律规定都体现了一种价值和美德，通过

①万俊人.重叙美德的故事.读书.2001(3).21～26.万俊人先生在其文章《重叙美德的故事》中曾对《美德书》给予高度评价。《美德书》中的每一个故事都短小精悍、巧妙别致，语言基本上是再日常不过的童话式用语。你在洒满阳光的林间草地上牵着孩子散步时，可以随口说上一段，三两分钟即可呈现给孩子一个完整的故事。

日常学习生活中的教授和强化,使学生内化这些价值和美德,形成相应的行为习惯。例如,在科罗拉多州斯普林斯学区,一直强调"充满爱心和逻辑的纪律"是一种发展自然逻辑后果而不是单纯的奖励和惩罚的制度。其中,有三条具体的纪律:① 使用强制性的限制;② 提供有限制的选择;③ 运用移情来使用自然逻辑的后果。①

总之,美国的很多学校普遍采用纪律手册或规章制度的纪律计划,它们都是以一套核心价值和美德作为行为规则和要求,以求学生在日常生活中养成正确的行为习惯,都强调学生在理性和情感上接受,而非强迫和压制式的接受。

二、重塑教师的道德权威角色

相对于以往的价值澄清教育和道德认知发展理论,美国中小学校里目前提倡的道德教育更看重教师的权威,即视教师为教育权威者,他们不仅知道得更多,而且有责任关注学生拥有公平的机会去学习已经建立起来的东西。品格教育者相信,好的品格还要求遵从权威。这种素养明显是部分通过惯和实践来学会的。教师是学生在家庭之外遇到的最重要的权威人物,正式的学术课程是教师实践其权威角色的中心方面。教师和学校管理者应该坚持学生准时到校,课堂上注意听讲,自己背诵,并在其他方面表现出承担的义务。如果教师没有这样要求和管理,学生在品格形成中将失去重要的机会。② 因此,学校和教室也不是绝对民主的,学生的权利和责任与教师的权利和责任是不同的。为了在教师的管理和学生的自主活动之间获得平衡,教师必须有权力(power)。所以,实施品格教育的学校一方面强调发挥教师的道德权威作用,另一方面则投入力量加强对教师进行品格教育方面的培训。

---

① Murphy, Madonna. *Charcter Education in America's Blue School: Best Practices for Meeting the Challenge.* Lancaster: Technomic Publishing Company. 1988. pp. 146. 参见:李江. 美德的回归——美国新古典道德教育运动评析. 石家庄:河北大学 2006 届硕士学位论文,第 17 页。

② Larry P. Nucci. *Moral Development and Character Education: A Dialogue.* Berkeley: McCutchan Publishing Corporation. 1989. p. 39.

（一）发挥教师的道德权威作用

今天，在品格教育实践氛围的鼓励下，学校教师对于肯定道德价值观的普遍性不再沉默。因为，品格教育倡导者指出，那些具有普遍意义的价值观受到古今每一种文化的器重。在这种教育环境下，教师开始在课堂上教授那些得到普遍赞赏的道德价值观，如诚实、荣誉感、尊敬他人以及勇敢等美德。教师也因此成为权威道德的代言人。

教师是课堂上的道德权威，这一责任给了教师要求学生遵守纪律指导、努力学习、不做任何有损个人和集体利益的行为的权力。纽约比彻小学的多数孩子来自社会底层（即靠社会福利生活）家庭，这些孩子对暴力行为习以为常，守纪律曾是这所学校的一个难题。经过几年的努力，学生的行为问题已经降到了最低程度，其中一个比较成功的做法，就是在开学的第一周内教师指导学生制定明确的纪律。

当教师指导学生共同制定班级纪律的时候，也就是教师发挥道德指导作用的时候。麦科纳尔是一位小学六年级的老师，她任教的学校是政府承认的"儿童培养工程"的学校之一。她在开学的第二天就和同学一起制定纪律。具体做法是，她把事先制定好的纪律贴在黑板上，同时也让学生把他们制定的纪律贴出来，再将大家都认同的纪律确定下来，使之成为全班同学遵守的行为准则。

美国纽约州立大学的里克纳教授在《美式课堂》一书中总结了一些中小学教师在加强纪律方面的做法。他认为，这些方面继承了法国教育社会学家涂尔干和瑞士心理学家皮亚杰的重要思想。在涂尔干看来，纪律不仅仅是一个为了教室里表面的平静而设计的工具，它是作为一个小社会的教室里的美德。皮亚杰认为，外部制约强加给学生的纪律停留在学生的精神之外，基于相互尊重和合作的纪律才能根植于学生的心灵。里克纳认为，教师不仅是形象上的道德权威，也起到了道德导师的作用——教导学生为什么打断别人的讲话是不礼貌的，插队是不公平的，喊外号是不友好的，不征得别人的同意"借"东西是不尊重别人的。

（二）加强教师品格教育培训

面对当代美国社会的道德挑战，美国教育并未在组织上做出充分的准备。因此，品格教育的倡导者们强烈呼吁对广大教师进行教育培训，使之理解与品格教育相关的教育目标并实施相关教育方法。他们认为，教师的天职就是重视道德和精神生活。在强调教师道德权威地位的同时,品格教育专家提醒中小学教师:道德权威并不是独裁。为此,一些品格教育专业机构着力于对教师进行品格教育方面的系统培训。在教育项目的实施过程中,品格教育专家很注意对教师提供教育方面的指导。一些教师培训机构专门讲授品格教育课程,如教师品格教育、道德发展、价值观教育、教育中的问题等。进入 20 世纪 90 年代以来,《师资教育》(Journal of Teacher Education)、《教育领导者》(Educational Leadership)、《教育杂志》(Journal of Education)等重要期刊,都讨论过对职前和职业教师进行品格教育培训的必要性。

今天的美国,许多中小学教师在接受品格教育方面的培训,目的是了解如何通过自己的教学来培养和发展学生的良好品格。对于许多在职教师来说,新的品格教育方法不同于以往的价值澄清教育法和柯尔伯格道德两难问题讨论法。以往的两种方法更看重过程,而品格教育方法则更看重道德内容。就过程而言,品格教育则更强调直接的方式。为此,瑞安提出了一些应当传授给教师的特殊的德育方法:(1)学会如何将学生的注意力吸引到故事里有关美德的内容上;(2)学会如何引导学生仔细而深入地思考道德原则;(3)学会如何将学生的注意力吸引到历史事件中的道德方面上,以及进一步地分析和讨论这些历史事件;(4)学会如何使学生进入故事中的道德情境,并让学生把学到的道德原则或品格特质应用到他们的现实生活中;(5)学会如何培养学生的道德论述技能,即严肃地思考什么是正确的,以及什么是"应当被完成的"。①

三、重视学校氛围,加强家校合作

品格教育者似乎是以不同于认知发展的眼光来观察孩子。在他们看来,孩子具有可塑性,即将孩子看成具有行善和行恶的可能性,他们形成需要的品格还有赖于一个很强的道德环境。相比较而言,传统的品格教育在方法方面重视教师中心作用和道德灌输,没有注意到学校氛围的间接影响,而当代的品格教育则更加重视学校氛围的重要性,重视通过实践活动来形成公民品格,也重视通过家庭和学校合作来影响青少年的品格发展。

---

① Madonna M. Murphy. 美国"蓝带学校"的品性教育. 北京:中国轻工业出版社. 2002. 62.

（一）学校道德氛围的教育作用

太多的孩子在校外环境中受到了不好的影响，因此，品格教育的倡导者强调学校道德生活氛围对孩子健康成长的影响。从学校生活环境的角度看，在教室里创建一个道德社区是很重要的一步。

马萨诸塞州的一些小学教师探索出了一套在教室中创建道德社区的办法，一是帮助学生增进相互之间的了解，例如让学生从开学的第一天起就结成伙伴，共同完成教师布置的任务；二是教导学生相互尊重、认同和关心，例如阻止同学之间的相互伤害，培养学生对其他同学的同情心；三是增强学生的集体责任感，例如重视课堂仪式和传统活动的开展，使用班级标志形象地呈现学生个人和团体的身份。这些尝试的意义在于把学生在教室里的生活变成了积极的道德体验。

从学校整个大环境来看，塑造积极的道德文化对于孩子的成长意义重大。一些学校在这方面也进行了积极的探索，并取得了一些经验。里克纳教授将其归纳为六个方面的因素。一是校长的表率作用。例如，在芝加哥市的莱利小学，校长罗斯·玛莉就以个人榜样直接参与各种活动，她的身影在学校随处可见，师生之间最大限度地进行交往。二是校园纪律，利用校规去促进道德培养是小学的一个重要目标，有些学校意识到校园暴力问题，就采取行动阻止校园违纪行为。三是在全校范围内培养社区感。例如，芝加哥北部的温克曼小学，学生背景的高度多样化容易引起校园摩擦，学校就努力塑造一个和谐而充满爱心的校园社区。学校接纳新学生的时候，会在教室外面挂满巨大的欢迎标语；学生如果连续几天生病，就会收到问候卡；学校组织体育比赛，强调良好的运动员精神。四是校园民主管理，就是让学生来管理他们的学校生活。纽约州村巷小学的校长莎欣博士的目标就是让整个校园环境体现以法制为基础的民主和多元社会的原则，为此设立了两个学生自治会，即由低年级学生组成的学生咨询小委员会和高年级学生组成的学生咨询大委员会，校长则是这两个委员会的秘书和会议召集人。五是在成年人之间创造一个良好的社区。也就是教职员工共同管理学校，老师们分享各自的思想。六是为道德问题留些时间。俄亥俄州的一所私立学校的校长说，在学校培育一种积极的道德氛围不是一蹴而就的，需要花些时间,也就是要注意老师和学生细微举止的道德意义。①

如何创设有道德影响的环境?改变校园作弊问题的一种办法就是改变社会环境。例如,创设一个道德的环境,使学生从中能够意识到作弊行为的不光彩。制作一个荣誉标记,也许会减少学校的欺骗行为,而这种荣誉会深深地嵌入学校的文化中。事实证明,在有荣誉记录的学校里,学生发生严重作弊行为的情况比没有荣誉记录的学校少1/4。在各种各样的情形中,有荣誉记录的学生明显地表现出不屈从于他人的压力,而没有荣誉记录的学生则较容易屈从于他人的压力。② 学校道德环境的建设必须得到全体教职员工的支持。只有全体教师都关注这件事的时候,校园内的作弊行为才可能真正减少。③

(二) 开展服务他人的活动,养成良好的公民品格

根据亚里士多德的思想,只有做正义的事,才能成为正直的人;只有做勇敢的事,才能成为勇敢的人。因此,学校很重视通过开展服务性项目来培养学生的公民意识和公民品格。位于华盛顿州凡尔依镇的华盛顿小学提出的校训就是"为他人服务是一项终身的承诺"。该学校将服务计划落实到每一个年级中。在 1~3 年级,孩子们要学习帮助他人,学习倾听别人的讲话,学习鼓励别人,学习以礼貌的态度认真地回答别人的问题。到了 4 年级,每一名学生要负责辅导一名低年级学生。到了 5 年级,要有校外服务计划,如到图书馆当助手。不仅如此,这所学校的每个年级都有自己的服务项目。例如,一年级的小学生制定了一项"与日本进行友好交流"的项目;二年级的小学生为一个无家可归者做了一床被子;三年级的小学生实施美化校园的项目,在校园里种植鲜花;四年级的小学生组织了"老人联谊会";五年级的小学生在学校的空地上建起了一个鸟类栖息地。④

---

① Madonna M. Murphy. 美国"蓝带学校"的品性教育. 北京:中国轻工业出版社. 2002. 310~334.

② McCabe, D. L., Trevino, L. K. & Butterfield, K. D. (2001) Cheating in Academic Instituions:A Decade of Research, *Ethics & Behavior*. 11(3). p. 219~232.

③ Kerkvliet J. & Sigmund, C. L. Can We Control Cheating in the Classroom? *Journal of Economic Education*, 1999(30). pp. 331~343.

④ 吕达、周满生. 当代外国教育改革著名文献·美国卷. 北京:人民教育出版社. 2004. 114.

应该说,公立学校培养孩子养成服务他人的意识,具备服务他人的能力,这本身就是公民道德教育的一个重要组成部分。学校制定学生服务他人的计划,开展服务项目,这就是一种社会实践活动。从更广泛的意义上说,这些活动也是促进青少年社会化,培养其社会责任感的一种公民教育。①在此,公民教育与品格教育是密切联系、不可分割的。公民的品格修养不仅是个人的事,更关乎整个社会的道德水平。

（三）加强家庭与学校的有效合作

在美国传统社会里,一直存在着以家庭为核心的小城镇道德社区,它们承担着道德教育的主要责任,只是在现代社会生活中,家长越来越专心于自己的事务而忽略了孩子的教育问题。与此同时,日益蔓延的个人主义和自私自利的商业社会风气,对美国的家庭及其所在社区产生了严重的破坏性影响。更为严重的问题是家庭出现解体,传统家庭的道德教育功能逐渐削弱。当代的学校道德教育实践力图恢复家庭和社区传统道德教育力量,使传统美德与现代精神得到完美的结合。如 1994 年克林顿总统任职内发表的《目标 2000:美国教育法》中,就把家长参与教育作为全国性的教育目标。1989 年卡内基基金会发表的报告《转折点:为 21 世纪准备美国青少年》,提出了两项与家庭教育有关的建议:"一是重新使家庭参与学校对青少年的教育,让家庭在学校管理中发挥有意义的作用,给予家庭机会以支持学生在家里和学校的学习。二是把学校与社区联系起来,让社区为学生的成功与学校一起承担责任,确保学生在社区的服务机会,建立学校与社区之间的伙伴关系和合作关系,保证学生参与社会服务方面的机会,并且使用社区资源以丰富学生具有建设性的课外活动计划和机会。"②

一个孩子离开学校后,可能面临各种各样的道德问题,因此,学校道德教育的成功必须依靠家庭和社区的支持。学校和家庭如何有效合作,已经成为许多学校实施道德教育中面临的一项重要工作。一些学校也在探索不同的合作方式。例如,在华盛顿地区,每一所学校在 1～12 各个年级都已经

---

① Wolfgang Althof and Marvin W. Berkowitz. Moral Education and Character Education：Their Relation ang Roles in Citizenship education. *Journal of Moral Education*. Vol. 35, No. 4, December 2006. pp. 495～518.

② Rusnack,Timothy. *An Integrated Approach to Character Education*. Corwin Press. Inc. 1998. p. 134.

成立了家长协会,每年召开两次会议,会议地点可能在学校里,也可能在学生家里。每个年级的家长协会都有一名教师或一名校长参与。会议的形式都是非正式的:每次会议开始的时候,每位家长介绍自己和其孩子的姓名,并提出一或两个主题。在小学低年级的家长会里,讨论的话题是如何让孩子做家务,哪类电视节目对孩子有教育意义等。在初级中学的家长会中,家长们喜欢讨论的问题是,如果孩子去参加一个生日聚会,但是那里放映的电影是青少年不宜的,家长应该如何做决定。高中的家长会则关注另外一些问题,如当孩子想参加一个露天集会,却不知是否有其他家长参加这个集会时,应该怎么办,以及如何规定孩子开车等。这些家长会坚持四年以后,家长们彼此会很好地理解,并经常与学校共同组织一些活动。家长共同参与一些活动,也感觉到能够彼此沟通价值观与准则,也就更支持和理解学校的活动了。①

为了让家长成为学校教育的强有力的支持者,田纳西州的一些学校积极致力于家长培训。这些学校联合组织了针对单亲家长的培训,有十所小学参与了该计划。组织者在学校和相关社区选取一个特定地点,每周举办一次"家长讨论会",每一次的讨论都涉及一些具体问题,例如,计划并监督孩子在家里的学习,培养孩子的自尊心,毒品与酗酒,营养等。每所学校都有20~40位家长参加这项培训计划。家长对此反响比较好,他们认为,通过参加培训,对于如何监督孩子有了新的看法,并且也从参与孩子的教育中得到了满足。②

越来越多的学校已经开始以不同的形式在家长中宣传和落实新的价值观教育计划,一些小学还让孩子把家庭作业带回家,这些家庭作业包括短篇故事或者诗歌,学校要求家长和学生一起阅读这些故事和诗歌,并讨论其中的道德问题。一些学校也与家长共同合作,控制电视与网络对青少年成长的消极影响。例如,一位校长调查学生看电视的时间,发现小学五年级的学生平均每天要看七个小时。许多孩子说电视机就在他们的卧室里,他们能够看到任何想看的电视节目。这位校长得到了家长委员会的支持后,要求

---

① Andrew Garrod. *Learning For Life*:*Moral Education Theory and Practice*. Westport:Praeger Publishers. 1992. p. 99.

② 里克纳. 美式课堂——品格教育学校方略. 海口:海南出版社. 2001. 369~370.

家长与学校签订一个协议，规定孩子看电视的时间一天不能超过两个小时。与此同时，网络色情、残暴的电子游戏也一直困扰着学校与家庭，明智的教育者和家长正在积极探索如何有效地使用网络帮助青少年成长。归根到底，即如何使孩子避开低级趣味和黄色的内容，让网络一代（net generation）在数字化世界里学习、发展和健康成长。

第三节　评析

面对美国社会的道德状况，尤其是青少年身上表现出的行为失范及犯罪率上升的问题，许多学校的校长和教师始终没有放弃教育努力，他们的默默耕耘支撑着美国的基础教育。几乎所有学校开展的道德教育实践都强调好的价值观与亲社会行为之间的联系，这些道德教育计划对于孩子的价值观和行为起到了不同的作用。[1] 尽管缺乏普遍的理论基础，但是，各种各样的教育模式表达了一个愿望，即面临日益削弱的社会道德标准，鼓励某种类型的行为出现。不同于其他形式的道德教育，现行的主流教育计划以公民教育和品格教育为主，其目标是培养孩子的理性能力以及形成孩子自己的价值。公民教育和品格教育追求鼓励某种价值与行为，其明显的教育目标就是鼓励孩子们鉴赏、重视某种特殊的道德理解。尽管品格教育在美国许多地区盛行，公民教育也几乎存在于每一所学校，但是，在教育项目的有效性方面并不存在一致的看法。当然，随着以品格教育和公民教育为主的教育实践在美国中小学校的广泛开展，其行动带来的不同影响也值得我们认真对待。

一、学校道德教育实践：从自发走向自觉

20世纪中期以来，在美国的社会生活中，谋杀、吸毒、诈骗等行为大量出

---

[1] Hahn C. *Becoming Political*, Albany: State University of New York Press. 1998. p. 56. Haydon G. *Teaching about Values: A New Approach*, London: Cassell. 1997. p. 142.

现。这些不良行为表明，原有那些曾经被广泛接受的高尚的价值准则在当代美国人的观念中已经变得模糊不清。针对如此严重的社会道德危机，不仅白宫里的政府官员和大学教授意识到问题的严重性，一些有使命感和责任感的中小学教师也感受到实施道德教育的紧迫性。于是，一些学校的教师出于职业的责任感和敏感性，自发地开始了道德教育的探索。到 20 世纪90 年代以后，在政府的政策鼓励和一些专家学者的指导之下，学校实施品格教育的实践逐步走上了有序发展的轨道。

（一）20 世纪 80 年代的道德教育实践，学校教师自发的教育改革

由于美国社会强调个体价值，在这种大环境影响下，许多学校和教师在道德问题上一般都持价值中立的立场。因为，如果他们强调明确的价值观，面对不同文化环境与家庭环境的孩子，他们可能面临质疑，即应该强调谁的价值观。尽管如此，面对青少年的道德问题和纪律问题，一些有责任感的校长和教师还是开始了道德教育或品格教育的探索。因为，他们已经不满意学校里普遍运用的价值澄清方法和柯尔伯格方法。事实上，这两种方法都大大削弱了教师的道德权威作用。在关于价值观问题的各种讨论中，在柯尔伯格的两难问题讨论过程中，教师常常成为旁观者而不是教导者。于是，一些学校的教师根据他们对价值观和传统道德的基本理解，设计与学生品格有关的教育项目，研发了一些品格教育课程，并编辑供学生阅读的文学读物等等。

这些教师已经开发的教育项目和所实施的教育方法，多数是出于他们的经验性认识，在一定程度上缺乏清晰的哲学和教育理论方向。虽然很多教育项目都贴上了"品格教育"的标签，但是，在不同学校的具体教育实践中，并不存在一个共同的教育理论基础，而且也根本不在品格教育倡导者们所设计的理论框架内。在教师们的理解中，"品格教育"也许具有多重的含义。"从宽泛的意义上看，品格教育涉及学校除学术活动之外的任何事情，尤其指向帮助学生成为一个善良的人。"①而且，很多教师在具体操作中，也很难区别德性修养与行为规范问题之间的差异。从教师管理的角度看，很

①Kohn A. *The Trouble with Character Education*. In A. Molnar（Ed.）*The Construction of Children's Character*. Chicago：The University of Chicago Press. 1997. pp. 154～162.

多教师偏重于对学生进行与规范行为有关的纪律训练，而很少涉及学生个人品格的内容。在老师的眼中，与其说在培养一个好孩子，不如说是在训练学生养成守纪律的习惯。

来自一些学校教师的努力恰恰说明一批有责任感的教师所具有的教育觉悟。面对各种侵蚀社会道德环境的因素，他们清楚地知道，应该做一些正确的事情来指导孩子培养正确的价值观和好的品格。但是，美国 20 世纪 80 年代兴起的学校教育改革还是致力于提高学生的学习成绩。少数教师的努力曲高和寡，有些教师为了避免家长对实施价值观教育的指责，尽量不使用明确的价值观术语，多数情况下仅限于培养学生的一些处事能力。更何况，教师个人对道德和品格的理解相当有限，尽管他们有教育学生的热情，但对教育实践的发展方向缺乏整体把握。事实上，只有得到社会各方面的支持与配合，教师们的道德教育努力才能不再尴尬。

总之，从古至今，哲学家和教育家们都在争论美德是否可教的问题。当然，一些人主张，没有人能教别人任何事情，除非这个学生天生有能力并且愿意去学，否则是不可能的。这也许是一个重要的原则，它提醒教师限制自己的作用，并引导学生承担起自我发展和自我成长的责任。但如果我们全盘采纳这个观点，那么它可能摧毁教育的目的，并混淆好的教育与差的教育之间的区别。关于教美德的问题，美国学校教育实践可能给我们一个新的启示，即从假设"美德可教"开始讨论会更具有建议性，然后再探究教美德的可能存在的限制和条件，并在美德的本质上识别有效的教学策略。一所学校或一位教师不可能对美德是否可教的问题保持中立态度，因为有些美德从它的功能而言是不可缺少的。每一所学校或每一位教师必须采取措施保护并培养一个孩子生活所需要的德性，必须设计教授美德的计划，培养新一代社会公民。

（二）20 世纪 90 年代以来的学校道德教育实践，政府的政策推动和专业机构的学术支持

20 世纪 80 年代的里根政府虽然也对学校教育的现状不满意，但是由于其政治上的保守倾向，它很少干预学校的教育改革。20 世纪 90 年代以后，三任总统（老布什、克林顿、小布什）在学校教育改革的政策方面前仆后继，从法律制定到财政拨款，全方位推进了美国的基础教育改革，而道德教育改革正是其中的一个重要部分。尤其需要指出的是，2001 年 1 月 23 日，小布

什总统上任后向国会提交的第一份立法动议就是《不让一个孩子掉队》的教育改革计划,由此拉开了美国在新世纪实施教育改革的序幕。小布什总统在计划书中表明了他对公立学校及其肩负使命的坚强信念,认为公立学校就是要塑造来自不同背景、不同地区的孩子的思想与品格。与此同时,该计划赋予各州和学区更多的权力和自由实施基础教育改革,并支持对学生和社区开展反毒品和暴力的教育。2002 年 3 月 7 日,政府公布了《教育部 2002～2007 年战略规划》,针对恐怖袭击后的新环境,提出建立安全学校,培养学生坚强的品格。各州也制定了相应的政策和地方性法律文件,通过普通教育来实现对公民的品格培养,一些州的教育委员会还在教育方案中提出了明确的价值观和一系列的品格素养计划。尽管一些持自由主义观点的校长可能会与政府推行的品格教育计划产生观念上的冲突,但最终结果是校长下台。①

实践的改革离不开理论的支持,但是,当教师们着手道德教育实践的时候,学者们对于学校道德教育的研究,还处在对价值澄清教育和柯尔伯格道德发展理论进行批判与反思的阶段。随着政府对学校道德教育的政策调整,一些学校的道德教育成果受到政府和学术界的关注。这次影响整个北美的品格教育运动的倡导者多是来自大学的教授和学者,所以,相对于 20 世纪初的品格教育而言,当代的道德教育实践在基础教育研究方面获得了更多的理论支持。各种品格教育的研究机构和实验基地不断建立,例如品格教育联盟、品格教育协会、伦理与品格促进中心、第 4R 和第 5R 中心等。在品格教育联盟编印的介绍"促进品格教育的组织机构"的资料中就列举了 51个组织。这些组织帮助学校和社区开展各种各样的品格教育活动,举行品格教育师资培训,组织学术会议、研讨班研讨品格教育的观点和策略,并出版有关书籍与杂志。

目前,不同地区学校开展的教育项目多数是由一些全国知名的品格教育机构设计与开发的。以品格教育协会为例,它为幼儿园到六年级的学生制定了一套品格教育课程。教师可把所设计的课程作为社会研究课程的一部分加以讲授,也可以每天留出特定时间进行。在各种品格教育研究机构

---

① Robert D. Heslep. *Moral Education for Americans*. Westport: Praeger Publishers. 1995. p. 123.

的指导下，美国品格教育运动进行得如火如荼，品格教育课在中小学的传播非常迅速，到 20 世纪 80 年代末，已达 44 个州的 1.8 万个教室。①

今天，每五所公立学校就有一所在施行人格教育。专业的研究人员正着手评估人格教育大纲在改善年轻人道德与行为上的成果。一项为期五年的研究已于 1989 年完成，加上后续研究，显示出以下可以测度的方面的改善：(1) 自尊心；(2) 移情(empathy)及怜悯他人；(3) 自发与社会亲善的行为；(4) 人际和谐；(5) 关心公正与平等；(6) 解决冲突的技巧。对犹他州奥格登市的蒙德堡中学的调查发现，实施整体性人格教育四年来，学生学业能力倾向测验(SAT)的分数几乎提高了一倍；六年级学生中 90％的人的阅读分数至少提高了一个年级的水平；作弊、破坏公共财物、暴力以及其他行为问题大为减少；过去学生打架是常事，现在每个月只有一两次。②

二、学生对于学校道德教育实践的不同反应

不同学校的学生对于道德教育实践的反应的重要性在于可使人全面了解学校德育的实效性。倾听孩子们谈论教育对他们的影响，以及他们对参与其中的教育的理解，能够提供给我们一种见识。我们意识到孩子们在学校生活的这些见解并不一定清楚表明他们未来的行动，但是，我们确信，孩子们谈论他们的信念恰恰表明他们的态度和意识。

有些研究者选取芝加哥地区的一些学校，调查学生们对于品格教育的态度。③ 这些学校参与的项目，是由芝加哥公立学校管理部门设计的品格教育活动。研究者感兴趣的一点是，来自不同社会和伦理背景的年轻人是否愿意分享对品格教育的理解，以及在公民认同的关系中理解核心概念。他们试图研究孩子们是否从各种各样的学校和更广泛的社会、经济和伦理背景中获得一种普遍的知识或者品格教育所包含的一些态度，以及孩子们理解和接受品格教育的作用与方式。这项研究想说明品格教育是否影响了孩子对于主要观念和基本概念的理解。在所有接受调查的学校里，教师、校长都热情地支持品格教育，项目和材料都是相似的，而且每所学校的品格教育

① 王学风.美国现代品格教育运动及启示.外国教育研究.2003(8).26～30.
② 威尔森.美国道德教育危机的教训.国外社会科学.2002(2).54.
③ Lynn Revell，Children's Responses to Character Education. *Educational Studies*. Vol. 28，No. 4，2002. pp. 421～431.

也得到家长和相似的纪律制度的保障。尽管存在这些相似性,但是不同学校里同一年级的孩子在针对品格教育的关键方面,在信念和态度上呈现出显著差异。

(一) 学生对于公民概念的不同理解

研究者的最初问题是"公民是谁","什么是好公民必需的",以及"是什么造成了坏公民",最后的问题是"你如何成为一个公民"。来自不同学校的孩子们都能流畅地说出对于公民的理解,尽管不同学校和不同年级讨论的本质存在不同。

年龄小的孩子倾向于将公民描述为一个好人,或者是一个善良和诚实的人。在本质上,他们的公民概念与芝加哥品格教育项目中所列举的品格是相融合的。这些孩子将"坏公民"描述为缺乏品格教育所规定的特殊品质的人,这就不让人觉得奇怪了。在小学里,孩子们用在品格教育里提到的类似词汇来描述公民,他们在有关如何成为一个公民的讨论中假定了善良行为与公民的关系。例如,一群二年级的孩子确信在学校里的发展是成为公民的一种方式。

年龄稍大的孩子在回答上述问题的时候参考了更多的因素,不同学校之间存在不同,同一学校不同群体的回答也存在不同。小学高年级的孩子有时用同样的品格(好和坏)来描述公民,就像低年级孩子那样,但是,他们也会采用其他像法律、职业和教育方面的因素来完成对好公民的描述。

小学高年级孩子更能够意识到公民的思想,正如他们能够获得的东西那样,尽管他们的一般观念尚未变得很世故。许多孩子对于成长为公民和获得公民身份感到很困惑。这就表明,他们仿佛是用在品格教育中学到的一些价值作为参考答案来回答问题。当然,这不存在一定的代表性,如一个四年级的小学生认为,一个人是通过"做"所有的品格特质而成为一个公民的。对于他的同伴来说,这一观点显示出合理性,以至于他们想方设法地说服整个班级。在美国,那些成功接受品格教育的班级确实是以这种方式让孩子获得公民身份认同的。

有关身份认同的问题在高中学生那里同样唤起了一种激情。在高中学生的讨论中,他们没有混淆父母的国籍或者道德背景问题。在与年长学生的再次讨论中,所有的主题都涉及与他们相关的种族划分和身份认同。

（二）不同类型的学校给予学生不同的教育影响

在不同类型的学校之间,关系到美国人身份的问题存在着可以确认的不同反应。尽管来自不同学校的小学低年级孩子倾向于给出类似的答案,但是,在他们年级增长的过程中,不同学校的孩子存在着明显的不同。在三所磁石学校(Magnet School)①里,孩子们关心美国人身份的认同,但这仅仅是作为一种观点来表达,他们并不真正理解这种身份的内涵,美国并不像它所呈现得那样自由和民主。他们愿意提及总统的选举或者美国外交政策,或者美国历史,举例说明这些理想和真实性之间的代沟。不论这种意识如何,大多数人对代沟的理解与其说是挑战,不如说是批判。而对于来自非磁石学校的孩子们来说,在誓言方面不仅存在更矛盾的意识,而且对于美国的现实表现得更加愤世嫉俗。他们指出,在芝加哥存在的种族主义歧视和芝加哥地方团体的存在,都可以作为证据。

不论是小学还是高中,不同类型学校里孩子们对教育的反应存在着很大的不同。在两所磁石小学里,孩子们的答案比其他小学的答案更天真和单纯,甚至是高年级的学生也没有明确意识到品格教育事件和观点不是学校正常课程的一部分,与非磁石学校里的同年龄孩子相比,他们的语言和参考的观点更表现出理想主义和天真的一面。

193

与之对照,来自非磁石学校的小学生,从高年级开始,他们就通过社会的和政治的知识来回答问题,这表明他们能够质疑出现在品格教育特质中的有关美国社会的观点。他们通过自己的经验而不是抽象的说教来表达自己的观点,能够充满热情地表达有关成为美国人、公民身份和身份认同感的观点。在非磁石高中学校里,孩子们不仅对品格教育充满更多的敌意,还经常对誓词和教室里出现的国旗表现出愤世嫉俗,而且,他们的答案与非磁石小学里学生的答案很相似。换言之,他们会用自己社团的事例和个人的经验来点缀其谈话内容。

在磁石学校和非磁石学校之间,高中学生所呈现出的水平和类型也存在不同。来自磁石学校的学生在品格教育、表达有关誓词,甚至美国人的身

---

① 磁石学校就是指以自身独特的设施和专门化课程吸引(如同磁力吸引)本学区或本学区外学生就读的学校。20 世纪 70 年代,美国建立磁石学校的初衷是打破学区限制,加速取消种族隔离的进程,强调以特色来吸引学生入学,以改进教育教学质量为宗旨。20 世纪 80 年代以来,美国联邦政府加大城市改造资金的投入,加速了磁石学校的发展。

份认同方面,常常表现得相互矛盾,然而,这些孩子更愿意认为品格教育之外的理想是积极的,甚至在他们对品格教育感到不满意的时候还是如此。

（三）学生对于品格教育的不同理解

孩子们对于品格教育本质的理解,在不同的学校之间存在显著的不同。在小学阶段,年纪较小的孩子们没有意识到品格教育是学校教育中一个重要的主题,品格教育大致反映的是在正常的班级活动内整合故事及其讨论。年龄大的孩子更喜欢把品格教育视为学校生活中不连续的因素,尽管他们总是能够提供细节。

对于品格教育意图的理解,不同的孩子明显存在着不同的反应,这在很大程度上取决于年龄。小学里的孩子普遍倾向于把品格教育看做课程中自然的和毫无疑义的部分,就像数学课和英语课一样。在他们的观念中,所有的科目都有功能,而品格教育的功能就是有助于他们成为好人。高中学生更有可能去质疑品格教育的作用与效果。在一些高中学校里,孩子们争论他们是否需要品格教育,或者认为这是他们父母的责任。在另一些高中学校里,孩子们公开嘲笑品格教育的作用。例如,在母亲节来临之际,一所学校通过广播系统不断地提醒孩子们要以某种方式向母亲表达感激,或者劝告他们要尊敬母亲。每当这个时候,孩子们都会讥笑和嘲弄这些教训,一些孩子把这归因于是学校品格教育所支持的事情。

针对特殊问题和讨论而作出的反应,表明在不同年龄组的孩子们之间存在着反应方式的变化。小学低年级孩子更喜欢用品格教育中限定的语言来表达他们的观点。到了三年级,孩子们开始参考个人的、家庭的和学校的经验来举例证明他们的答案。一些小学高年级的孩子和几乎所有的高中阶段的孩子常常参考一些政治事件,例如以总统选举作为一个参照点。而在高中学校里,很明显的一点是,年长的孩子对于品格教育提倡的品质更表现出一种批判和怀疑的态度,更喜欢引用历史事例或当代政治和最近的事件来证明他们的观点,而年龄小的孩子大部分是引用个人经验来论证其观点。

许多品格教育的倡导者认为,通过教育过程不仅能够传授道德价值,而且可以传递社会的、政治的和人与人之间的行为规范,甚至品格自身的一些内容都可以进行教与学。① 贝内特认为，对于教育家来说，最大的问题不是在学校里提倡价值，而是如何让这一切发生。② 然而，当讨论如何向孩子们传递价值的时候，几个重点问题尚未明确。根据这个调查研究，首要且最主要的问题是学校外部因素影响孩子的行为的态度。③ 尽管已经存在大量的研究关注这些教育项目的实施，但是，这些教育项目的目标与孩子已经存在的信念和概念之间的相互关系尚未得到很好的揭示。

三、存在的问题

如今，回归传统价值理念的道德教育改革已经走过了二十多年的历程。当前，以品格教育为核心的运动是要建立价值观与行为之间的联系。但是，这种联系能否经得起实际经验的检验，还处在激烈争论中。进入 21 世纪后，也许在实践方面关于品格教育的声势有增无减，但是，针对教育的效果及其影响，已经出现了不同的声音。

（一）道德教育不是一种简单的行为训练

目前，在美国的一些中小学和大学里，伦理训练十分流行。其实，在道德教育的名义下进行的教育绝大部分是一种规劝和外在的诱导，目的是让学生更加努力地学习和去做被要求的事。即使提倡"关心"或"正义"这类价值，教学中偏重的方式仍然类似于灌输，这样做是为了训练学生的特定行为。教育者设计了一个关注环境的训练系统，尤其关注那些能够发展人性中固有的"善良"的训练内容。例如，一所中学的学生被要求在一个组织内完成 40 个小时的志愿者工作，这是中学毕业学分的要求。据校长说，这是州教育行政当局的规定，理由是参加公益工作有助于促进青少年的品格发展。

---

① Kilpatrick W. *Why Johnny Can't Tell Right From Wrong*. New York：Simon and Schuster. 1992. p. 8.

Huffman H. *Developing a Character Education Program*. Alexandria：Association for Supervision and Curriculum Development. 1994. p. vii.

Brooks D. ＆ Goble F. *The Case for Character Education*. Northbridge，CA，Studio 4 Productions. 1997. p. 6.

② Benninga J. S. （Ed.）*Moral Character and Civic Education in the Elementary School*. New York：Teachers College Colombia University. 1991. p. 133.

③ Peck R. *The Psychology of Character Development*. London：John Wiley and Sons. 1962. p. 174.

对于一个中学生来说,他可能不会反对志愿者的工作,他也可能会为参加志愿者活动而感到高兴,但他反感的是把这项工作与毕业资格联系起来。看到孩子的不情愿,家长也会站在孩子这边反对学校的规定。但是,学校也无能为力,因为这是州里的安排,学校只能执行。① 教育行政部门简单地将品格教育与学分管理制度联系起来,虽然表面上看是重视培养学生的道德品格,但是实质上则毁坏了道德教育的真正基础。虽然许多学生在处理训练内容所包含的事件时是不会存在行为问题的,但是,在一些极端事件中又会如何呢? 在这类极端事件中,问题可能变得十分复杂,人们很难获得期望的伦理行为。例如,一些学生并不总是富有同情心,他们也许总是在家里有同情心;有些人在学校里表现出同情心,但从不在运动场上表现同情心。每一个人都存在稳定的内在个体行为模式,并随着环境变化而相应变化。②

品格在一个人的身上确实表现为一些品质,如勇敢、节制、诚实、毅力、责任、关心等等。但是,这些品质不是对一个孩子进行简单的训练就能获得的。道德教育也不能沦为简单的行为训练,而应在孩子的生活中不断施加教育影响。品格教育运动的领导者之一里克纳教授也曾经说过,美德不仅仅是思想,还需要发展成为执行美德的行为。③ 依照这一原则,品格教育者致力于帮助学生不断实践友善、谦恭和自律等品质。但是,品格教育的另一位著名倡导者贝内特说过,如果想要孩子们拥有值得尊重的某些品格,我们就必须让孩子们理解这些品格的价值。④ 这一观点提醒我们注意:孩子们如果不理解学校和老师的教育,即使在行动方面做得再多,也不能成为道德的人。

其实,杜威早在 20 世纪初就对学校局限性与训练公民的方法给予了深刻批判,他指出:"公立学校制度的道德工作和价值在整体上要用它的社会

① Michael Davis. "What's Wrong with Character Education?" *American Journal of Education*, 2003(11). pp. 32～57.

② Mischel W. & Shoda Y. A Cognitive-affective System Theory of Personality: Reconceptualizing Situations, Dispositions, Dynamics, and Invariance in Personality Structure, *Psychological Review*, 1995(2). pp. 246～268.

③ Lickona, Thomas. "Character Education:Seven Crucial Issues." *Action in Teacher Education*. 1998(20). pp. 77～84.

④ Bennett William J. *The Book of Virtues*. New York: Simon & Schoster. 1993. p. 11.

价值去衡量，这个观点确是人们所熟知的见解。可是，人们常常把它理解得太狭隘和太古板了。"①

调查研究表明，品格教育课程影响了孩子们的语言②，但是，还不能确定这与他们的理解与态度存在怎样的联系。一些孩子对于研究者提出的问题的回答表明他们熟悉品格教育课程的内容，同时，另一些孩子的答案也表明他们受到其他的影响。与此同时，还存在这样的事例，即直接给出品格教育内容答案的孩子也受到朋友和家庭的影响。在这样的事例中，他们的家长和朋友所反映出的价值正是品格教育的核心价值。其中最重要的一点是，这些孩子不熟悉品格教育项目，不仅在对项目内容的解释上存在明显的不同，而且他们的答案也表明其生活经验提升了他们对品格教育内容中的疑问的理解。③

（二）道德教育也不仅仅是教授一系列美德

一些学校里实施的品格教育项目就是由教师教授给学生一系列的美德条目，诸如关心、诚实、公正、责任以及尊重自己和他人等等。学校把这些作为核心价值观，要求学校所有的成员具备这些基本价值。从教学上看，一些教师指导学生阅读蕴含传统美德的文学读物，并希望学生由此获得一些道德观念而神奇地成为道德的人。这些由成年人精心设计和开发的品格教育项目，在很大程度上是向儿童灌输一些道德上的劝告，希望儿童按照成年人设计的美德标准去行动，甚至通过外在的奖励强化学生做出教师期待的行为。例如，不断得到教师奖励的儿童更能保持那些被奖励的行为。

其实，这种直接的道德教学，无论在杜威那里，还是在柯尔伯格那里，都曾经受到批判。杜威早就指出直接道德教育的局限性。他认为，关于道德行为的观念是缺乏活力和不起作用的，在影响上是微弱的。④ 柯尔伯格也指出，将足够多的美德教给学生，只是给了孩子们一个"美德袋"，然而，真实的

---

① 杜威.学校与社会·明日之学校.北京：人民教育出版社.1994.144.

② Cross B. What inner-city children say about character, in: A. Molnar (Ed.) *The Construction of Children's Character*. Chicago: University of Chicago Press. 1997. p. 26.

③ Lynn Revell, Children's Responses to Character Education. *Educational Studies*. Vol. 28, No. 4, 2002. pp. 421~431.

④ 杜威.学校与社会·明日之学校.北京：人民教育出版社.1994.142~143.

情况是，人们在行为领域内对于美德的理解有很大的分歧。① 更何况，直接的道德教育在 20 世纪初就被心理学家霍桑（Hartshorne）和梅（May）的研究成果证明是无效果的，即价值观教育和行为之间没有密切的联系。② 也正是 20 世纪 20～30 年代的上述心理学研究成果，使品格教育在美国学校里消失了很长一段时间。

对于当代的品格教育来说，除了有一些轶事类的效果之外，很难有足够的证据表明直接的道德教学所付出的努力是有效的。事实上，品格教育不是帮助孩子们获得一种道德上正确或错误的观念。从亚里士多德的观点看，"美德包括两类：思想的德性和品格的德性。思想美德的出现和成长来自于教学，而且需要体验和时间。品格德性来自于习惯（ethos），因此称之为伦理的（ethical）"③。为此，波士顿大学伦理与品格发展中心的主任凯文·瑞安教授警告，目前的具体形式存在着一种误解和浅薄的危险。尽管品格教育有充满热情的运动和丰富的教学内容，但就品格教育实践活动而言，无论学生还是教师都被各种各样的关于品格教育的课程、机构、书籍所淹没。很多学生和家长不愿理睬这类活动，因为这些活动没有渗透到学校的整个生活，没有深刻影响学生的生活和决定。

事实上，美德教师的任务不是通过向学生们提供确凿的证据来传授不可质疑的知识。教师非常有限的任务是促进咨询，即凭借充满活力和生长性的思想拓展学生认识真理的新视角。在教育过程中，美德教师的角色被严格限定。这主要表现为两层意思：（1）真理潜在于每个人的观念中。（2）在公开真理方面，没有教师能够比任何非本质的偶然显现得更多。正如苏格拉底在《美诺》篇中所表达的那样，如果追求知识，追求者必须已经知道他所追求的知识。与苏格拉底的观点相似，如果教师借助语言符号传递任何有意义的信息，那么，意义的承认必须已经内在于学习者能够理解的信息

---

① 瞿葆奎. 教育学文集·德育. 北京：人民教育出版社. 1989. 453～455.

② Hartshorne Hugh, Mark May. Studies in the Nature of Character. Vol. 1. *Studies in Deceit*. New York：Macmillan. 1928. p. 15.

③ Aristotle. *Nicomachean Ethics*, trans. Terence Irwin. Indianapolis：Hackett, 1985. 1103a. 14～18.

中。因此,真正的教师是内在的而非外在的,他最终和他的学生一样尊重真理。①

(三) 中小学道德教育项目的发展呈现不平衡状态

目前的一些数据显示,80%的品格教育项目在小学里实施,15%在初中实施,不到 5%的项目在高中开展。列明(Leming)对此现象进行了比较深入的分析。② 首先,从中小学教师的职业特点的角度看,小学里品格教育能够广泛展开,是因为小学教师的思想倾向和文化观念比较容易影响到小孩子的社会化进程。相反,在高中阶段,教师更多情况下是一名学科专家,约定俗成的教学组织结构和学术考试的压力,使得灌输式的品格教育内容很难进入课程领域。其次,从师生关系的角度看,小学里的师生关系比高中更加亲密,而且小学教师可能在孩子的力量与弱点方面更有见识。相对于高中教师而言,小学教师对学生的品格关注较多,并将此作为日常教育工作的一部分,促进学生的个性发展和品格发展是其职能的重要部分,而高中教师更关心学生的考试分数。高中教师一天要照看将近 150 个孩子,如果以一个班 30 个孩子为标准规模,他们的工作更倾向于非个性化和机械化。与此相反,小学教室更像一个家庭。参观小学校和高中,我们会发现一些标志性的不同。小学校的教室是一个温暖的环境,那里有孩子们的画、手工艺品和艺术作品装饰墙壁,还能看到教师和孩子们一起学习。而在高中,我们更多地看到贫瘠的人文环境,墙上一般贴着作息时间表。然而,品格教育集中于小学这个事实,似乎与整个运动的宗旨有点儿自相矛盾。

值得注意的是磁石高中学校和非磁石高中学校的孩子们在内容方面的态度对比。尽管两类学校的孩子们一般来说都质疑品格教育的本质和效果,但是,他们的怀疑方式存在明显的不同。来自磁石学校的孩子很可能批评品格教育,而且这其中也可能包含他们家长的批评。在孩子们看来,一想到被提醒成为诚实的人、勤劳的人或谨慎的人,他们就感到被蔑视。另一方面,非磁石学校的孩子也很可能批判品格教育,因为在他们看来,这种被提倡的价值并没有解决他们在社会中感受到的种族歧视和其他问题。尽管两

---

① Robert T. Sandin. *The Rehabilitation of Virtue*:*Foundations of Moral Education*. New York:Praeger Publishers. 1992. pp. 241~242.

② Anne T. Lockwood. *Character Education*:*Controversy and Consensus*. California:Corwin Press. 1997. p. 27.

类学校的学生对于品格教育的批评具有一定的相关性,关于品格教育的讨论也表现出一定的成熟度,但是,他们的批评呈现出不同的声音。这些批评的声音对于从事品格教育和公民教育的教育者来说意义重大。它意味着孩子们能够联系他们之前关于品格或公民身份的信念来理解品格教育和公民教育的内容,学校里教授给孩子们的价值或模式能够调解他们在家长、同辈和其他群体那里获得的价值和信念。

(四)学校被迫陷入进退两难的境地

目前,主张实施品格教育的人们不仅坚持恢复美国建国者的价值观,而且他们还将正确的价值观和亲社会行为建立了直接联系。然而,这种信念体系并没有把美国人面对的日益复杂的新问题包括在内,诸如贫困、人口差异或共同体价值影响力的下降等等。其实,在孩子们的成长过程中,不仅各种有影响力的人和环境影响着孩子的信仰和行为,甚至很多小孩子也通过彼此间的讨论问题、协商来重构他们的经验。① 一些互相结合的证据表明,当孩子进入青少年和成年人阶段的时候,他们的价值观不仅成熟了,而且实际上价值观的变化与发展也与他们接受的教育和解释经验的方式相关。②

有研究表明,孩子们的行为举止受到环境的影响。③ 这些研究还揭示,环境影响到个人对于与品格、公民身份和认同感有关的道德、态度等问题的解释。已有的研究数据显示,对于同年龄段的孩子来说,那些忠实于品格教育的教师在教学中用同样的主题、相似的材料进行教学,而孩子们根据自己的经验来理解和解释品格教育课程内容,因此,教师的教学与学生的学习之间存在明显的不同。这就意味着通过学校教育组织虽然可以使孩子们的不同信仰具有相似性,但是,期待通过学校正规的道德教育向学生灌输价值,

---

① Taylor M. Voicing their values: pupil's moral and cultural experience, in J. M. Halstead & M. Taylor (Ed.) *Values in Education and Education in Values*. London: Falmer. 1996. p. 28.

② Perry W. *Forms of Intellectual and Ethical Development in the College Years*. San Francisco: Jossey-Bass Publishers. 1999. p. 56.

③ Kohn A. The trouble with character education, in: A. MOLNAR (Ed.) *The Construction of Children's Character*. Chicago: University of Chicago Press. 1997. pp. 154~162.

这是一个严肃的教育挑战。① 例如，学生为什么会欺骗？普遍的观点是，成年人树立了很坏的榜样。② 事实上，美国的一些中学生相信"欺骗是生活的一个正常组成部分"，因此，在禁止学生的欺骗行为之前，社会的道德水平必须发生一些基本的变化。③

事实上，品格教育者明显忽视了反映上述社会状况变化的重要因素。他们很少讨论文化的贫乏，中产阶级共同性减少，公立学校和社会服务方面财政紧缩，阶级两极分化，民族、种族和宗教矛盾激烈等社会问题。他们讨论双亲家庭的解体、传统价值观的消失、基本规范的缺乏等对孩子的影响，对当今社会状况的复杂性却缺乏全面的把握。总之，他们重视传统价值，坚持恢复美国传统的社会秩序，希望实施好的教育，获得美德，取得生活和社会的成功，但是，这种做法就像"用你的鞋带把你自己拉起来"一样，收效甚微。随着孩子们的成长，他们不仅质疑品格教育的目标和效果，而且不同学校的孩子以不同方式表达他们对于品格教育的困惑。

尽管教育效果并不令人满意，但是，在政府大力支持和专家热心倡导之下，美国的公立学校几乎都被卷入到这场以"品格教育"为名义的学校道德教育改革运动中。在整个政治气候和舆论环境的影响下，学校被要求开展各种各样的品格教育项目，并接受教育行政部门和专业协会的各种有关品格教育的评估。例如，品格教育联盟为了促进品格教育有组织有规模地开展活动，号召实施国家级品格教育学校奖励计划（the annual National Schools of Character Award program）。一些学区和学校为了达到这个奖励计划所规定的标准，努力开展各种与此相关的教育工作。一份调查显示，98％的教师认为："人们期望学校做的太多了。"与此同时，90％的美国人认

---

① Amundson K. *Teaching Values and Ethics*. Arlington：American Association of school Administrators，1991. p. 14.

② Slobogin K. Many Students Say Cheating's OK, CNN. com，April 5，2002，Available Online at：http://www. cnn. com/2002/fyi/teachers. ednews/04/05/highschool. cheating

③ McCabe D. L. Academic Dishonesty Among High School Students，*Adolescence*，1999. 34，p. 685.

为:"家庭没有对孩子的幸福承担足够的责任。"①

　　总之,美国学校实施的品格教育和公民教育都是雄心勃勃的教育事业。它们致力于向下一代国民传递信念和行为方式,不仅因为这是值得的,而且因为民主社会的健康发展取决于它们的成功。② 现在,人们常常要求学校承担额外的责任:在教育家庭破裂的学生时,学校得顶替那些缺失的双亲或没有道德责任的双亲的位置,而学校能否担当这种责任实在令人怀疑。事实上,学校作为公共教育机构,承担着培养国家公民的使命,但是,它不应该代替家长解决孩子身上和情感上的所有问题,也不能代替社会其他部门解决整个社会道德风气的问题。当代的美国学校为社会上存在的普遍道德危机而苦恼。与 40 年前相比,今日学校面临的道德环境变得更加恶劣。在20 世纪四五十年代,学校行政人员面临的问题是不按秩序抢先讲话、嚼口香糖、制造噪音、在室内奔跑、不好好排队、服装不合规定以及乱丢纸屑等;到了 20 世纪 90 年代,学校的问题则包括滥用毒品、喝酒、怀孕、自杀、强奸、抢劫与人身伤害。③ 品格教育的大力推广赋予学校太多的责任与使命,中小学校已经陷入进退两难的境地。

　　① 数据来源:卡内基教学促进基金会和乔治-盖洛普国际学院的《国际学校教育项目》,1994 年。参见:吕达、周满生. 当代外国教育改革著名文献·美国卷. 北京:人民教育出版社. 2004. 94.

　　② Lickona T. An Integrated Approach to Character Development in the Elementary School Classroom, in: J. Benninga (Ed.) *Moral Character and Civic Education in the Elementary School*. London: Teachers College Colombia University. 1991. p. 27.

　　③ 威尔森. 美国道德教育危机的教训. 国外社会科学. 2002(2). 51.

结　语

社会转型期学校德育变革前景

当今,由于技术力量过于强大,人与自然、人与社会的关系都发生了根本性的改变。面对人类生活处境的根本变化,社会的发展出现了严重的断裂,一是时间上出现的历史断裂,即我们已经远离了许多传统的东西;二是空间上的断裂,即人类的不同生活共同体丧失了许多共同信仰的东西。这些断裂最后都可以归结为一种社会道德秩序的混乱。因此,道德重建是我们必须直面的一个社会现实问题。当学校面临道德重建问题时,道德资源匮乏的问题变得十分严重。公立学校教育如何回应现代社会的道德困境?这是学校必须面对的严峻现实。

从传统上看,美国原本是一个具有浓厚基督教氛围的国家。在以清教徒传统立国的美国,对孩子进行道德教育的任务更多地由家庭和教堂承担,学校更多地执行公民教育的职责。因此,在美国人长期以来形成的观念中,强烈拒斥公立学校染指有关家庭和宗教的议题与技能。① 但是,进入 20 世纪 80 年代以来,整个社会的生产模式和生活方式都出现了巨大变化,信息化和市场化使得个人主义受到更多人的推崇。从道德维度看,人们的价值观日趋多元,整个社会出现了信仰危机,教堂的影响力也在逐步下降。社会道德生活的变化还表现为离婚率上升,未婚妈妈出现,单亲家庭增多,核心家庭解体,家庭教育能力下降。这一切变化正在侵蚀着青少年健康成长的社

---

① 民意调查数据显示,70%的美国人认为,家庭应该对培养孩子的价值观负主要责任。与此同时,只有 1%的美国人认为学校对培养孩子的价值观负主要责任,29%的美国人认为家庭和学校应分担培养孩子价值观的责任。资料来源:卡内基教学促进基金会和乔治-盖洛普国际学院的《国际学校教育项目》,1994 年。参见:吕达、周满生.当代外国教育改革著名文献(美国卷·第四册).北京:人民教育出版社.2004.107.

会生活基础。20多年来，美国青少年的犯罪率不断上升，使得美国社会各界都有一种强烈的危机意识。

正是在上述社会背景之下，美国政府重申公立学校的道德教育责任，国家强化公立学校的教育责任，其目的在于弥补家庭教育和宗教教育的不足。纵观整个20世纪的教育发展史，美国在学校是否进行直接道德教育的问题上，一直存在着分歧与争论，赞同与反对这两种声音呈现出一种此消彼长的态势，也有人称之为"钟摆"现象。其实，这一现象背后则是社会变化对学校教育提出的不同要求。表面上看，美国的学校仅仅是恢复了曾经被批判过的品格教育，但其背后隐藏的学校与社会的深刻联系，并不是"品格教育的恢复"或"品格教育的复兴"这样的词汇能够反映的，实质上这是美国政府针对社会变化对公立学校教育政策作出的必要调整。处于大洋彼岸的中国，一向重视学校德育，透过美国学校德育的历程，我们希望可以从中寻找一些可供借鉴的实践经验和理论建设的参照点，以便更好地思考我国学校德育发展的道路。

第一节　美国社会转型期的学校德育：
实践与理论的回应

从实践上看，针对青少年表现出来的道德问题和犯罪问题，美国各界都呼吁学校加强传统价值观教育。正是在这种社会呼声的影响下，从总统、教育部长、大学教授到中小学校长和教师，都进一步强调公立学校在美国民主社会发展中的德育责任，力图整合学校实施德育的力量，促进儿童和青少年的社会化。从理论上看，针对社会转型时期出现的各种问题，学术界也从不同的视角进行了历史考察与理论分析，出现了传统思想、现代思想与后现代思想大融合的局面。一些学者立足于不同的学术立场，探究学校道德教育问题，并提出了不同的思考路径。尽管实践形态的学校德育受到具有保守政治倾向的共和党政府的影响而偏重于品格教育运动，但是，理论界对学校德育的研究还是表现出不同视角和不同深度，这在一定程度上影响着美国学校的实践方式和发展趋势，也促使人们以批判的眼光审视学校正在实施的品格教育运动。如果说，美国的学校实践更多地呈现出道德教育改革者的热情,那么,教育理论界的探索则反映出美国学者在道德教育领域的清醒意识与理论自觉的研究态度。

一、整合学校德育,促进学生社会化

考虑到道德生活环境的多样化,在人类生活中有许多不同的道德规范并不令人感到奇怪。但是,现代社会的多元与道德规范的多样化,并不表明进行道德判断的方法必须是主观的或是遵循文化传统的。综观道德哲学的发展,的确不存在一些相同且适用于每种社会的道德规范,但是,在道德选择的方法论上可以达成某些一致,这或许是学校道德教育有所作为的地方。当代美国的学校德育是一个宏大的范围,至少包括三个领域:道德教育、品格教育和公民教育,其存在的价值在于人类总是要思考培养下一代的问题,尤其在美国社会转型期,家庭和宗教机构无法承担教化的责任,公立学校教育似乎成为保存和延续美国核心价值的重要场所。

从美国民主社会发展的视角看,学校教育指向儿童和青少年的社会化,即公立学校应该培养民主社会需要的有道德的社会公民。这也是美国立国者奠定的公立学校教育的基调。社会的繁荣与巩固需要公民拥有本质上的积极的亲社会行为,一个真正的公民社会需要公民去关注公众福祉,而不只想着个人利益。仅靠法律来禁止不道德行为和指明道德行为,那是不够的。因为,法律不能构成人们行动的依据,只有心怀恶意的人才会想着围绕法律寻找路径。所以,美国社会要求公立学校通过必要的教育促进年轻人亲社会行为的发展。立足于美国的学校教育,培养积极主动的年轻人的方法可能有许多,但是美国的学校教育实践证明,道德教育、品格教育和公民教育可能是占优势的教育方法。

(一)道德教育:培养学生的道德认知能力

在北美,"道德教育"这个术语在很大程度上是在建构心理学的理论框架下使用。最早使"道德教育"这个概念得到普及的人应该是瑞士的儿童心理学家皮亚杰,接着是美国的心理学家柯尔伯格。从心理学的视角看,道德教育就是试图在学校环境下促进儿童和青少年道德认知结构的发展(即道德推理阶段的发展)。在皮亚杰研究的基础上,柯尔伯格以"公正"为核心确定了儿童道德认知发展的三个水平和六个阶段。尽管这些阶段在本质和连续性上存在着很大争议,但是,由于柯尔伯格等学者专门设计了针对中小学的教育实验项目,所以,其理论对学校教育实践的影响还是相当深远的。

从教育的角度看,存在相互联系的两个主要的教育学方法促进了这方面的发展。一是教师引导学生就一些不太复杂的道德两难问题进行讨论,即同辈群体围绕一个开放的道德问题故事进行讨论;另一个是就比较复杂综合的道德两难问题进行讨论,它适用于"公正团体学校",基本上是在一个亚学校环境中开展的直接民主生活的实验(例如,在一所规模比较大的高中里选出100名学生和5名教师),或者在一所规模比较小的小学里进行,这些小型的"民主社会"直接聚焦于促进公正与集体的发展。这些教育学策略的重要理论来源于道德推理能力发展及其研究成果。

从心理学的角度看,道德认知发展心理学与一般意义的道德心理学有一个重要区别,那就是后者倾向于既是经验的又是理论假设的,在很多方面受到心理学的影响,包括许多心理学的概念,这些概念都超出了道德认知发展阶段的研究。例如,道德心理学包括的概念有良心、同情、价值和利他的品质,很少试图提供一个整体的道德心理发展的模式(包括道德推理发展)。而柯尔伯格的道德认知发展一直致力于改进中小学的道德教育状况,由于柯尔伯格研究团体的一致努力,以培养学生的道德推理能力为主的道德教育方法在20世纪70~80年代的美国学校教育实践中处于支配地位。

在美国的基础教育领域,很多中小学教师都接受了道德两难讨论法的培训,柯尔伯格的方法几乎成为中小学实施道德教育的代名词。但是,随着整个社会舆论对价值相对主义的反感,来自理论界的学者和中小学教师也开始分别从各自的视角反省柯尔伯格道德教育法的不足。一些品格教育倡导者呼吁学校要实施具有明确价值观导向的教育,与此同时,一些中小学教师开始了价值观指导的教育。总之,这种来自教学一线自发的道德教育改革探索,也正好契合了美国正在兴起的品格教育思潮。随着政府的大力干预和学者的积极推动,学校恢复品格教育的努力已经演变成一场波及全国的轰轰烈烈的教育改革运动了。

(二)品格教育:复兴传统价值观的教育实践

从历史上看,"品格教育"这个术语在美国的应用时间比"道德教育"这个术语要长久得多。在19世纪末和20世纪的前40年,美国的公立学校教育一直对品格培养感兴趣,直到二战才不得不中止。正是由于这种历史的断裂,我们难以整理出品格教育领域的清晰框架。从教育方法来看,传统的品格教育主要是通过谆谆教诲以促使学生养成适合的行为习惯,就连美国著名哲学家和教育学家杜威也把品格定义为习惯的相互贯穿和这些习惯的一系列行动的结果。① 可见,品格教育在很大程度上是和良好行为习惯相关的养成教育,这一行动的方向也正是当代品格教育领域发展的重要遗产。

二战后,美国学校教育更多地着眼于培养满足科学技术发展需要的人才后备力量,重智育轻德育,在培养年轻人的品格发展方面则存在一段真空地带。但是,随着 20 世纪 60 年代社会和政治局势的剧变,培养什么样的人的问题再次引起人们的注意。在应对道德价值问题和政策问题的社会化方面,从意识形态的视角出发,学校促进青年人社会化的教育方法受到关注,其中之一就是道德教育。另一个方法就是价值澄清教育。在整个社会价值相对主义的思潮影响下,价值澄清教育尽管存在时间相当短暂,但是对美国学校实践的影响却相当深远。美国青年人在价值澄清教育影响下对于自我发现价值更感兴趣,教师不愿干涉学生的价值选择,家长更不愿意学校向孩子传授价值观,这些现象都反映出美国社会已经带有明显的道德相对主义倾向了。

冷战结束之后,随着里根政府在政治上新保守主义倾向的出现,品格教育再次得到重视,并经常伴随着亚里士多德哲学的辩护。事实上,在中小学校的教育者那里,许多品格教育的工作模糊了亚里士多德的美德伦理和行为主义心理学之间的界线,一部分原因是行为习惯的获得方面存在交叉,一部分原因是品格教育领域更多地强调实践维度而非理论。例如,一个研究群体——"道德教育与品格发展基金会"(the Foundations for Moral Education Character Development),在 20 世纪 80 年代前半期,将其研究成果出版为三卷文集。这些著作涉及的领域广泛,但是,各卷之间对于品格教育与道德教育的边界并不十分清晰。所以说,20 世纪 80 年代在实践领域的品格教育可能是行为主义、保守主义的混合产物。

在 20 世纪 90 年代初期,品格教育领域发生了一些大的变化。一些致力于创立品格教育国家议程的人,把一些品格教育的同盟聚集在比较宽泛的新亚里士多德哲学的旗帜之下服务于美国教育,以学校为主要渠道来培养

---

① Dewey J. Human Nature and Conduct: An Introduction to Social Psychology. New York: Henry Holt and Company. 1922. p. 38.

主动发展的年轻人。到 1992 年,品格教育也出现了一个明显的分水岭,即从单纯地强调品格教育转向领域更广泛的品格与道德教育。品格教育在具体方法上吸收了柯尔伯格培养道德推理能力的教育方法。品格教育的著名倡导者之一里克纳教授也强调道德推理方法能促进同伴讨论道德问题,一些品格教育机构编制的品格教育课程指导用书中涉及大量的道德认知发展理论和道德讨论,以此促进儿童品格认知水平的提高。事实上,由于品格教育倡导者并未对教师实施品格教育提供其他明显不同的方法,所以,学校教师多数喜欢在课堂上运用柯尔伯格的道德推理方法来指导学生讨论。① 然而,以道德发展理论为基础,旨在培养道德认知能力的道德教育,与品格教育所倡导的旨在促进道德主体自我行为动机的教育,这两者之间很难在教育方法上寻找到一种平衡。

总之,至少相对于上文的道德教育而言,品格教育更多地倾向于实践,而不是一种理论和科学的证明。也就是说,品格教育是一种教育学和哲学的视角,而不是科学理论的视角。所以,20 世纪 90 年代后期,对于品格教育运动的批判也主要针对其教育效果只是一些关于青少年成长的故事和轶事,缺乏有力的实证数据。尽管学术界关于道德教育与品格教育的争论一直没有停止过,但是,学校教育的关键是减少学生的行为失范问题,因此,教师基本上是本着实用的原则,加强对学生行为规范方面的训练。与其说教师关注品格教育是要帮助学生成为一个好孩子,不如说他更关心通过规范教育提高孩子的学业成绩。所以说,在学校实践领域中,道德教育与品格教育是一个"大杂烩",而且相对于学术教育来说,它们在学校整个教育中都处于附属地位。当然,它们还与一些公民教育的内容交织在一起。

(三) 公民养成教育:公立学校教育的使命

公民是一个隶属于政治和法律范畴下的概念,代表一个人的合法身份和地位。公民作为社会成员,既被赋予一定的权利,也要承担一定的责任,而公立学校教育可以帮助社会把个体培养成为民主社会所需要的有道德的公民。对此,美国早期政治家托马斯·杰弗逊有过精辟见解:"如果我们生

① Berkowitz M. W., Sherblom S., Bier M. & Battistich V. Education for Positive Youth Development, in: M. Killen & J. G. Smetana (Ed.) Handbook of Moral Development (Mahwah, NJ, Lawrence Erlbaum & Associates). 2006. pp. 683~701.

活中没有道德,没有善,那么,就没有能为我们提供安全的政府形态。"①曾任美国教育部长的贝内特也经常强调公民教育的重要性,即美国的孩子需要通过阅读建国者的作品来理解"自由"、"公正"、"平等"和"进取心"等共同的价值观,需要理解美国历史和美国宪法的本质。在美国学校的公民教育中,一个核心目标就是通过培养公民来传承美国民主制度和民主精神。学校通过实施公民教育,要让孩子们认识到民主主义是唯一自由的政治体制。

虽然从美国建国之初,民主、自由、独立等思想就是美国人崇尚的价值观,但是,美国当代正在面临个人主义泛滥导致的社会道德危机,核心价值观的缺失将断送美国的民主制度,因此,政府希望通过学校的公民教育努力在个人主义与社群主义之间寻求一种平衡。民主社会健康有序发展的一个主要因素就是公民能够超越个人利益,关心整个社会的福祉。学校教育要把儿童培养成为民主社会的有用的公民,就要教育他们在关注自身利益和他人利益中找到一个中间地带。从这个意义上说,培养公民的德性是当前学校公民教育的首要任务。因此,围绕着公民德性的养成,正在复兴的品格教育与公民教育也就有结合在一起的可能性了。

由于受到杜威的民主思想和进步主义教育运动的影响,美国学校的公民教育不仅在内容上涉及公民生活的知识、技能和处理方式,更强调实践、经验和对社会问题的深入讨论。20世纪80年代以来,受到社群主义思想的影响,学校公民教育开始重视集体生活,并且侧重于培养学生的责任意识,而淡化了以个人主义为特征的个人权利。因此,从公民德性的视角看,最近20年比较重视社会公正、责任、宽容等一系列价值观。一些全国性的公民教育机构,如公民教育中心(the Center for Civic Education)、全国社会学习理事会(the National Council for the Social Studay)、全国公民教育联盟(the National Alliance for Civic Education),都积极推动各类加强公民道德的教育活动。这些活动主要包括课堂学习和社区实践两个部分,并整合成为"服务学习"的学校课程。

总之,从文献资料看,"道德教育"、"品格教育"和"公民教育",虽然在字面上是三个彼此独立的概念,但在学校实践层面,三者关系十分密切并整合为一体。事实上,美国公立学校的教育目标经常被表述为培养有责任感的

① 纳什.德性的探询.北京:教育科学出版社.2007.27.

未来公民,然后列举一系列品格训练。例如,在 2004 年,美国加利福尼亚州西部普莱斯顿学区被品格教育联盟确立为全国品格教育学区,他们表示要增强品格和公民教育,以培养学生的公民责任和尊重他人的品格。许多州也通过立法和确定课程框架的方式整合公民教育与品格教育。①

二、吸取传统思想与现代理论的精华,奠定学校德育发展的理论基础

从实践发展的态势上看,20 世纪 80 年代以来,受到联邦和地方两级政府教育政策导向的影响,在一些专业性研究机构的直接推动之下,美国学校德育已经发展为以品格教育为特征的全国规模的教育改革运动。学术界对于美国社会的道德问题也提出了不同的理论解释,这些理论在不同程度上影响着学校德育的实践形态与发展进程。

针对美国社会转型出现的各种社会问题,学者们的思考视角也是多维度的。回顾 20 多年的理论发展动态,对学校德育带来冲击与影响的理论研究表现在以下三个不同的方向:亚里士多德伦理学为品格教育提供了强有力的理论辩护;女性主义的伦理学则为思考学校德育问题提供了崭新的视角,由此开创了关怀教育这一新兴的理论流派;柯尔伯格道德发展理论适应时代的调整,依旧在实践领域保持着鲜活的理论生命力。

(一) 亚里士多德伦理学成为品格教育的理论基石

20 世纪 80 年代以来,美国社会各界对于个人主义和各种形式的自由主义的不满情绪增多。许多具有古典主义倾向或社群主义倾向的学者将他们思考现实问题的理论根源追溯至亚里士多德哲学。他们认为,自由主义过于强调抽象个体的权利,而忽视了个体对社会的责任、忠诚以及贡献,这也在一定程度上造成了美国社会价值观的混乱。

对于品格教育的拥护者而言,亚里士多德思想的伟大价值在于其与日常、真实生活的密切联系。亚里士多德没有像柏拉图那样,把理论限定于理想的状态,他关注人类生活中一切真实的重大道德问题。亚里士多德的道

---

① Wolfgang Althof and Marvin W. Berkowitz. Moral Education and Character Education: Their Relationship and Roles in Citizenship Education. *Journal of Moral Education*. Vol. 35, No. 4, December 2006. pp. 495~518.

德教育思想对于当代的美国教育领域具有巨大的实践吸引力。他描述了人们认为最可钦佩的人所具有的德行，以此为出发点，他提出道德教育的建议，即应该培养儿童具有最好公民身上所体现的美德。面对当代道德危机，一些品格教育的拥护者开始重温亚里士多德的美德教育思想，由此引发了公立学校对品格教育的再次关注。

　　由于亚里士多德的传统是西方宗教教育的一部分，所以，这种教育在美国社会一直有着强势的传统地位。贝内特那本介绍 10 种美德故事的《美德书》的畅销，说明美国人在常识性观念中对传统美德教育的认可。而美国当代的一些品格教育机构和倡导者也都从亚里士多德的思想中寻找辩护理由的。

　　但是，亚里士多德的思想中的辩证因素并没有在当今的品格教育运动中得到很好的体现。因此，有学者表示忧虑：当美德在某一特定社会中被认可的时候，它们可能逃避批判性的考察。例如，士兵的勇气可能会受到钦佩，以至于社会成员不会想到（或者不敢）去批评战争本身。当品格教育的方法被推向极端的时候，孩子们可能被迫表现出某种美德，而不被准许表达不满和痛苦，这样做的后果将是可怕的。现在的品格教育试图依赖传统和权威来建立一个秩序良好的社会，就可能存在对亚文化价值的忽视。人们在承认价值共识的时候，可能剥夺了亚文化价值存在的合理性。①

　　（二）女性主义伦理学开辟了学校德育的关怀视角

　　虽然当代女性主义伦理学并不存在统一的学术主张，而主要是一些女性学者从不同的视角反对传统伦理思想中存在的偏见，但是，其独特的理论视角为思考学校德育问题另辟蹊径，为丰富当代美国学校教育理论作出了特殊的学术贡献。

　　一般来说，当代女性主义伦理学主要从三条路径反思传统偏见。一是发展心理学的路径，其中的杰出代表人物是吉利根。她反对柯尔伯格以男性样本为主体的公正观念及以此为核心的道德认知发展逻辑，她依据女性样本的研究成果，提出了以关怀为核心的道德情感发展逻辑。另一条路径来自对传统哲学强有力的批判，其中的代表人物是诺丁斯。她既批判柏拉

---

　　① Nel Noddings. *Philosophy of Education*. Colorado：Westview Press. 1995. pp. 150～151.

图思想的男子支配论,也批判卢梭教育思想中对女子发展加以各种控制的观点。第三条路径是从生活经验的视角考察伦理行为中的人的"自然关怀"体验,即每个人都有关怀和被关怀的记忆,正是内心深处这种自然关怀的经验召唤我们对别人的困境作出回应。这一视角的发现应该归于诺丁斯等人的学术创见。

从关怀伦理学的视角看,人们可能出于关怀自发采取行动,这样就消除了"是"与"应该"之间的界限。在人类的生活情境中,每个人都明白关怀意味着什么,不需要严密的逻辑推理过程。关怀伦理学所遵循的唯一原则就是强调关怀者与被关怀者的交往。关怀行为并不完全取决于关怀者一方的态度与意图,还必须考虑某种行为对关怀者和被关怀者所产生的影响。尽管从关怀伦理学的思想起源看,它代表着对女性经验的关注,但是,由此而形成的道德思想并不仅仅限于女性。关怀行为的起点是对爱、尊重和认可的需要,这种行为真实地存在于人与人的日常交往过程之中。

关怀伦理学对于学校德育最伟大的贡献是冲出传统伦理学的思想樊篱,开辟了考察学校教育问题的新视角——关怀。随着对行为的情感根源的理解,我们可能会放弃传统的道德自律的思维模式,接受道德主体间相互依存的现实。在学校道德教育的过程中,强调关怀这一主题就是不以道德推理为主要途径,而是看重学生作为关怀者与被关怀者的成长。学校教育就是通过师生交往来展示关怀,了解关怀,实践关怀,肯定关怀。在当代著名教育学家诺丁斯等人的倡导下,关怀教育正在从课程、师生关怀、学校生活等不同方面影响着美国学校教育的实践方式。

(三)柯尔伯格道德认知理论的新发展及其实践影响力

柯尔伯格的道德发展理论创造性地解释了关于道德推理的阶段性发展特征,他的理论建立在皮亚杰关于道德发展的早期观点之上,并与康德的理论传统相一致,即强调道德推理服从于单一的原则。柯尔伯格强调公正原则,并以此为核心描述了三个主要的发展阶段:前习俗阶段、习俗阶段和后习俗阶段。尽管柯尔伯格的理论从创立之初就引起大量的争论,但是,柯尔伯格不断调整其研究方案,修订其理论成果,以适应学校德育的实践。在其理论创立的初期阶段,柯尔伯格比较认同苏格拉底的教育观点,即知善必行善;在其理论发展的后期,他逐渐从苏格拉底的思想转向了柏拉图的思想,即开始由道德认知阶段模式向"公正团体"模型转变。

根据柯尔伯格的理论设想,"公正团体"在结构上包括五个部分:团体会议,小组会议,顾问会议,纪律委员会,教师—学校商议会议。柯尔伯格和他的研究生到一些中学去实验他们的计划。他们从一所学校的各个年级中选取一些学生,组成一个群体,一般在 50～75 人,师生比是 1∶10。在这个群体中,每周举行一次团体会议,讨论核心问题。规则是一人一票,教师和学生平等。尽管师生会形成一些行为规则,但是,一些学生还可能违反他们认可的规则。由于那个时期的教师多数受到价值相对主义思想的影响,他们一般不愿干涉学生的选择。所以,柯尔伯格的"公正团体"只是一个校中校的试验,对这个学校的真实生活并没有产生太大的教育效果。进入 20 世纪 80 年代以后,学术界对柯尔伯格道德教育方法的质疑越来越多。在这种情况下,道德认知发展理论学派内部开始从不同的角度修订、改进和发展柯尔伯格的理论,其中的代表性理论成果是拉瑞·纳希的"道德领域理论"(moral domain theory)和卡罗尔·吉利根的"关怀理论"(caring theory)。

尽管柯尔伯格的道德认知发展理论受到批判,但由于其方法的应用性比较强,在学校教育实践中一直受到中小学教师的青睐。随着青少年受到大量现实的道德问题的困扰,教师们已经不满足于柯尔伯格学派设计的道德两难问题。教师和学生们都更喜欢从某个真人的道德故事开始他们的讨论。"公正团体"方法也得到改进,不是选出特定的团体进行公正训练,而是渗透到学生的日常学校生活中。总之,教师对修正柯尔伯格的方法越来越感兴趣,以解决学生在道德领域所面临的真实困扰,提高学校道德教育实践的效果。

三、重新审视处于社会转折点的美国学校德育

社会转型引发的社会动荡和秩序不稳,在美国的历史上并非第一次,但是,社会各界对学校教育做出如此强烈的反应,这在美国历史上是比较少见的。因为,在学校里生活着的青少年,他们的道德状况和精神风貌决定着一个民主国家未来的发展,所以,整个美国社会,上至政治家,下至普通公民,都对学校教育寄予了厚望。从总统演讲、政府文件、专栏文章到民意调查,人们都强烈呼吁加强对青少年的道德教育,学者专家也通过著书立说来陈述学校实施道德教育之必要。《国家在危险中:教育改革势在必行》这份针对美国基础教育现状的调查报告,将学校置于整个社会关注的焦点。正是这种全国总动员的局面,让美国的学校承担起培育道德儿童、改善社会风气

的重任。与美国一洋之隔的中国,有必要透过这份教育改革的热情重新审视公立学校教育的职能。事实上,学校有其"能为"与"无为"之别,即使青少年的道德问题,也非学校独自能够承担的责任。像美国这样举国上下关注学校德育,其现象本身有许多值得深思的地方。在复兴品格教育的旗帜下,政府借助政策的力量把公立学校推到了德育改革的前沿,希望通过学校教育的力量恢复和重建美国社会的核心价值观。但是,有两个问题不能回避:其一,社会的道德问题是社会转型期各种因素综合作用的结果,学校德育的改善作用相当有限,如果无视公立学校的教育理想与教育现实之间存在的巨大差距,学校德育改革也将陷入两难境地。其二,美国传统价值观在现代多元文化生活中存在的合理性是有争议的,不同的生活个体或亚文化群体不可能接受单一的价值观影响。

(一)政治力量推动的学校品格教育运动

战后全球经济的飞速发展把美国社会带入了一个崭新的历史时代,生产方式的变革给人们带来了全新的生活方式,在物质生活水平提高的同时,人们也付出了巨大的代价,毒品、色情、暴力等等丑恶的东西侵蚀着人们的心灵。面对美国社会环境恶化的重重问题,政治家们寄希望于学校。因为,公立学校从创立之初,就肩负为国家经济发展和社会秩序稳定服务的职能。美国建国之时,最早的一批领导人就呼吁通过学校教育来铸造公民的品格。在贺拉斯·曼那里,德育先于智育。只是在 20 世纪 50 年代,在美苏争霸的历史背景下,学校的智育才占据了主导地位。20 世纪60~70 年代,经济发展的刺激也使得学校更关注"新三艺"学科的成绩。随着价值观多元化的影响,传统道德教育渐渐淡出学校教育的视野。

进入 20 世纪 80 年代,当基础教育质量面临拷问的时候,学校培养公民道德的效果同样令人忧虑。但是,美国政府关注学校德育改革有着更多的政治考虑。最近 30 年来,共和党政府和民主党政府在教育政策上一直保持着很好的连续性,原因可能有以下几条。

其一,赢得民心的需要。教育质量是全体选民关心的大事之一,因此,任何一派政党在选举或执政的时候,都不得不考虑民心所向。历届总统由此都纷纷出台教育改革措施。

其二,着眼于美国未来发展战略的需要。基础教育面对的儿童是国家未来的主人,他们的身体、思想、精神和智力水平决定着美国未来在世界上的竞争实力。这也是政府投入力量改革学校教育的真实用意。尤其是进入反恐时代以后,国家之间不仅是军事实力的竞争,更是文化与精神的较量。因此,培养具有美国精神的国民是第一要事。

其三,选择教育改革,也是避重就轻之举。因为,教育的经费投入可以衡量,但是,教育效果的评估却难以找到科学的标准,人的变化虽有外显的一面,更多的方面还是内隐的,短期内很难评定。相反,政府却可以借教育改革制造舆论,提高政府的公信力。

总之,在政府的宣传攻势之下,学校教育者自身很难保持清醒的意识,其后果是学校可能彻底沦为政治的工具。近30年的事实表明,公立学校在政府意识形态的导向之下,轰轰烈烈地开展以品格教育为名义的道德教育实验,连美国人自己的文献也将其称之为一场运动,只有很少的一部分人对此保持着清醒的意识,但是,其声音微不足道。

其实,政府支持下推进的学校品格教育将一些传统价值观绝对化了。品格教育一向强调"尊敬他人、责任感和公民意识",这一系列动听口号的含义是混乱的,经常被理解为服从权威,而这背后恰恰掩盖着一种强权、独裁的政治倾向。在一些学校里,教师教导学生遵守规范而不去讨论这些规范本身是否合理,尊重权威而不管这些权威本身是否值得尊重。

学校以育人为主,而且康德早就认定:人是目的,不是手段。学校教育要养成公民的健全人格,而不是将公民变为国家的机器。在贺拉斯·曼看来,有健全人格的公民就是能够在服从和无政府状态之间作出自由和慎重选择的人,是敢于承担责任的人。

（二）学校德育的两难:现实责任与理想使命

纵观美国近30年来的学校道德教育,品格教育倡导者的保守思想与拥护者的狂热心态形成鲜明的对照。品格教育复兴运动的鼓吹者列举出整个社会的道德恶化现象,并将这些道德问题归因于传统价值观的丧失。于是,通过学校教育重新找回失去的美国核心价值观,就成为本次运动的宗旨所在。

品格教育者坚信:管束好今天的孩子,就能保证明天有合格的公民,美国社会也因此会长治久安。为此,他们主张通过中小学教育培养青少年的德性。他们相信,学校可以通过榜样、劝告、训练和故事来向青少年灌输"品德和纪律"。只要这些品质内化为孩子们的第二天性,社会的道德衰退现象

215

将可以逆转。面对家庭的无力与教堂的式微,学校就是教授青少年德性最好的地方了。这些倡导者形成了一股强大的力量,影响政府、大众传媒,也吸引了中小学教师的注意力和兴趣。于是,一批批拥护者投入品格教育的运动,涌现出一些实施品格教育的示范学校。为了运动的有序展开,一些品格教育研究机构还精心设计教育项目,并通过教师培训的方式推广应用它们的教育模式。而那些充满热情的中小学教师也被一种责任感和使命感所鼓舞,不遗余力地从事这项工作。

在责任的重压下,学校也开始背负更多的负担。原因就在于,无论品格教育倡导者还是学校教师,都没有清晰地判断学校能够承担的责任与学校教育理想状态的区别。试图通过学校实施品格教育来改善整个社会的道德风貌,也是一种不切实际的空想。其实,美国社会的道德问题不是学校教育造成的,那些品格教育倡导者将青少年道德问题归罪于价值澄清教育与道德推理教育,是缺乏事实依据的。

就青少年的道德状况而言,学校也只能承担有限的教育责任。因为,青少年不仅生活在校园中,还生活在家庭和社会中,学校的小环境无法与整个社会的大环境相较量。学校也不是解决社会道德危机的良药,因为学校不是万能的。如果学校教育者自身还陷入这场运动之中而难以辨清方向,那将是教育的悲哀。而在目前的美国,实施品格教育的学校已经面临一种困境,教育者凭着对美好教育理想的向往,一心让学校担当起难以承受的重任。

其实,学校德育的困境来自两种不同责任与使命之间的张力。一方面是国家赋予学校的理想使命,即国家要求学校培养良善的公民,扭转社会道德滑坡的趋势;另一方面是教育的真实本性赋予学校的使命,即学校面对的每个孩子都是独立的道德主体,发展他独立的道德思考能力以及处理家庭和社会共同体生活的能力,使其成为家庭和社会共同体生活中的一员,是公立学校教育的现实使命。这也是学校教育真正有所作为的地方。

(三)传统价值观教育在社会转型期的局限性

在美国整个社会走向后现代的过程中,难免会出现传统价值观与现代价值观的激烈冲突,进而引发严重的社会道德问题。面对美国社会的道德贫困,学校教育试图通过传递美国社会的传统价值观来帮助青少年形成健全的人格。为此,一批品格教育专家引经据典,归纳出一系列具有普适价值的美德条目。以品格教育运动的领军人物贝内特的名著《美德书》为例，其中就列举了自律、同情、责任、友谊、工作、勇气、毅力、诚实、忠诚、信仰等美德。尽管这些美德条目看上去无可非议，但是，其中存在的问题也是不能回避的。

其一，这些美德条目透露出保守思想倾向。思想的保守性质主要体现在两个方面：一是其德育思想源于亚里士多德的美德教育传统，二是价值观反映出新教徒的伦理思想。从亚里士多德的美德教育思想来看，他比苏格拉底和柏拉图都更强调美德教育的实践意义，他自信地区分了理智德性与伦理德性，并相信通过训练能够让一个孩子获得某种特定的伦理德性。新教徒基于基督教的"原罪说"，更加重视德性的工具价值，因此，通过美德教育可以"修理"人性中的顽劣与自私等等。事实上，这些美德教育的假设都严重地忽视了现代心理学和社会学研究的成果，即一个孩子成为什么样的人或者采取什么样的行动，在很大程度上取决于他所处的环境。如果无视社会环境对儿童行为的影响，而单纯地从人性和德性的角度进行归因，可能是对当前的学校教育的一种误导。

其二，这些美德中的价值观在一定程度上可能引起争议。原因在于，美国是一个移民国家。早期，它以欧洲移民为主体，新教伦理是美国社会的主流价值观。但是，随着美国社会形势的发展变化，后来的移民多来自非基督教文化的非洲、拉丁美洲和亚洲，这些新移民的祖国有着不同于基督教的宗教信仰和文化习俗。一般来说，为了融入美国社会，他们愿意在公民教育的层面接受美国的政治制度和文化制度，但是，他们不愿意放弃已有的宗教信仰和风俗习惯，那是他们的精神家园。因此，单纯强调在学校里向学生传授以古希腊传统和希伯来传统为核心的价值观念，必然引起其他族裔或其他亚文化群体的不满甚至反对。

如果无视美国青少年道德问题的社会原因，单纯求助于传统价值观教育来改善青少年的德行，是一种徒劳之举。在美国现代社会中，生活方式的多样性表明人们在价值观领域的共识已经越来越少了。如果那些具有保守倾向的教育者一味强调传统价值观教育，通过反复灌输与外界强化，学校教育的权威作用也许会得以加强，但是，学生在顺从的同时也失去了作为道德主体的人格力量。

当社会发展的车轮将传统价值观抛出现代生活轨道的时候，单一的个体可以选择他的生活方式，可以不过现代生活而回到过去，所以，我们不否认那些传统价值观的拥护者可以选择自己的宗教信仰，这是他的私事。但是，就整个社会而言，当现代技术达到今天的水平后，就已经回不去了。如果试图把现在的公立学校变成昔日的"主日学校"，武断地干预他人的生活方式，这就是大家的事情，也是全社会的事情了，这势必引发更大的争议。所以说，当人们置身于传统价值与现代价值冲突之中而无所适从的时候，学校教育能够做的不仅仅是拼命地将传统的价值观塞入孩子们的头脑中，还要关注孩子道德生活的质量。从这个意义上说，杜威的教育思想是值得重温的，而且诺丁斯和吉利根等女性学者的思想都是具有重要参考价值的。

美国近 30 年来的学校德育理论与实践的发展，正是为了解决社会转型所引发的社会道德危机而作出的直接回应。从我们掌握的资料看，美国举国投入这场教育变革当中，从总统、学者到中小学教师，都各司其职，各尽所能，积极致力于培养有道德的公民。在本书中，围绕着美国各界对青少年道德危机的共识，我们尝试着从理论和实践两个维度对美国学校德育的发展变化进行了基本的梳理，试图从中寻找我国学校德育改革可以借鉴的一些思路。事实上，从世界范围来看，在社会日益发展的过程中，人们总是面临社会生活的急剧变化，这集中表现为传统生活方式和传统习俗遭受到严重破坏，这也是现代化提出的挑战。我们有必要着眼于新的社会条件，重新诠释并继承传统的价值观。从这层意义来看，我们应该且能够从美国道德教育的经验中获益。

第二节　关于中国社会转型期学校德育改革的思考

社会飞速发展的车轮也将中国带入了社会转型期。众所周知，中国社会正在经历从传统向现代的转型，这种转型已经带来了整个社会方方面面的嬗变。从美国的经验看，社会转型的负面影响是诱发各种社会问题，其中青少年的道德问题就传递着一个危险的信号，即社会健康发展的可持续性问题。从道德教育的角度看，价值观多元化导致学校德育影响力的下降，目前已经成为一个十分紧迫的教育问题。这表明，我们既要正视道德教育问题的严峻性,又要寻求这一问题的有效解决途径。一切都在探索中前行,所以,美国的学校德育改革的经验成为我们思考我国学校德育发展的一个参照系。

一、社会转型期学校德育面临的新问题

从美国学校德育改革的启动看,呼吁改革的各界人士清醒地意识到社会转型给社会公共生活和家庭生活带来的冲击,既看到了学校德育的压力,也开始挖掘学校德育的潜力,借助传统文化开发新的德育资源。就中国的国情而言,社会转型已经成为不可逆转的历史趋势。当前,我们正在面临城市大发展和人口大迁移。越来越多的中国人离开熟悉的家乡,来到陌生的生活环境,生活方式的巨大变化引发了传统价值观的改变。现代化给我们的社会生活带来巨大的物质进步,其副作用却是造成了社会道德生活的退步,现代信息与高科技发展的后工业社会则进一步加剧物质进步与道德退步的"大裂变",造成了全人类的"道德危机"。

目前,我国社会道德失范问题十分严重,如都市病,拜金主义和功利主义盛行,冷漠心态,缺乏公德,缺乏信仰等等,已经给目前的学校德育造成有目共睹的影响。这主要表现在三个方面:一是学校德育所处的社会大环境发生巨大变化,二是青少年生活的家庭环境发生变化,三是学校德育面临学生亚文化群体的影响。

(一)当前的社会大环境对学校德育的影响

中国正在跨入现代之门①,我们正在努力推进经济、政治体制的现代化转轨。从整个社会发展的大环境看,现代化成为今日中国社会发展的主题之一,而人们观念中的现代化则是其中一个十分重要的方面。在传统社会中,每个人都作为族群之个体而存在着,现代化则强调个人作为主体的价值,这就引发了价值观体系的重大变革。一方面,我们看到个人的主体性价值得到承认,因为现代社会的发展需要发挥每一个体的主动性和创造性;另一方面,伴随西方现代文明中的个人主义思潮的影响,个性的解放也导致人

———————

① "2007年中国公民价值观蓝皮书"选取社会价值观的视角,分析了我国社会的基本特征,基本结论是当代中国的社会价值观已经跨进现代社会的门槛。参见:赵孟营.跨入现代之门:当代中国的社会价值观报告.北京:北京师范大学出版社.2008.66.

219

的私欲泛滥。严重利己行为、吸毒等各种社会病态等严重侵蚀着公共生活的道德环境,失业问题、贫富分化问题和环境污染问题等成为凸显的社会问题,这一切都使得中国社会正在经历着社会转型的阵痛。学校德育无法回避这些社会问题。

随着现代化在中国的推进,商品经济社会改变着人与人之间传统的社会关系,市场经济渗透到人们日常生活的各个方面,驱动着个体追求个人利益的最大满足,人与人之间淳朴的充满温情的交往关系在很大程度上变成了以物质利益为基础的交换关系。迅速膨胀起来的个人主义侵蚀着社会生活共同体的价值基础,由此造成传统价值观体系的严重问题,原本相对稳定的社会道德生态环境出现危机。从企业造假到官员腐败,从对弱势群体的冷漠到暴力事件频频发生等等,诸多的社会问题都使得学校的道德教育资源变得十分匮乏,教师和学生也因此陷入了不同程度的无奈与迷茫之中,直接表现为学校道德教育权威地位的下降。因为,学校道德教育与校外道德恶化现象形成巨大的反差,教师对学生的道德教导在社会现实面前变得软弱无力。

社会现代化也伴随着大众传媒的快速发展,从文化普及的角度看,大众传媒正在影响着人们生活方式和生活观念等方面的变革。但是,由于文化管理体制方面的不健全,文化市场的混乱也导致一部分文化经营者为追求商业利润而表现出媚俗的倾向,使一些低俗的文化产品通过报刊、电视、网络等途径冲击着青少年的身心。尤其在网络创造的虚拟生活世界中,传统的道德规范和法律制度失去约束力,个人主义发挥至极端,丧失了基本的社会责任感和道德良知,这些都严重影响着青少年道德判断力的养成。而学校教育在与大众传媒的对抗中,其教育效果不断受到削弱。例如,"网瘾"现象成为心理问题之一,这表面上是心理问题,实质上则是学校生活和家庭生活对孩子失去吸引力的一种表现。

(二)家庭生活结构变化对学校德育的影响

家庭是儿童成长的重要环境,家庭生活直接影响着孩子在学校生活的质量。随着现代化进程的推进,中国的家庭结构及其稳定程度正在发生剧烈的变化,这都在不同程度上影响着孩子成长的健康状态。从城市家庭结构来看,尤其是在现代化程度比较高的大城市,核心家庭、单亲家庭的数量在增加。家庭日趋小型化,而且家长的工作时间也不断延长,无法与孩子进行充分的思想交流与心理沟通。虽然这样的家庭也许会有助于孩子自主能力的发展,但是,潜在的危机则是长辈对孩子道德影响力的减弱。孩子在家庭生活中,如果失去家长的影响,就可能被电视、网络侵占,孩子就可能模仿传媒中的成年人,这种"偶像崇拜"中存在着向善或向恶的不同可能性。

从农村家庭结构来看,由于农村劳动力向城市大规模转移,大批青壮年农村人口进城务工,农村传统的相对稳定的家庭结构有了很大变化。随着父母进城务工,农村出现了大批"留守儿童",他们多数是与年迈的祖辈生活在一起。这正是农村中小学校目前面临的新问题。这一切变化都使得原来由家庭承担的对儿童教育的职责无法实现,无形中增加了学校教育的负担。

另外,现代社会发展也带来家庭生活中的"文化反哺"现象。例如,在信息化时代里,网络影响着人们的生活方式,孩子们掌握新技术、接受新信息的能力明显优于家长,加剧了代沟问题。家长与孩子的沟通变得十分困难。家庭生活原本是学校德育的基础环境,但是,如果家庭生活无法给孩子提供安全感、依恋感,那么,家长的权威作用也会受到某种程度的削弱。因此,家庭也无法与学校形成教育的合力。

（三）学生群体的亚文化对学校德育的影响

现代社会的开放影响着人们的文化选择,价值多元化影响着不同文化群体的价值取向,学校生活中的学生也形成了不同的亚文化群体。在相对封闭的传统社会中,学校主流文化制约着学生的亚文化发展。现代社会的开放使得学生有可能受到不同文化的影响,加之青少年群体之间容易相互影响、相互模仿,因此,学校生活中可能出现许多不同层次的学生亚文化群体,在价值观方面存在与学校主流文化相抵触的一面。

如学生亚文化群体中出现的偶像崇拜,就可能与学校德育的榜样教育存在矛盾。因为,学生心目中的英雄与学校树立的榜样在价值观上存在明显的差异。如果学校德育无视学生亚文化群体的特征,单纯走传统教育的老路子,只能使德育陷入困境。因此,学校既要分析学生偶像的特点,又要针对学生的审美特点,寻找新的反映时代精神的榜样。

总之,随着社会环境的变化,儿童的成长越来越多地受到校外各种环境的影响,他们的生活方式和学习方式都超出学校教育的有限作用,并给学校德育带来各种干扰。因此,在困境中挣扎的学校道德教育正在走向边缘化、外在化和知识化。我国著名德育理论专家鲁洁教授对三种倾向进行了具体的阐述。第一,边缘化,指道德教育既然在使人从事某种职业或具有某些技能方面无能为力,它就不可避免地沦为无用的教育,在学校中的容身之地越来越小。第二,外在化,指道德教育的价值丧失殆尽,道德被认为是外在的行为规范和规则,人们对于道德的认识就是遵守规范和规则,而这些规范、规则又被视为源于客体世界的运行规律,与人自身发展的需要几乎没有关系,这样,道德学习也就变成了一种没有任何自我涉入的学习,当然也就生成不了任何自我道德定位及明确方向的道德态度。第三,知识化,德育的过程向智育看齐,同样也成为单一的知识获得的过程,它向学生传授的是被普遍化和客体化了的道德知识。德育成为一门系统的、有深度的学问,才争到学校教育的合法地位。①

鉴于美国学校德育发展的经验,我国的学校德育既要应对时代的挑战,又要走出自身的困境,这就需要进一步加强德育理论的研究,并加大德育理论与德育实践结合的力量。只有理论导向明确了,才可能探索新时期学校德育的有效策略与可操作的方法,并由此带来德育实效性的真正提高。

二、实现德育理论研究的转型

中国社会转型引发的大量社会问题也冲击着社会科学和人文科学原有的理论框架和解释系统,现代化进程加速了人文学科的重新建构,理论界处在传统与现代、中国文化与西方文化的不同张力之中。改革开放以来的30年时间里,我国的道德教育理论成果极大丰富,这也从一个侧面反映出道德教育问题的复杂性在增加。随着社会的发展变化,道德及道德教育都面临着前所未有的问题,理论思考也变得深刻起来。但是,回顾我国道德教育理论发展的状况,我们的德育理论尚未建立起强有力的解释系统。面对社会转型中学校德育面临的困惑,德育研究的转型势在必行。

(一)重新思考德育研究的原点

德育研究的原点就是研究的本原,即德育理论研究的逻辑起点。我国已有的德育理论研究多是从马克思主义哲学直接演绎出道德教育的逻辑起点。马克思主义哲学的唯物史观的基本观点是社会存在决定社会意识,道德归根结底由人们的物质生活条件和社会的经济状况所决定并随之而变

---

① 鲁洁.边缘化、外在化、知识化——道德教育的现代综合症.教育研究.2005(12).11～14.

化。"无疑,这是一个在学术上最便捷,在意识形态方面最保险的预设。然而,被人们长期忽视的是,它也可能是一个现代人在学术研究上缺乏创见的预设,它可能将人们的道德生活和社会的道德教育导入一个'安全'的误区。"①事实上,马克思主义哲学为德育理论研究提供了最一般的世界观和方法论,德育研究应该有其独特的研究视角和学术使命。

当然,随着改革开放和思想解放时代的到来,德育理论研究也在一定程度上超越了过去的研究框架。但是,新的问题也随之产生。最近几年,随着胡塞尔"生活世界"哲学理论对学术界的影响,德育研究也提出了"回归生活世界"的说法。其实,从胡塞尔的"生活世界"到道德或道德教育的"生活世界",这其中存在着相当大的逻辑距离。胡塞尔的"生活世界"并没有直接回答道德问题,应该归属于现象学伦理学领域;而在现象学视野中考察道德教育的问题,又应该归于现象学教育学领域。否则,就是一种对现象学理论的机械照搬,这同样是理论研究不成熟的表现。

任何一个时代的道德教育都与它那个时代的道德哲学密切相关,与相应时代的整个学术文化背景联系在一起。道德教育的目标是人的德性养成,所以,德育研究就应该思考作为主体性存在的人的德性问题。伦理学研究人的德性问题,教育学则更关注德性的养成问题。因此,教育学与伦理学有着直接的逻辑联系。现象学伦理学在研究道德问题的时候,非常关注人的"道德感"的形成。"道德感的真实性并不是来自于外在的东西,而是来自于我们的内心,来自于我们对某个具体事件或事物的真实反应。"②理解了道德感,也就能够明白一点,即真正的道德行为是一种主观体验的"自然呈现"。例如,一个人在危难时刻挺身而出,是"直接面对"情境时瞬间的内心反应,而不是对道德规则权衡后的结果。如果把道德感看做个人当下的内心反应的"自然呈现",那么,就可能放弃传统的对"道德"崇高化的理解,道德教育的方向也会因此发生转向。我们更要关注儿童在当下生活中的道德体验,这才是德育研究的逻辑起点。只有如此,道德教育才能避免陷入道德知识教育和道德行为规范训练的怪圈。

---

① 樊浩.道德教育的价值始点及其资源性难题.教育研究.2003(10).40～45.

② 倪梁康等.中国现象学与哲学评论(第七辑)·现象学与伦理.上海:上海译文出版社.2005.62.

其实,在道德危机的表象后面,我们有必要探究更深层的社会文化背景。从这个意义上说,德育研究回归原点的另一层含义是重新理解和挖掘中国传统伦理思想和道德教化的深刻内涵。从美国在社会转型期大力倡导具有古典特色的道德理论与教育实践来看,在现代中国社会中,继承传统美德的教育意义是不言而喻的。当然,继承问题首先是一个如何将优秀道德和德育传统进行现代转换的问题。继承意味着返回到传统美德的历史境遇中,反省传统道德教育的使命与价值,返本而开新,即扬弃对传统美德教育的简单式理解。例如,我们通过《论语》的研究,回归孔子实施伦理教育的真实境遇中,理解孔子的仁爱思想和君子人格的真正内涵。只有建立起历史境遇与道德教育的具体联系,才能领悟传统道德教育思想的真谛。总之,深入挖掘中国传统道德哲学思想,这是当代德育研究的重要理论根源之一。这样,才能有效地应对道德危机带给学校德育实践的新挑战,在此基础上整合现代社会的理论资源,建立充满生机活力的德育理论体系。这无疑具有重要的理论与现实启示意义。

(二)道德教育研究关注儿童的生活始基

自中国进入现代社会以来,随着非日常生活领域的急剧膨胀,人们的日常生活领域急剧缩小,伦理道德的工具性价值和制度体系被强化到极端的地步,完全被工具理性所笼罩。学校德育也远离了作为意义和价值之源泉的日常生活世界,偏重于追求教育的工具价值,道德生活和道德理论强调的是道德技术性或工具性,学校道德教育也因此越来越失去了其本体论意义和地位。其实,真正的道德教育研究及其价值取向实质上是指一种观察方式,一种关于儿童道德成长的见解,一种将儿童现实生活中互不干扰的事件以一种有意义的方式进行整合的解释系统。因此,德育研究从逻辑起点上要回归作为意义和价值源泉的人的日常生活世界,从根本上回答人的生活意义的问题。因为,生活意义问题是与解决善恶、正义和人的价值问题以及人的道德立场问题紧密地联系在一起的。

研究逻辑起点的改变将影响到道德教育重点的转变。如果说生活意义体现为儿童最初的道德感,那么,儿童道德感的研究可能就成为道德教育研究的逻辑起点。儿童道德感最初萌芽的家庭生活情境将进入道德教育的视野。家庭就是一种以爱为根本特征的道德生活实体,人的最初的、原始的道德体验就是爱的体验,这种体验就是在家庭生活情境中诞生的。所以说,家庭是儿童道德感的诞生地,是道德教育的始基。儿童进入学校生活的时候,他内心并非一片"道德空白",道德感的基调已经在家庭生活中形成。因此,必须重视家庭生活对于儿童道德成长的影响,而学校的道德教育也是在家庭道德教育基础上的必要发展。

美国教育学家诺丁斯正是看到了家庭生活对于儿童道德成长的重要作用,才提出了始于家庭的关怀教育理论。始于家庭,并不意味着限于家庭,孩子会长大,他会从家庭走进学校,再从学校走入社会。起源于家庭的道德感在学校生活和社会生活中也会发展。儿童在家庭生活中最重要的体验是父母之爱,具体表现为父母对孩子的关怀。爱和关怀引导着儿童的道德生活,他在体验被爱与被关怀的同时,也逐渐形成了爱父母和关怀父母的敏感性,这样,孩子与父母会置身于一种充满爱和关怀的"我—你"关系中。但是,目前学校教育却以外在的道德规则遮蔽了道德关怀,儿童从家庭进入学校后,道德感成长的连续性受到阻断。于是,学校的道德教育变得有"道"无"德"了,学校用一系列外在的规范约束学生,学生的内心世界并未真正受到触动。

如果学校的道德教育关注儿童道德感生长的始基,就会关注"爱"的教育,学校德育研究将突破道德知性教育的偏见,开辟一个新的研究视域。自苏格拉底提出"美德即知识"的观点以来,德育理论一直受到理性主义的困扰。现象学伦理学大师舍勒认为:"在人是思之在者或意愿之在者之前,他就是爱之在者,人的爱之丰盈、层级、差异和力理限定了他的可能的精神和他与宇宙的可能的交织度的丰盈、作用方式和力量。"[1]在舍勒看来,爱作为人的基本道德天性,为意志指明了方向。在生活共同体的成员之间,爱使他们具有了休戚与共的情感体验。从正本清源的角度看,爱的教育可以从根源上使学校道德教育复归人文的本性。

(三)理论工作者与实践者的对话:促进德育理论研究成果的转化与应用

从德育理论与德育实践的关系看,美国的品格教育倡导者非常善于利用现代社会的大众传媒与网络技术传播其道德教育思想,引起整个社会对传统价值观的关注。相比之下,我国学者在理论研究成果的普及与传播方面还存在薄弱环节。目前,学校德育中一个致命的问题是道德哲学、道德教

① 舍勒. 舍勒选集(下册). 上海:上海三联书店. 1999. 751.

育理论研究与道德教育实践没有真正地融会贯通，或者说，道德世界观功能与道德教育脱节。德育理论研究成果没有转变为公众的教育共识，它在教育实践领域的影响力也是相当有限的。

社会转型对中国本土的道德价值和教育观念造成了严重冲击，学校德育的权威地位和实效性相继受挫。面对学校德育实践的举步维艰，德育理论研究者也开始了对德育新路向的探索。改革开放以来，我国德育研究的学术气氛也相当活跃，近30年来的德育理论研究涉及学校德育的诸多方面。在全面介绍国外德育研究成果的同时，我国学者在德育社会学、德育心理学以及德育原理方面都取得了丰硕的研究成果。针对社会转型出现的道德问题，一些德育研究专家也开始思考现代社会科学技术发展对人性发展的双重影响。在人类物质生活水平提高的同时，人性崇高的一面却在逐渐丧失。"技术的统治让人失去他的否定性、批判性、超越性而成为单向度的人。"①中国的德育理论研究者面对教育困境，力图构建新的德育学科理论框架。经过数年的努力，我国已经形成了德育研究的学科化、专题化局面，涌现了一些有影响力的德育研究专家，大批的理论研究成果相继问世。其间，我国大陆的德育研究者不仅同香港、台湾等地区的学者进行对话，而且也与国际上的德育学者展开了学术交流。

虽然德育研究出现了比较繁荣的局面，但是，德育研究作为一门应用学科，更要立足于现实教育问题，理论研究应该服务于学校德育变革的需要。针对德育实践问题的教育研究，一是提供有力的解释框架，二是以理论成果来影响教育实践。相比于美国学术界，我们的德育研究机构对学校德育实践的影响力还相当薄弱。试以两例来说明。一是在我国德育理论专业工作者的学术年会上，尽管学者们热烈讨论着一些来自德育实践领域的问题，但是，与会者鲜有来自学校的德育实践工作者。二是从我国德育学术期刊上的文章看，学者与中小学教师的对话机会很少。

总之，相对于美国德育理论研究而言，我们既缺乏像柯尔伯格学派及其后继者所做的大量艰苦细致的实证研究，也缺乏像品格教育学派所倡导的影响全国的大规模的学校德育改革运动。美国的一些与道德教育、品格教育和公民教育有关的学术机构，都以不同形式积极参与学校德育变革。这

---

① 鲁洁.道德教育的当代论域.北京：人民出版社.2005.13.

些学术机构的研究者既影响着政府教育决策,又为学校设计不同的教育项目。同时,他们也通过电视、网络等大众传媒进行广泛的社会宣传。这一切都依赖于理论工作者的大力推动。就理论联系实践而言,我们的一些德育理论工作者虽然也做了大量的工作,但多是局部的,并没有在全国范围内形成一定声势。无论学术争鸣的活动,还是理论与实践的对话,理论界的声音都是相当微弱的。所以,我国应该加大德育应用研究的力度,而应用研究的重点应该转向实证—试验研究与教育行动研究,唯有如此,才能促成理论与实践的真正对话,才能真正符合中国德育改革的需要。

三、德育实践:形成教育合力

从实践层面上看,我国的"德育"是一个广义的概念,包括政治、思想、道德等诸多方面。新中国成立以来,在特殊的历史条件下,学校的政治思想教育一直受到政府重视。改革开放以来,德育实践也开始重视价值观和道德问题,一方面是政府关于加强社会主义德育的统一号召,另一方面则是学校德育、家庭教育与社会影响之间的张力,所以,学校德育的实效性成为当代实践领域的一个难题。在当前形势下,我们认为,可以尝试从以下三个方面推进学校德育实践的变革。

（一）准确把握实情,政策有效推动

20 世纪 80 年代以来,中央针对学校德育工作颁布了一些指导性文件,包括《关于改革和加强中小学德育工作的通知》。该通知指出:"现在的中小学生是 21 世纪社会主义建设的主力军。他们的思想道德和科学文化素质状况,不仅是当前社会文明程度的重要体现之一,而且对我国未来的社会风貌、民族精神有着决定性的影响。从现在起,就必须努力把他们培养成为有理想、有道德、有文化、有纪律的一代新人。"[①]从此,"四有新人"成为我国中小学德育目的。接着又分别颁布了《小学德育大纲》(1993 年)和《中学德育大纲》(1995 年),规定了中小学的德育目标。

这些纲领性文件对于新时期的中小学德育确实起到了方向导引的作用。但是,德育目的与目标的落实,不只是颁发一些纲领性的文件,或者喊

---

① 教育部基础教育司编.中小学德育工作文献规章要览.北京:人民教育出版社.1998.20.

出一些鼓舞人心的口号,而是一定要落在实处,方可起到真实的效果。相对于美国联邦政府参与学校德育改革的经验,我们在颁布文件之前,对于社会道德现状和学校德育现实都缺乏大规模的社会调查和科学分析。总之,我们的德育政策文件缺乏以第一手调查资料为依据,没有对社会道德状况和学校德育困境进行全面真实的描述和分析,仅凭一些日常感觉来制定文件,毕竟存在着很大的模糊性、经验性及个体局限性。这也造成了政策的可操作性不足,无法真正触动学校德育实践的变化。

美国在 20 世纪 80 年代首先由教育部组织专家进行调查研究,在大量真实数据的基础上提出了调查报告《国家在危险中:教育改革势在必行》。报告以真实的数据呈现学校存在的问题,立刻引起举国震动。首先,政府通过立法形式保障来德育实施;其次是政府专项拨款给予财政支持;三是组织国家级的学术研讨会,以此引起学术界的广泛参与和社会各界对学校德育问题的广泛关注;四是地方政府制定相应的教育政策,响应联邦政府的教育改革。相比较而言,我们在上述几个方面都有待改进。

(二)防止德育过程中的"德目主义"倾向

在我国德育课程的实施过程中,小学开设"品德与生活课"、"品德与社会课",初中有"思想品德课",高中开设"思想政治课"。此外,还包括一些与个体社会化有关的实践活动,如"18 岁成人仪式"、"志愿者活动"等。从教育内容和形式上看,我国目前的学校德育比较强调通过德育课程实施直接的道德教学,偏重道德规范和规则的讲授,课程的考核也是书面形式,不可避免地会出现"德目主义"倾向。其实,对于培养学生的道德素养而言,重要的不是"守什么规矩",而是"守规矩的习惯与品德"本身。但是,由于"德目主义"的盛行,学校德育把"守什么规矩"看得比"守规矩"本身更加重要。这或许是导致德育实效性缺乏的主要原因。

美国学校的德育改革,尽管品格教育倡导者呼吁直接讲授美德,但是,在学校实践层面,更多的途径依旧是学科渗透的方式,尤其是通过人文类学科传递传统价值观,坚持"教学的教育性"原则成为美国广大中小学教师的自觉意识。美国的学校教育共同指向青少年的社会化,即培养美国民主社会所需要的公民。在这个大目标下,所有的学科教师能够有意识地渗透公民道德教育的要义,而不是生搬硬套一些道德条目或道德规范。

公民培养的关键就是未成年人的社会化问题,德育的学科渗透要在基础教育课程体系中反映价值观的目标与内容,德育也就蕴含其中了。从这个意义上说,每个教师都承担德育的责任,学校也就不存在"德育工作者"与"非德育工作者"之分了。教师个体参与德育思考的深度和行动的积极性都会发生变化,教师对学生错误观念和问题行为的及时指导与纠正,正是教师对学生负责任的表现。

(三) 充分发挥网络资源优势,拓展学校德育时空

从美国的学校德育实施的手段与资源条件看,网络是一个重要渠道。联邦政府教育部成立专门的网站,一些专门的德育学术机构也有自己的独立网站。这些网站不仅起到宣传的作用,更为中小学教师开展有效的德育提供教育资源。相比之下,我国的德育网站还没有达到这样的规模与效果。

就指导学校德育实践而言,我们尚未形成有一定影响力的政府德育网站和学术专业机构开发的德育网站。一些与德育有关的网站还处于无组织无计划的开发阶段。与此相对的事实是,网络已经引起人们生存方式的变革,网络信息已经成为当代青少年生活的一个不可缺少的组成部分。其实,网络对于学校教育来说也是一把双刃剑,虽然目前除了一些见诸媒体的报道,我们还没有准确的统计数据显示网络对学校教育的影响程度,但是,网络问题困扰学校德育,已经成为事实。从全国范围来看,学校并未找到真正有效的策略来解决青少年的网络问题,许多教师和家长都处在无奈与迷茫之中。

目前我国的一些德育研究机构也有自己的网站,但是,网站内容多是偏重理论研究动态与成果的介绍,对于学校德育实践的影响相当有限。如果我们能够在全国范围内建立具有权威影响力的服务于学校德育实践的专业网站,那么,将在一定程度上引领网络时代学校德育改革的方向。

总之,我们生活的社会正在经历着彻底的和根本的变化。如果学校德育要对青少年的成长承担责任,它必须经历相应的变革。美国学校德育正在发生的变化不是传统品格教育的简单复制,而是当代社会转型的产物。为了应对时代提出的种种挑战,作为培养未来公民的基础教育必须寻找实现转型的基本内核。追寻"德性"的道路就反映了人们在价值多元化、不确定的时代,渴望明确的价值观来做导引。在美国,学校德育如何形成孩子的"德性",是公立学校教育面临的重大问题,从政府部门、学术研究机构到学校,一切关心未成年人道德成长的人们,都试图通过学校德育的改革,使整

个社会从价值相对主义的困境中摆脱出来。

其实,中国社会发展变化的速度是令人惊叹的,美国学校教育遭遇的问题已经为我们敲响了警钟。在由传统社会跨入现代社会门槛的时候,伴随着新技术革命和信息社会的来临,整个社会形态发生着巨大的变革。中国传统价值观体系受到的冲击是前所未有的,这对于学校教育也不仅仅是形式上和表面上的影响。因此,学校必须在教育内容与教育形式上采取相应的变革,才能够应对社会变化带来的各种挑战。美国的经验表明,学校德育的变革不能单凭学校有限的力量去孤注一掷,必须调动全社会的力量参与这场变革。其中,政府导向、学术研究和学校实践者缺一不可。只有这样,才能引起社会各界的广泛关注与积极参与;只有这样,才可能实现真正的全员德育。

Postscript
后 记 ■

　　拙作是我在华东师范大学教育学系攻读博士学位期间参加导师陆有铨先生主持的全国教育科学"十五"规划国家级重点课题"转型期西方教育哲学的发展及其对我国的启示"（AAA010009）的研究成果。承蒙恩师错爱，让我承担了其中的子课题，即"转型期美国道德教育理论与实践变革的研究"。

　　根据陆先生对总课题的设计意图，我所承担的子课题着重关注 20 世纪七八十年代以来美国道德教育理论与实践变革及其对我国的启示。随着研究进程的展开，我逐渐意识到一个关键问题，即由于本课题研究的前沿性质，国内的相关研究文献相当匮乏。尽管国内已有学者关注 20 世纪七八十年代以来美国道德教育领域的变化，但是，这方面的研究成果还是相当有限的。更为严重的困难是英语文献不济，我多次在华东师范大学图书馆、北京师范大学图书馆、北京的国家图书馆里寻寻觅觅，都无法满足我对英语文献的需要。我的研究也因此陷入前所未有的困境。随着课题结题时间的临近，我心怀惶恐，愧对恩师的期望。

　　2004 年秋，机缘巧合，我来到首都师范大学教育科学学院工作。借此机会，我向先生坦诚课题进展的困难，并准备接受先生的严厉批评。出乎意料，先生语重心长地安慰我：不要为了课题的结题而做研究，既然这个课题在国内教育理论界具有前沿性，当然也会面临前所未有的挑战。你刚到新的工作环境，先做好本职工作，再调整好课题研究与日常工作的关系。先生还对我的课题研究给出了十分具体的建议，让我倍受感动，也茅塞顿开。

　　虽然先生的宽容与指导给了我信心，但是，文献不足的问题尚未获得根本解决，我也始终交不出一份令自己满意的答卷，更不敢冒昧地交出所谓的结题报告了。光阴荏苒，时间已经到了 2008 年，由于我的子课题不能顺利结题,其他子课题也遭遇到不同程度的困难,这都在一定程度上影响了总课题的研究进度。有一件事我至今难以释怀,因为总课题未及时结题,课题主管部门在网上公示了一批未结题的项目,其中就有先生的尊名及课题名称。获此信息,我心中无比内疚。此时,恰逢陆先生来北京讲学,他以豁达乐观的心态鼓励我:坚持研究,一定要做出有较高学术水准的研究成果,实现课题立项之时的学术承诺。

在恩师的关爱与鼓励之下,幸运之神也随之降临。当时,在我院宁虹教授和加拿大阿尔伯塔大学教育学院范梅南教授的共同努力之下,双方已经形成了很好的学术交流合作关系。我所在的首都师范大学教育科学学院2008年上半年安排我前往阿尔伯塔大学教育学院访学。到达阿尔伯塔大学后,我的访学联系人安娜·基洛娃(Anna Kriva)博士很关心我的研究意向,她向我推荐了阿尔伯塔大学教育学院从事公民教育研究的学者乔治·理查逊博士(George H Richardson)。乔治博士耐心地解答了我的所有问题,并对文献检索提出了具体建议。我置身于阿尔伯塔大学的图书馆,读到丰富的纸质文献和电子文献,用"久旱逢甘雨,他乡遇故知"也许才能表达当时的心情。在加拿大的那段日子,我始终以一种高度的兴奋状态投入到研究工作中,昼以继夜,数月劳作,终成初稿。回国后,我又多次与陆老师探讨初稿的理论框架,着力于对美国当代道德教育理论与实践的评析有所建树。

当然,支撑我能够坚持数年执着于此项研究的,还有两个不得不提的故事。一是我自1996年进入华东师范大学跟随陈桂生研习道德教育理论之后,对这个领域产生了难以割舍的情感,在跟随陆先生继续攻读博士学位期间,先生也想借此研究机会扶携我在道德教育理论研究方面有所成就。恩师的期待是我前行的动力。二是山东教育出版社的温玉川老师在陆先生的课题立项之初,就亲往上海与先生约定出版丛书的计划。20世纪90年代,山东教育出版社曾经出版陆有铨先生主编的"20世纪教育回顾与前瞻"丛书,这套丛书在教育理论界颇具影响力。为此,温老师相信陆先生主持的这个国家级重点课题能够形成一套新的教育理论丛书。陆先生作为学界大家,既着眼于教育理论发展,也为了提携我们这些后学,欣然应允。跟随先生多年,我深知先生是一诺千金的学者。正是为了出学术精品,先生才坚持推延总课题的结题时间,给我们创造了一个宽松的研究氛围。当然,我也深知先生为此承担了太多的责任。

历经数载,拙作终于付梓,虽心怀惶恐,也有一丝如释重负的喜悦。掩卷于此,一些相关的人与事渐渐浮现于眼前。在拙作写作过程中,我曾受益于国内外许多学者的研究成果,借此出版之际,谨向他们表示真诚谢意。关乎此书的顺利出版,责任编辑温玉川先生、刘卫红老师、李岸冰老师,还有负责装帧设计的石径老师都为此付出了辛苦,感谢之情难以言表,尤其是刘卫红老师,让我真真切切地感受到了出版人的专业水准。当然,需要感谢的老师、朋友还很多,限于篇幅,无法一一呈现他们的名字,但是,谢意永存我心。

作为教育理论界一个刚刚起步的青年学者,借此课题研究之际,我试图对美国近三十年来的道德教育理论与实践进行整体梳理与考察,并从中获得对我国道德教育理论与实践的启示。因学力所限,难免会有纰漏,恳请学界前辈与同仁不吝赐教。

朱晓宏

2010 年 12 月　北京

转型期西方教育理论与实践丛书

主编　陆有铨

复归与重构

——当代美国道德教育理论与实践的变革

朱晓宏　著

主　管：山东出版集团

出版者：山东教育出版社

（济南市纬一路 321 号　邮编：250001）

电　话：(0531)82092663　传真：(0531)82092661

网　址：http://www.sjs.com.cn

发行者：山东教育出版社

印　刷：山东临沂新华印刷物流集团有限责任公司印刷

版　次：2011 年 6 月第 1 版第 1 次印刷

印　数：1—3000

规　格：787mm×1092mm　16 开本

印　张：18 印张

字　数：263 千字

书　号：ISBN 978—7—5328—6763—9

定　价：38.00 元

（如印装质量有问题，请与印刷厂联系调换）

电话：0539—2925659